JN231488

財務諸表分析

第 3 版

FINANCIAL STATEMENT ANALYSIS

乙政正太 著

Otomasa Shota

同文舘出版

第3版はしがき

　財務諸表分析では，連結財務諸表をはじめ会社が公表する会計情報が利用される。経営者が選択した意思決定は事業活動の成果として最終的に会計情報に記録・集計されていくはずである。本書では，会社の強みや弱みを明確にするために，収益性，安全性，効率性，成長性などに関して会計情報の使い方や読み方を説明している。会計情報から算出される財務指標は事業活動の成果や将来性を評価するために有用であり，株式価値評価や企業価値評価を行う場合にも役立つ。

　ただし，会計情報の作成基準自体が会社の選択項目となっているという現状は見過ごせない。会社は年度の決算短信で「会計基準の選択に関する基本的な考え方」を示し，国際財務報告基準（以下，IFRS）の適用を検討しているかどうかを記載するように証券取引所から要請されている。国家施策として公表されている「未来投資戦略2018―「Society5.0」「データ駆動型社会」への変革―」の投資促進の項でも，IFRS移行を容易にする取り組みによってIFRS適用会社の拡大を促進することが提言されている（2018年6月15日閣議決定）。情報開示の質を向上させるため講ずべき具体的施策の1つとしてこの項目が取り上げられている。

　日本の会計基準も高品質かつ国際的に遜色のない水準にまで達していると評価できよう。国際的な比較可能性の確保を重要視しながら，会計制度改革は終わることなく続いている。会計基準がカバーしていない領域については当面の取扱いとして実務対応報告で迅速な対応がなされている。だが，IFRS適用済に加え，IFRS適用決定・適用予定会社は徐々に増加してきていて，時価総額の大きな会社が移行していることが特徴的である。

　これまでは日本の会計基準を適用する会社の財務諸表分析だけを行ってきたが，上記のような動きを踏まえて，第3版では日本基準適用会社に重きを置き

ながらもほぼ各章でIFRS適用会社の会計情報の読み方についても取り上げることにしている。上場会社の連結財務諸表データを入れ替え，旧版の不十分なところを補筆したことが今改訂の第1のポイントである。

　第2に，本書では実際の会社のデータを用いて分析が行われるが，その分析結果は特殊なものであるかもしれない。多くの財務指標に絶対的な基準値があるわけではないので，参考値として業種別の財務指標や上場会社全体としての動きをグラフにして掲載するようにしている。また，章末のAppendixの欄において，財務諸表分析の解釈の判断に役に立つと思われるテーマについて，統計的な分析で得られた会計情報の特性を提示している。

　第3に，章末の練習問題を書き改めている。本文の説明が少ない問題も含まれているが，練習問題の多くに解答（例）を付しているので各章の理解を深めるために活用してほしい。第4に，取り上げた上場会社に割り当てられる4桁の証券コードを付しておいた。手早く株価検索も可能であるし，上2ケタは業種を表すことが多いので，その目安とはなるであろう。なお，本書では，すべての社名についてその前か後に付く株式会社の表記は省略している。

　なお，本書の財務諸表分析は簡単な設例や現実の会計数値を用いて行われている。分析内容について，筆者の判断に基づくものが含まれ，思わぬ誤認や見落としが残っているかもしれない。読者の叱声を得て，今後も更によいものにすることができれば幸いである。

　最後となるが，本書の執筆にあたって，榎本正博先生（神戸大学経済経営研究所）にはすべての章の原稿に目を通していただき多くの有益なご助言を頂いた。この場をお借りして心から感謝申し上げたい。また，データベースの整理等で岩崎拓也先生（関西大学）と向 真央さん（関西大学大学院院生）の協力を得た。ここに深くお礼申し上げる。もちろんあり得べき間違いや過失はすべて筆者に帰するものである。さらに，本書の改訂を勧め，献身的なサポートをくださった同文舘出版取締役の市川良之氏に衷心よりお礼申し上げる。

　2019年2月

乙政　正太

第2版はしがき

　本書の初版を公刊してから5年が経過しようとしている。この間に，グローバリゼーションの名の下に会計基準等の改廃が大幅に進められた。成り行きについては不安定な気配がないわけではないが，こうした速度は当初予期していたものよりも早く，今後に適用されるものも含めて日本の会計基準等の見直しにともなう影響は小さいものではない。そのような状況で，初版の内容の一部が陳腐化してしまい，現実の動きとの整合性を欠く記述が散見されるようになってしまった。

　説明不足や言葉足らずが生じた部分を埋め合わせることを主眼に，旧版を改訂することにした。今回の改訂のポイントは，次の3点である。

(1) 各章の事例や現実の財務データを新しいものに差し替え，新たな財務諸表分析の動向を反映するよう再検討を行った。財務諸表分析の解釈の手助けになると期待される実証会計研究の成果も少し追加した。

(2) 会計基準等の新設・改定の内容を織り込み，財務諸表の読み方や財務指標の使い方について旧版の不十分なところを補筆した。なお，本書では，すべての社名についてその前か後に付く株式会社の表記は省略している。

(3) 章末の練習問題と Appendix（補遺）に加筆・修正を行った。

　財務諸表分析の学習において，企業が開示する財務関連情報はウェブサイトなどを通じて充実してきている。本書を通じて，1人でも多くの読者が，これらの情報を実際に閲覧し，財務諸表に記載される会計情報がどのように分析に利用されるかについて理解を深めることができるならば，筆者にとってこれに過ぎる喜びはない。

　最後になるが，旧版について多くの貴重な指摘をしてくださった椎葉 淳先生（大阪大学大学院），ならびに本書の執筆に関して有益なご助言をいただい

た榎本正博先生（神戸大学経済経営研究所）に感謝申し上げる。もちろんあり得べき間違いや過失はすべて筆者に帰するものである。また，本書の改訂を勧め，編集の労をとってくださった同文舘出版の市川良之氏に厚くお礼を申し上げる。

　2014年2月

乙政　正太

はしがき

　財務諸表分析は，その名の通り，企業が公表する財務諸表を分析することである。財務諸表に羅列されている会計数値だけを眺めていると無味乾燥な印象を受けるが，生み出された会計数値は，さまざまな目的を達成するために行使された事業活動の成果であるといえる。財務諸表分析では，その集約された会計数値の背景にある意味を丹念に読み取ることによって，企業の本来の姿を探ることが重要な作業となる。

　専門的な用語等が用いられるので，最初から全てを理解することは難しいかもしれないが，会計数値の読み方に関するセンスを身に付けることは，企業とのかかわり（株式投資とか就職活動）が深まる場合に大いに役立つはずである。ときには，勘やインスピレーションを働かせることも大切な分析プロセスに含まれるが，なによりも実際に企業の財務諸表を手に取ることが要求される。財務諸表は人と同じく，百人百様であり，業種間はもちろんのこと企業間でも顕著な差違がみられることがある。

　本書では，財務諸表分析の基礎的な知識と方法を効率的に習得し，企業経営の実像や課題を観察する眼を養うことができるようにすることを目指す。企業の収益性，安全性，効率性，成長性などに関する伝統的な分析方法に加え，最近の話題の中心である企業価値評価の方法について，簡単な設例や馴染みのある上場企業のデータを用いながら，解説を行っている。限定的ながらも，会計研究で蓄積されている実証的証拠を紹介しているので，得られた分析指標の結果を判断するための手掛かりに利用してほしい。

　また，利益操作によって財務諸表分析の解釈が歪められる場合があるが，経営者がなぜこのような利益マネジメントを行うのかについて掘り下げて記述している。粉飾決算に結びつくような利益操作が日常的に行われているわけではないが，なぜ利益マネジメントの状況が存在しうるのかを念頭に置いておくと

よい。

　定量的な分析を行う場合，実際の企業の会計数値をもとに自主的に計算を行うことが望まれる。Excel等の形式で会計数値をダウンロードすることが容易にできるようになってきたので，パソコンを用いれば，数値の集計やグラフ機能によって視覚的にわかりやすい分析を行うことも可能となろう。学習の際に，会計数値を単に指標の公式に当てはめるだけではなく，どのような目的でその指標を利用するのか，その指標がどのように定義づけられているのか，その指標は的確な意思決定を行うために有益であるのかということにも目を向けてほしい。そのような思考の繰り返しで，分析した結果を理解する力に大きな差がでると思われる。

　なお，本書の元となっているのは，公認会計士新試験制度対応基本テキスト・シリーズの拙著『財務諸表分析』（同文舘出版）である。それに新しい章を加え，問題数を増やし，分析データを入れ替えるなどして大幅に書き直した。分析内容については，筆者の判断に基づくものも含まれ，思わぬ誤解や遺漏が残っているかもしれない。読者諸賢のご叱正を賜りたく願う次第である。

　最後になるが，本書の執筆に関して，有益なご助言をいただいた榎本正博先生（東北大学大学院）に心から感謝申し上げたい。また，編集に際しては，市川良之氏（同文舘出版取締役）にご尽力いただいた。ここに記して，厚くお礼を申し上げる。

　2009年1月

乙政　正太

目　次

第1章　財務諸表分析の基礎　　　1

第2章　連結財務諸表の見方　　　21

第6章　効率性分析　　131

第7章　キャッシュ・フロー・データによる分析　143

第1章

財務諸表分析の基礎

要　旨

　財務諸表に記載される会計情報を丹念に読み込み，会社の業績の良否，ならびにその将来性を判断することが財務諸表分析の要諦となる。会計情報は会社とのさまざまな取引における意思決定を支援するために役立つ重要なものである。本章では，財務諸表分析を行うための基礎となる事項を説明していく。具体的には，財務諸表分析の意義・方法，財務情報の入手方法，財務諸表分析を実施する上での留意点に加えて，財務諸表分析において実証会計研究がどのようなかかわりをもつことができるかにも言及する。

第1節 財務諸表分析の意義

　財務諸表（financial statements）は，会社のさまざまな事業活動に関する成果を会計情報（金額ベース）という形式で表現したものである。一般には決算書と呼ばれることが多い。事業活動を行う人々がとった選択や行動は最終的に会計情報に集約されるはずである。財務諸表は会社の通知表といわれ，そこに記載される会計情報を効果的に利用し分析すれば，その会社が良好な状態にあるのか，あるいは不調な状態にあるのかを推し量ることができる。結果的に，会社の強みと弱みや将来性を判断することができよう。

　会計情報をいかに活用するかは利用者の立場によって異なる。図表1-1に示すように，会社の周りには，株主，債権者，得意先，納入業者，従業員，地域社会，消費者，政府などの多数の**利害関係者**（ステークホルダーともいう）がいる。取引主体間の契約関係に焦点を合わせるエージェンシー理論の言葉を借りれば，会社はさまざまな利害関係者との間の「契約の集合体（nexus）」とみなされる。この場合の契約という用語には，明示的なものばかりではなく，黙示的なものも含まれる。

　運営上は，経営者が会社の中心的位置を占めることになり，経営者に資源の運用を委託するような契約関係が締結されることになる。自己の利益を最大にするために契約に加わる利害関係者は，会社への寄与に対して収益の一部を得

図表1-1　会社とその利害関係者

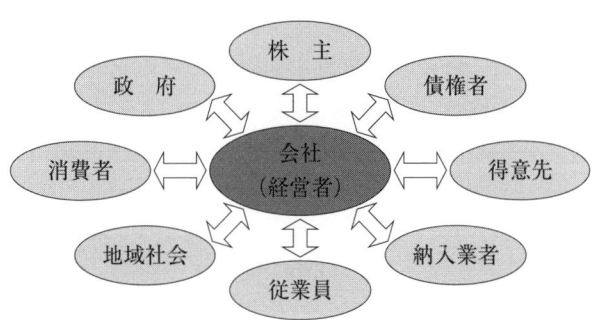

る権利を獲得する。たとえば，株主は出資に対して配当を受け取り，債権者は融資に対して利息を受け取る。

会社を取り巻く利害関係者が会計情報を必要とする局面は大きく分けて2つある。第1に，会社の実態を事前に分析する局面である。つまり，利害関係者が会社と取引を開始しようとしたり，契約を締結しようとしたりする局面である。（潜在的な）株主は該当する会社に資金を投入するべきかどうか，債権者はその会社に資金を貸し付けるべきかどうか，納入業者はその会社に資材を供給するべきかどうか，従業員はその会社に就職するべきかどうかを見定めようとするであろう。取引を開始する局面では，よい取引相手を**スクリーニング**（選別）するために会計情報を念入りに分析・検討することが重要となる。

第2に，取引や契約が成立した場合に事後的に分析する局面である。つまり，利害関係者にとって不利な経営者行動がとられていないかどうかを事後的に評価する局面である。株主は予定していた配当を受け取ることができるかどうか，また値上がり益を得ることができるかどうか，債権者は融資した資金とその利息を滞りなく回収できるかどうか，納入業者は信用取引による損失を被ることがないかどうか，従業員は自社の経営活動の改善点を探ったり，給与・賞与ならびに退職金を受け取ったりすることができるかどうかを確認しなければならない。取引や契約が成立した後の局面においても，取引相手の行動を継続的に**モニタリング**（監視）することは不可欠であり，会社と取引相手との間の利害対立の溝を埋めるために会計情報の利用がなされる。

会計基準の開発を行う上で，その指針となる財務会計の基礎的前提や概念は討議資料『財務会計の概念フレームワーク』（企業会計基準委員会）として体系化されている。そこでは，会計情報の基本的な特性は**意思決定有用性**であり，投資者による会社の成果の予測と企業価値の評価への役立ちが求められている。会計情報が投資意思決定の有用な情報源であるとすれば，先述した第1の局面で説明したように，利害関係者にとって事前に合理的な選別行動をとることができる会計情報システムの構築が社内でなされているといえる。

また，受託した資源をいかに運用したかに関して，経営者は利害関係者に対して報告義務を負う。上記の討議資料では会計情報の利害調整としての機能は

財務報告の副次的利用と位置づけているが，経営者行動を評価，あるいはコントロールするための機能が会計情報に備わっていることが期待される。それがなければ，経営者と利害関係者の間の**情報の非対称性**（information asymmetry）は軽減されず[1]，先述した第2の局面で指摘したことに反して，利害関係者は経営者の逸脱行動を監視する手立てを失ってしまうかもしれない。

　本書では，公表されている会計情報を基礎に，会社の事業活動の成果をどのように把握するのかという分析手法を説明する。投資意思決定や利害調整の目的を達成させるために，会社を取り巻く利害関係者にとって会計情報を掘り下げて読みこなすことは非常に重要なことである。もちろん各タイプの財務諸表利用者によって関心の的や関心の濃淡は変わるので，目的に合わせて分析手法をウェート付けすることが実際的である。

第2節　財務諸表分析の方法

1.　実数分析と比率分析

　財務諸表分析は，主として財務諸表（その見方は第2章参照）に記載される会計情報，すなわち会計数値を利用して行われる。最も単純な方法は，会計数値をそのまま利用する**実数分析**である。財務諸表に記載される項目（たとえば，売上高）を取り上げ，当期の実績値から前期の実績値の差額をとれば，それだけで増減額を把握することができる。

　ところで，会社間比較を行う場合に，実際の公表数値を利用する実数分析だけでは規模の影響を受けやすいという欠点がある。なぜならば，規模の大きい会社は規模の小さい会社よりも会計数値の絶対額が大きくなるからである。たとえば，A社が1,000百万円の利益を計上し，B社が100百万円の利益を計上しているとする。その場合，どちらの会社の稼ぎが良いと判断されるであろうか。数値の絶対額だけでみると，A社の利益の方が大きいとの答えが返ってくるは

ずである。

　もしA社の規模（売上高で測定）が100,000百万円で，B社が1,000百万円であったとすれば答えはどうであろうか。売上高を分母にして計算すると，次のような結果となる。

指　標	A　　社	B　　社
利益／売上高	$\dfrac{1,000百万円}{100,000百万円}=1\%$	$\dfrac{100百万円}{1,000百万円}=10\%$

　パーセンテージ表示にすると，A社の売上高に対する利益の比率は1％で，B社は10％となる。規模に対する運用効率はB社のほうが良好である。他社との比較を行う際に，規模の影響を除去するための標準化は有意義である。現実的には，実数分析と併用しながら，パーセンテージ表示による比率分析を実施することが好ましい。

　前述の利益と売上高のように，比率分析は財務諸表に記載される項目のペアから計算される。財務諸表には会計数値やそれに関する項目が多数記載されている。意味のあるペアの比率がそれほど多くあるとは思われないが，事業活動をより正確に映し出そうとする工夫は行われている。本書では，財務諸表分析において比較的頻繁に用いられる指標を中心に説明を行う。財務諸表の利用者は，必要に応じて，各々の目的に適合する比率指標をリストアップすればよい。比率分析の方法としては，①**構成比分析**，②**関係比分析**，および③**趨勢比分析**がある。

　構成比分析は，ある主要な項目（総資産や売上高）をベースとして，その他の項目がベースとなる項目の中でどれくらいの割合を示すかを分析する方法である。関係比分析は，財務諸表の中からペアとすべき項目を取り上げ，その項目間の比率を求める方法である。関係比分析は，会社の安全性，収益性，および効率性などを知るための指標として有益であり，財務諸表分析の基礎をなす。趨勢比分析は，基準年度を100として，それ以降の年度の会計数値がどのように推移しているかを算定する方法である。基準年度を前年度とおけば，これが前期比（前年同期比）となる。

2. 比較基準の設定

　事業活動の成果である会計情報の意味を読み解くにあたって，対象とすべき1社の1期分の財務諸表を取り出してきただけでは，分析結果の解釈がかなり限定される。業績の良否の判断を下すには何らかの比較基準を設けることを心がけておいたほうがよい。

　比較基準として，第1は過去の会計数値と現在の会計数値を対比する方法である。これは時系列（time-series）の変化をとらえるもので，成長過程にあるのか，成熟過程にあるのか，あるいは衰退過程にあるのかといった現在までの経緯を理解することに役立つ。趨勢比分析では基準年度が設定されるので，設定した年度分まで遡ってデータを用意しておかなければならない。ただし，長期間の比較では，景気循環の影響や産業構造の変化にも注意を払っておく必要がある。

　第2に，同時点における他社との比較を行う方法がある。これはクロスセクション分析（cross-section analysis）と称される[2]。財務諸表分析において，分析対象会社における単一指標の良否を基礎にした絶対業績評価を行うだけではなく，業界や競合するライバル会社の業績をベンチマークとした**相対業績評価**（relative performance evaluation）を行うことが推奨される。業界全体あるいはライバル会社との業績動向を対比することによって，分析対象会社の活動がより明確に映し出されるであろう。同じような経済環境や競争環境にある業界やライバル会社に比較対象会社を絞れば[3]，互いに似通った特性をもつ会社との比較が可能となる。この場合，同時に起こる外生的要因（環境）の影響は考慮せずに済むので，業績の乖離は経営努力や経営手腕の差異として判定できる。業界全体あるいはライバル会社ほど分析対象会社の業績悪化が深刻でないならば，逆に当該会社の経営手腕や経営努力が市場で好意的に評価されることも考えられる。

　第3に，計画上の会計数値と実績値を比較する方法がある。長期的（通例10カ年）な方向性を示した経営ビジョンや中期的（通例3カ年）な取り組みを示した経営計画が策定される傾向がある。中期経営計画においては，具体的な数

値目標を掲げるケースがある。

　一例として，2018年5月に公表されたフランスベッドホールディングス（証券コード：7840）の**中期経営計画**（2019年3月期〜2021年3月期）をみてみよう。2019年3月期を初年度とする3カ年計画で，インテリア健康事業の収益性の改善を目指し，中期経営計画の目標数値を図表1-2のように設定している。それによると，3期後に売上高は6.8％増，営業利益は53.4％増が見込まれている。財務の健全性を維持しつつ，ROE（資本効率を測る指標；第5章参照）については4％台から3年後に6％以上に改善することが目標とされている。

　経営計画は，一種のコミットメント（必達目標）として策定されるという側面がある。数値目標が必ず遵守されるという保証はないとはいえ，画餅に帰すような事態になっていないか，目標に向けて無理のない経営が行われているか，実績値が計画上の会計数値をどの程度達成しているかなどを常にチェックしておくことが望ましい[4]。近年，経営者に対する業績連動型株式報酬の付与において中期経営計画の業績達成度が利用されることがある。

　第4に，経営者予想をベンチマークとして用いる方法がある。わが国の証券取引所は上場会社に対して**決算短信**とよばれる書類の提出を要求している。決算短信には，売上高や利益の実績値とともに次期の業績予想（経営者予想）が記載されている。期初に通期だけではなく第2四半期（累計）の業績予想が公表されることがある。四半期決算短信では，直前に開示された経営者予想からの修正がある場合，その有無について欄外注記がなされる。大幅な経営者予想

図表1-2　中期経営計画の数値目標

（単位：百万円）

	2018・3期 実績	2019・3期 計画値	2021・3期 計画値	増減率 （2018・3 期実績比）
売上高	52,410	53,000	56,000	＋6.8％
営業利益	2,606	2,800	4,000	＋53.4％
経常利益	2,606	2,730	3,950	＋51.5％
当期純利益	1,806	1,700	2,500	＋38.4％
ROE	4.5％	4.0％	6.0％	―

注：フランスベッドホールディングスの「2018年3月期決算説明会ならびに中期経営計画について」（2018年5月30日付，p.43）から入手。

修正が行われたり，実績利益が予想利益を超過したりする場合，株式市場はそれらの新材料をサプライズ（surprise）として受け止めることがある。経営者予想の数値の公表によって，株価の動きが左右するかもしれず，経営者予想の数値は市場関係者の興味をひく将来予測情報となっている（第9章参照）。

業績予想については，『会社四季報』（東洋経済新報社）のようなハンドブックでも独自調査の数値が報告されている。証券アナリストの業績予想の平均である**コンセンサス予想**も業績予想として投資判断の重要な役割を担っている。

最後に，資本コスト（資金提供者が期待する収益率，詳細は第10章参照）を業績指標のベンチマークとすることができる。株主重視の経営への転換が唱えられるなか，実現する収益率が少なくとも株主の期待する資本コストを上回るように要望される傾向は強くなっている。東京証券取引所が定める「コーポレートガバナンス・コード」（実効的なコーポレートガバナンスの実現に資する主要な原則）の改訂（2018年6月）に「資本コスト」という文言が盛り込まれ，経営者は自社の資本コストを意識せざるをえない。

◀第3節▶ 財務関連情報の入手方法

1. インターネットによる情報開示

アメリカでは，証券取引委員会(SEC)が構築したEDGARシステム(Electronic Data Gathering, Analysis, and Retrieval system) を通じた各種報告書の届出が義務づけられている。この電子開示システムにならって，わが国でも開示書類は**EDINET**（Electronic Disclosure for Investors' NETwork）で電子化されている。EDINETは「金融商品取引法に基づく有価証券報告書等の開示書類に関する電子開示システム」のことを指す。財務情報利用者はインターネットを活用して各社の有価証券報告書等の法定開示情報を手軽に閲覧することができる。

有価証券報告書は，証券取引所に上場している会社などが，事業年度ごとに

　その事業年度の終了後3カ月以内に提出することが義務付けられている書類である。事業の状況，設備の状況，（財務諸表を含む）経理の状況など多岐にわたる財務関連情報が盛り込まれている。有価証券報告書は財務諸表分析を行う場合の貴重な一次情報である。金融庁はXBRL（eXtensible Business Reporting Language）という電子フォーマットでの報告を義務づけている。ツールを利用し，XBRLデータをCSV形式のファイルに変換・出力することができる。

　図表1-3パネルAに示すように，EDINETや東京証券取引所の適時開示情報は「有報キャッチャー」（PRECIS）や「決算プロ」（有報データマイニング）で利用可能である。会社を分析・調査する場合の利便性がある。

　インターネット上での会社の財務関連情報を入手する方法は別にもある。「Yahoo! ファイナンス」（ヤフー）では，該当する会社のニュースや決算情報の他に，そのサイト上で，「IFIS株予報」（アイフィスジャパン）が提供する各社の決算スケジュールを確認することができる。「IFIS株予報」には，複数のアナリストが予想する業績平均値（コンセンサス予想）がアップされている。「Ullet」（メディネットグローバル）では，上場会社の業績ランキングを知ることができる。

図表1-3　インターネットによる財務関連情報の入手

パネルA：財務関連情報等	ウェブサイト
EDINET	http://disclosure.edinet-fsa.go.jp/
決算プロ	http://ke.kabupro.jp/
Yahoo! ファイナンス	https://finance.yahoo.co.jp/
IFIS株予報	https://kabuyoho.ifis.co.jp/
Ullet	http://www.ullet.com/
有報キャッチャー	http://ufocatch.com/
パネルB：最新の会計基準等	ウェブサイト
企業会計基準委員会（ASBJ）	https://www.asb.or.jp/jp/
EY新日本有限責任監査法人	http://www.shinnihon.or.jp/
デトロイトトーマツグループ	https://www2.deloitte.com/jp/ja.html
有限責任あずさ監査法人	https://home.kpmg.com/jp/ja/home/about/azsa.html
PwC Japan グループ	https://www.pwc.com/jp/ja.html

注：2019年1月31日現在。

図表1-3パネルBには，最新の会計・監査情報に関心のある読者のために，企業会計基準委員会と代表的な監査法人関連のウェブサイトをリストアップしている。

2.　インターネットIR

　一般的に，外部の利害関係者（ここでは株主を想定）は経営者ほどには多くの情報を所有していない。そのため株主と経営者の間でつねに情報の非対称性が存在しうる。情報格差の存在によって，経営者の自由裁量の余地は大きくなり，経営者は自己に有利となる行動しか決断しないかもしれない。

　しかしながら，企業価値が低下して，株主の不信感を抱かせる事態になれば状況は変わってくる。事態が深刻であれば，自社の証券は低く評価され，会社との関係を解消する株主も多発するであろう。このような事態は，既存株主だけではなく潜在的株主にも不安を与えることになりかねない。

　容易ならざる状況を回避するため以外にも，イメージ・知名度の向上のため，または市場の信頼性を得るために，経営者は達成した成果と株主が望む成果との差を明らかにしようとする。その場合，経営者は株主によるモニタリングに対するコストをみずから負担してでも，株主との信頼関係を確保しようと努めるであろう。金融商品取引法等の要請により行う強制的情報開示（mandatory disclosure）あるいは制度的情報開示だけではなく，経営者は**自発的情報開示**（voluntary disclosure）を行うインセンティブをもつ。

　個人株主や外国人株主とのつき合いの重みが増してきているので，新製品の発表，経営者の記者会見，決算説明会などを含めた自発的な広報活動が必需となっている。私的情報の積極的な開示によって，外部者との情報格差を縮小しようとする動きは活発であり，投資者向け広報，つまりインベスター・リレーションズ（investor relations ; IR）は情報戦略の支柱となっている。

　IR活動の主要目的は自社による評価と投資者・市場から見た評価とのギャップを埋めることである。したがって，業務内容や経営戦略や将来ビジョンに関する情報を継続的かつタイムリーに投資者に提供することが重要である。可能

な限り公平な情報提供を行うために，IR活動に関してソーシャルメディアなどインターネットが活用されている。ホームページの「投資家の皆様へ」，「投資家情報」，「会社情報」あるいは「IR情報」といったサイトに入れば，IRライブラリが掲示されている。IR関連情報の発信形態は多様であるが，双方向コミュニケーションを意識したインターネットによる財務報告（internet financial reporting）は自発的情報開示の主要な位置づけとなっている。

3. IR関連情報とIR活動の評価

法的な作成義務はないが，株主向け報告書あるいは株主通信は，近年，株主向けの代表的IRツールとして認識されている。これらは，事業年度の営業・事業に関する重要な事項をカラフルなグラフやチャートなどを使って記載した報告書である。株主総会後に一斉に既存株主に紙媒体で発送されるが，新規株主の獲得に向けてホームページでも公開されている。ファクトブックといった投資分析に必要な長期の財務指標・経営数値を記載したデータ集を掲示したり，海外投資者向けに英文アニュアルレポートを作成したりするケースも増加している。知的財産における開示も積極的になされており，ウェブサイト上でのこれらの文書閲覧におけるユーザビリティ（使いやすさ）は日々進歩している。

一括した集約的な情報よりも分割した情報が利用者によって要求される業種も存在する。外食産業（サイゼリヤ（7581），吉野家ホールディングス（9861），日本マクドナルドホールディングス（2702）など）の営業実績（店舗数，売上高，客数，客単価）の月次動向や自動車産業の月次生産・販売台数は財務諸表分析に役立つ。業績の基になるデータ開示は，会社の透明度を高めると考えられる。

IRに関する情報提供を行うポータルサイトについては，図表1-4を参照にしてほしい。（個人向け）会社説明会，決算説明会，株主総会等のIRイベントでは，会場の規模や遠隔地の投資者に配慮して動画配信が行われている。

投資者にわかりやすい情報開示や会計ルールで規定されない情報発信を行っている会社を表彰する機関がある。それらを図表1-5に提示しておいた。各機関とも情報開示の向上の推進等を目的としているが，表彰ポイントについては

図表1-4　IRに関するポータルサイト

証券会社系	ウェブサイト
NET-IR （野村インベスター・リレーションズ）	https://www.net-ir.ne.jp/index.html
e-CAST （大和インベスター・リレーションズ）	https://www.daiwair.co.jp/e-cast.cgi
独立系	ウェブサイト
カンパニー・ホットライン （イー・アソシエイツ）	http://www.c-hotline.net/
ブリッジサロン （インベストメントブリッジ）	http://www.bridge-salon.jp/
IR STREET（フィナンテック）	http://www.irstreet.com/jp/

注：2019年1月31日現在。

各機関のホームページで確認されたい。また，上場会社のIRサイトあるいはホームページを独自の評価基準で表彰・ランキングする試みがある。これらの機関の評価は情報開示に対する意欲的な姿勢を知る機会を与えてくれる。

　情報開示評価と直接の関連性はないが，東京証券取引所は投資者の視点を強く意識した経営を実践している会社に対する評価として，「企業価値向上表彰」の制度を設けている。また，経済産業省は，東京証券取引所と共同で，従業員の健康管理を経営的な視点で考え，戦略的に取り組んでいる会社を「**健康経営銘柄**」として選定している。

図表1-5　情報開示とIR活動に関する表彰機関

名　　称	表彰機関
証券アナリストによる ディスクロージャー優良企業選定	日本証券アナリスト協会
IR優良企業賞	日本IR協議会
インターネットIR表彰	大和インベスター・ リレーションズ
全上場企業ホームページ充実度 ランキング	日興アイ・アール
IRサイトランキング	Gomez

4. 非財務情報の利用

　公表される財務諸表は会計数値を一定の形式で報告するもので大きな価値がある。だが，会社の経営状態を的確に把握するには，定量的情報だけでは不十分なことがある。定性的情報，つまり**非財務情報**も併せて収集・分析したほうがよい。非財務情報の定量化は難しいが，たとえば，顧客満足度が高いという情報は会社の将来の売上増につながる先行指標となりそうである。上場会社が主体的に発行する環境報告書，社会・環境への取り組みを示すCSR報告書（corporate social responsibility report），あるいは財務情報と非財務情報から構成される統合報告書は企業価値を理解する重要な情報源となろう。

　会社を取り巻く経営環境の変化は最終的に会計数値の変化として表れるはずである。会計数値の変化の背景にある会社の強みや参入障壁などを調べることで事業活動の将来性をより把握しやすくなる。経済系新聞（日本経済新聞，日経産業新聞，日刊工業新聞等）や経済誌（週刊東洋経済，週刊ダイヤモンド，日経ビジネス，週刊エコノミスト等）から得られる情報は財務諸表分析の補完的役割として有益である[5]。

　有価証券報告書には「経営者による財政状態，経営成績及びキャッシュ・フローの状況の分析」の項が設けられている。この開示項目は，アメリカでのMD & A（management's discussion and analysis）に相当するもので，経営者の視点による自社グループの分析内容が記載されている。経営者が認識している事業遂行のための影響や経営の質的向上の要請の対応を知るために，「事業等のリスク」と「コーポレート・ガバナンスの状況等」の項目を通覧することが推奨される。投資判断上，財務指標だけではなく，ESG（環境・社会・ガバナンス）の取り組みも将来性を読み解く好材料となる。

　さらに言えば，「**大株主の状況**」で会社の株式所有構造を調べておくとよい。メーンバンクとなる金融機関，海外の機関投資家，協力関係にある事業会社などの名が順に並んでいる。創業者一族が大株主の第1位になっていることもある。近年は，株主の代理人としてカストディサービスを行う，日本マスタートラスト信託銀行や日本トラスティ・サービス信託銀行のような信託銀行（信託

ロ）が上位に名を連ねている。

第4節 財務諸表分析の留意点

　経営者が日々行う意思決定は会計数値に変化を与える。店舗の新規出店，借入金による資金調達，あるいはグローバル競争に打ち勝つための海外進出などの活動は，決算に至るまでの会計数値を決定づける。それらの結果が公表された場合，経営状態が改善する方向に向かっているかどうかを判断するために，会計数値の変化の仕組みについて簿記の基本的ルールを理解しておくことが有利である。

　ただし，会計数値は，一見，簿記のルールに従い自動的に作成されているかのような印象を与えることがある。実際には，粉飾や利益操作といった不正会計に関する新聞報道からも推察される通り，作為的に虚偽の報告がなされることもないではない。作為的ではないとしても会社間で会計処理方法に差異が存在する場合もある（第13章参照）。会社間比較や時系列比較の分析を行うことに慎重にならざるをえないケースがある。

　公表された財務諸表に虚偽記載があった場合には，当該会社は財務諸表を事後的に訂正する必要がある。この修正再表示によって過去の各期間の財務諸表に影響額が反映されることになる。会計数値の重要な訂正がある場合，過去との数値を比較するためには修正再表示の有無の確認が必要である。

　会計情報は，ビジネスの言語（language of business）として，利害関係者とのコミュニケーション手段として役立つが，経営者による会計情報の発信は利害関係者のリアクションを生む。もし会計情報の内容が良くないものであれば，利害関係者は受信した会計情報を基礎に自己に不利とならないような意思決定を行うはずである。そのようなことが波及すれば，会社は資金調達難や雇用難に陥るかもしれない。

　会計情報の発信にはこのような**経済的帰結**（economic consequences）がつきものであるので，決算期が到来したから（真実の）会計情報を報告するという儀

礼的な行事ではすまされないケースがでてくる。当然，公認会計士の監査証明によって不正会計は厳しくチェックされる体制は整えられているが，経営者の意図的な数値調整はいつでも起こりうる。単純ではあるが，不自然な科目や一時的な多額の金額の変化に注意するだけでもその発見の糸口はある。

最後に，連結財務諸表を作成する会計基準の問題がある。日本の会計基準（以下の章では日本基準という）は高品質かつ国際的に遜色のないものとなっているが，グローバル化の進む市場環境のもと，世界の多くの国で統一的に使用できる一組の高品質でグローバルな会計基準として，2010年3月期決算から**国際財務報告基準**（以下の章ではIFRSという）に準拠した連結財務諸表の作成が認められている。IFRS適用済・適用決定・適用予定会社数は2018年7月末時点で204社である（東京証券取引所「『会計基準の選択に関する基本的な考え方』の開示内容の分析」2018年7月31日付）。アメリカの証券取引所で株式を上場する日本の会社は，金融商品取引法上の連結財務諸表の作成基準として，アメリカの会計基準を使用することができる。日本の会計基準を適用する会社と国外の基準を適用する会社との比較分析を行う場合には，それぞれの会計基準の違いに配慮する必要性がある。

第5節　財務諸表分析と実証会計研究

財務諸表分析においては，理論的整合性に貫かれて分析が行われるというよりは，諸指標を駆使した総花的な分析がなされがちである。本書でも体系的な分析フレームワークを提示することを主目的としていないために，財務諸表利用者の明確な目的や問題意識がなければ場当たり的に分析を行い，それを解釈することで終わる可能性が残る。

なおかつ，どのような分析にどの指標がどの程度有用であるかは判然としないことが多い。多くの指標に絶対的な基準値があるわけではないので，財務諸表分析を実施した結果ならびにその指標の解釈は，個人的な勘や慣れのような経験則や常識に依存することが増えてくる。

さらに，財務諸表分析の教科書では，成功あるいは失敗している1社をクローズアップしてケース・スタディーを行うことが一般的である。本書では可能な限り多くの上場会社を取り上げることにしているが，算出した指標の変化がどのような意味をもつのか，あるいは良好な指標が将来性にどれほど関連しているかは明確ではないことがある。残念ながら，財務諸表分析において利用者の主観による判断に委ねられる機会が少なくない。

しかしながら，経験則や常識や非常識が仮説化され，その仮説が統計的に検証されたものもある。つまり，説得力のある事実となっているものが少なからずあり，それらの証拠は財務諸表分析の欠点を補完するために役立つはずである。本書では，**実証会計研究**の分野で積上げられてきた経験的証拠（empirical evidence）をいくらかでも提示することにしたい。証拠ベースの財務諸表分析は，経営者行動のパターンに対して，財務諸表利用者に合理的な意思決定を行うための基盤を与えるであろう。

言うまでもなく，経験的証拠は1つの実験結果であるので反証可能である。これまで有用とされてきた指標でも新たな問題発見があれば追加的検証が必要な場合がでてくる。そのような試みは経験と矛盾しない財務諸表分析を行うための理論構築に貢献すると考えられる。

【Appendix 1-1】金額の単位

本書では，上場会社の分析を主とする。上場会社の場合，財務諸表に掲記される項目の金額は，以下の左側のように，千円単位あるいは百万円単位で表示されている。

千円単位	1,000千円	100万円
	1,000,000千円	10億円
	1,000,000,000千円	1兆円
百万円単位	100百万円	1億円
	10,000百万円	100億円
	1,000,000百万円	1兆円

売上高ランキングのつねに上位に入るトヨタ自動車（7203）は，2018年3月期に27,597,193百万円（27兆5,971億円）を計上している。2016年9月に東証

マザーズに新規上場した串カツ田中（3547）の2017年11月期の売上高，は5,529,521千円（55億2,952万円）であった。表には基点となる数字を示しておいたので，素早く数字を声に出す癖をつけておくとよい。

【Appendix 1-2】 上場会社

　金融商品取引所（証券取引所）で株式が売買されている会社を**上場会社**という。株式が新規に証券取引所に公開されることを新規上場と呼ぶが，上場には，資金調達の多様化，社会的信用力や知名度の向上，人材確保など多くの利点がある。

　東京証券取引所の現物市場には本則市場（市場第一部と市場第二部），マザーズ市場，JASDAQ市場，TOKYO PRO Market（プロ投資家向け市場）が存在する。東京証券取引所（以下，東証）の上場会社数は下表の通りである[6]。

　東証市場第二部に上場している会社が，一部指定銘柄となることを「一部指定」といい，マザーズとJASDAQに上場している会社が，本則市場（市場第一部・第二部）に上場市場を変更することを「市場変更」という。また，上場銘柄の所属する市場が市場第一部から市場第二部に指定されることを「指定替え」と称する。

　上場廃止基準に抵触するおそれがある銘柄について，取引所がその事実を投資者に周知徹底させるために，当該会社は「監理銘柄」に指定され，一般の銘柄とは区別される。特に，上場会社が有価証券報告書等に重大な虚偽記載を行い，上場廃止になるかどうかの審査を行っている期間は「監理銘柄（審査中）」となる。上場廃止基準に抵触するかどうかの確認を行っている期間は「監理銘柄（確認中）」に指定され，当該上場株券の上場廃止が決定された場合には，「整

（単位：社）

第一部	第二部	マザーズ	JASDAQ スタンダード	JASDAQ グロース	TOKYO PRO Market	合計
2,128	493	276	687	37	29	3,650
(2)	(1)	(1)	(1)	(0)	(0)	(5)

注：《https://www.jpx.co.jp/listing/co/index.html》から入手（2019年2月1日現在）。カッコ内は外国会社。TOKYO PRO Marketでは，より自由度の高い上場基準・開示制度での上場が可能となっている。

理銘柄」に指定される。

　また，上場廃止にするほどではないが，社内の内部管理体制を改善する必要
性が高いと東証が判断した場合は特設注意市場銘柄に指定される。たとえば，
この指定を受けた東芝（6502）は2015年に内部統制の機能不全による不正会計
の継続を理由に9,120万円の上場契約違約金を支払っている。これは株主およ
び投資者の信頼を毀損したと東証が認める場合に徴求されるものである。

【Appendix 1-3】決算期分布

　日本経済新聞社の決算発表スケジュールのサイトを活用し，決算期の分布を
調査した。日本の証券取引所に上場する会社が調査対象となっている。下表に
表示しているように，3月期（64.7％）に決算が集中している。続いて12月期
の11.4％と2月期の5.7％が多い。IFRS導入の準備や海外連結子会社との決算
期を統一するために12月期へ決算変更する傾向がみられる。

期	1月期	2月期	3月期	4月期	5月期	6月期
社数	54	213	2,421	40	74	134
割合	1.4%	5.7%	64.7%	1.1%	2.0%	3.6%

7月期	8月期	9月期	10月期	11月期	12月期	計
41	70	165	51	57	433	3,753
1.1%	1.9%	4.3%	1.3%	1.5%	11.4%	100.0%

注：《https://www.nikkei.com/markets/kigyo/money-schedule/kessan/》
からデータを入手し，作成（2019年2月4日時点）。

【Appendix 1-4】中期経営計画の策定方法

　中長期計画を策定するための方法には，①毎年の環境変化を考慮して計画を
見直し，必要な更新を行なうローリング方式と，②一定年数にわたって，策定
した中長期計画を固定化しておく固定方式がある。なお，策定後に，日立製作
所（6501）のように定期的に進捗状況説明会を開催するケースがある。

《練習問題》

1. 図表1-5の中から直近の情報開示の表彰会社をリストアップし，それらの情報開示の姿勢を述べなさい。

2. ウェブサイトあるいはEDINETから，興味のある上場会社の有価証券報告書を入手しなさい。

3. 上記で選択した会社の決算説明会の様子（図表1-4参照）を閲覧しなさい。

4. 上記で選択した会社の決算短信と中期経営計画の資料を入手し，業績予想値の実現可能性を検討しなさい。

5. 上記で選択した会社のガバナンス体制と会社のリスクの状況について，有価証券報告書の記述を参考にして概要を述べなさい。

6. 上記で選択した会社の大株主の状況を調べなさい。

［注］

1）社内にいる経営者は，会社運営の内容に関して社外にいる利害関係者よりも情報優位に立っている。したがって，両者の間には情報量のギャップが存在する。取引開始前の情報の非対称性から生じる問題として逆選択，取引開始後の情報の非対称性から生じる問題としてモラルハザードがある。

2）産業別の業績動向の分析をセクター分析という。なお，業種ごとの動向，需給状況，中期的な環境変化などを盛り込んだ「みずほ産業調査」は非常に役立つレポートであり，ウェブサイトで閲覧可能である《https://www.mizuhobank.co.jp/corporate/bizinfo/industry/sangyou/index.html》。

3）経営の多角化が進んでいるため，同業種の会社を選定することは容易ではない。同業グループ（peer group）の選定はクロスセクション分析での重要課題である。

4）中期経営計画の予想達成率は決して高くない。淺田・山本（2016）の調査によると，売上高（営業利益）の3年後の予想達成は19.0％（18.2％）であった。また，業績が低迷している会社ほど中期経営計画を開示する傾向がある。非現実的な計画が低達率の原因であるかもしれない。さらに，売上高達成率が高いほど，リスク調整済株式リターンがプラスに高くなることが示されている。

5）有料の場合があるが，投資支援サービス会社による調査レポートや証券会社によるアナリストレポートは専門家による調査，分析，予測の方法を知るよい機会である。なお，個人にとっては，バイサイド（保険会社や信託銀行などの資産運用会社）のレポートやセルサイド（証券会社）や独立系のレポートから情報発信

者の内容の違いを考えるとよい。

6）わが国の会社等（事業・活動を行う法人（外国の会社を除く。）及び個人経営の事業所）の数は 385 万 6457 社であるので（総務省・経済産業省「平成 28 年経済センサス - 活動調査（確報）」），上場会社数はそのごく一部を占めるにすぎないことがわかる。

第2章

連結財務諸表の見方

要　旨

　本章では，財務諸表分析で主として利用される連結貸借対照表，連結損益計算書，および連結キャッシュ・フロー計算書をとり上げ，それらの基本内容を説明する。これら財務諸表に記載される会計数値が相互にどのように連繋しているかを確認するために，連結包括利益計算書と連結株主資本等変動計算書も取りあげる。本章では日本基準で作成された財務諸表の見方に重点があるが，近年の適用状況を踏まえ，国際財務報告基準（以下，IFRS）で作成されたものについても差異の大きいものは言及することにしたい。

第1節 連結財務諸表について

連結財務諸表（consolidated financial statements）は，支配従属関係にある2つ以上の会社からなるグループ全体の財務内容を総合的に報告するために親会社が作成するものである。子会社や関連会社を含むグループ全体を1つの組織体として捉えるので，その事業活動が明確となる。近年，純粋持株会社の形態をとっているケースが増えている。これは他の会社の事業活動を支配するために他社の株式を保有することを事業目的とする会社で，ホールディングスという用語を社名に入れることが一般的である。純粋持株会社の個別財務諸表をみると，主たる事業活動がないために株式保有による関係会社の配当金が大きな収益源となっている。グループ全体の本当の実力を把握するためには連結財務諸表を理解することが重要である。

連結財務諸表のうち財務諸表分析で主に利用されるのは，①連結貸借対照表（consolidated balance sheets），②連結損益計算書（consolidated statements of income）及び連結包括利益計算書（consolidated statement of comprehensive income），ならびに③連結キャッシュ・フロー計算書（consolidated statements of cash flows）である。子会社が存在しない等の理由で，個別財務諸表のみを公表する場合があるが，連結財務諸表と個別財務諸表でそれぞれ適用する会計処理が異なり，**連単分離**が生じている項目（たとえば，包括利益の表示）がある。

なお，親会社に対する親会社以外のグループ全体の貢献度を調べる指標として**連単倍率**がある。それぞれの総資産，売上高，利益が比較尺度となり，親会社の個別財務諸表の数値に対する連結財務諸表の数値の割合が計算される。たとえば，利益の連単倍率が1を超えるほど，グループ全体の利益が親会社単体の利益よりも大きいことがわかる。連単倍率が大きいほど，親孝行な子会社等が存在すると評価される。ただし，持株会社の売上高や利益は相対的に小さいので，連単倍率からグループ全体の貢献度を測ることは難しい。

以下では，医療機器メーカーであるテルモ（証券コード：4543）の連結財務

諸表を取り上げる。テルモは2018年3月期からIFRSを適用した連結財務諸表を公表している。比較情報として前期の連結財務諸表を作成・公表する必要があるので、2017年3月期について、日本基準の連結財務諸表とIFRSの連結財務諸表を比較することができる。

 **連結貸借対照表の見方**

1. 連結貸借対照表の内容

連結**貸借対照表**は決算時点での子会社や関連会社を含むグループ全体の**財政状態**（financial position）を表す。連結貸借対照表は、資本と負債のバランスは適切か、不良債権は含まれていないかどうか、債務超過に陥っていないかどうかなど、グループ全体の財務体質の強さや弱さを判断するために利用できる。

図表2-1には、テルモの（1）日本基準適用による連結貸借対照表と（2）IFRS適用による連結財政状態計算書（consolidated statement of financial position, IFRSでは連結貸借対照表と表記することも認められているので、以下では連結貸借対照表と呼ぶ）を示している。両方を比較すると、総資産の合計額など両基準の認識・測定の差異があることがわかる。また、重要性がない場合に記載項目が表示されないことがあり、IFRS適用の連結貸借対照表は、日本基準適用の連結貸借対照表より表示科目がかなり少なくシンプルとなっている。それに代わって、注記情報が充実している。テルモでは、日本基準では注記・追加情報等は有価証券報告書に41ページあるが、IFRSでは75ページある。

連結貸借対照表の右側には、主に事業活動で使用する資本をどこから調達したかが表記されている。負債の部には、取引業者との間の会社間信用、銀行からの借入金と社債の発行などにより調達した資本が含まれる。借入金と社債は、将来、その資金を返済しなければならない性格を有している。純資産（資本）の部には、株式発行によって株主から払い込まれた資本とそれを用いて獲得し

図表 2-1　連結貸借対照表の実例

(1) 日本基準適用によるテルモの連結貸借対照表

（単位：百万円）

区 分			金 額	区 分			金 額
資産	流動資産	現金及び預金	105,388	負債	流動負債	支払手形及び買掛金	38,451
		受取手形及び売掛金	109,508			短期借入金	120,000
		商品及び製品	69,765			1年内返済予定の長期借入金	7,853
		仕掛品	9,367			リース債務	231
		原材料及び貯蔵品	27,579			1年内償還予定の社債	−
		繰延税金資産	17,501			未払法人税等	9,688
		その他	11,503			繰延税金負債	23
		貸倒引当金	△1,430			賞与引当金	6,317
		流動資産合計	349,183			役員賞与引当金	190
	固定資産	有形固定資産				設備関係支払手形及び未払金	7,059
		建物及び構築物（純額）	63,310			資産除去債務	72
		機械装置及び運搬具（純額）	53,359			その他	58,502
		土地	22,471			流動負債合計	248,389
		リース資産（純額）	1,780		固定負債	社債	30,000
		建設仮勘定	30,445			転換社債型新株予約権付社債	100,135
		その他（純額）	11,754			長期借入金	80,578
		有形固定資産合計	183,122			リース債務	230
		無形固定資産				繰延税金負債	47,501
		のれん	217,334			役員退職慰労引当金	14
		顧客関連資産	85,338			退職給付に係る負債	6,803
		技術資産	105,581			資産除去債務	84
		その他	46,463			その他	18,113
		無形固定資産合計	454,717			固定負債合計	283,462
		投資その他の資産				負債合計	531,851
		投資有価証券	12,463	純資産	株主資本	資本金	38,716
		繰延税金資産	6,727			資本剰余金	50,928
		退職給付に係る資産	757			利益剰余金	459,261
		その他	10,263			自己株式	△108,225
		投資その他の資産合計	30,212			株主資本合計	440,680
		固定資産合計	668,052		その他の包括利益累計額	その他有価証券評価差額金	1,706
	繰延資産	繰延資産合計	4,169			繰延ヘッジ損益	△560
						為替換算調整勘定	56,257
						退職給付に係る調整累計額	△8,938
						その他の包括利益累計額合計	48,464
						新株予約権	307
						非支配株主持分	101
						純資産合計	489,554
資 産 合 計			1,021,405	負 債 純 資 産 合 計			1,021,405

注：テルモの2017年3月期有価証券報告書から作成。
　　△はマイナスを示す。

(2) IFRS適用によるテルモの連結財政状態計算書（連結貸借対照表）

（単位：百万円）

	区　分		金　額		区　分		金　額
資	流動資産	現金及び現金同等物	105,046	負	流動負債	営業債務及びその他の債務	61,152
		営業債権及びその他の債権	111,090			社債及び借入金	127,853
		その他の金融資産	625			その他の金融負債	370
		棚卸資産	106,046			未払法人所得税等	11,115
		未収法人所得税等	750			引当金	212
		その他の流動資産	7,375			その他の流動負債	49,433
		流動資産合計	330,934			流動負債合計	250,137
	非流動資産	有形固定資産	172,644	債	非流動負債	社債及び借入金	210,335
産		のれん及び無形資産	471,616			その他の金融負債	10,724
		持分法で会計処理されている投資	5,717			繰延税金負債	40,093
		その他の金融資産	13,651			退職給付に係る負債	8,650
		繰延税金資産	24,019			引当金	84
		その他の非流動資産	3,679			その他の非流動負債	10,712
		非流動資産合計	691,328			非流動負債合計	280,602
	資　本　合　計		1,022,262			負債合計	530,739
				資		資本金	38,716
						資本剰余金	52,478
						自己株式	△108,225
						利益剰余金	513,578
						その他の資本の構成要素	△5,126
				本		親会社の所有者に帰属する持分合計	491,421
						非支配持分	101
						資本合計	491,522
					負　債　及　び　資　本　合　計		1,022,262

注：テルモの2018年3月期有価証券報告書から作成。
　　データは2017年3月期のもの。△はマイナスを示す。

た利益の内部留保分などが含まれる。

　連結貸借対照表の左側にある資産の項目は調達した資本をどのように運用したかを示す。日本基準でもIFRSでも取得原価に加え公正価値（時価）で評価されるものが含まれるが，左側の合計額（総資産）は右側の合計額（総資本）とつねに均衡する。

　連結貸借対照表の表示に関して，日本基準では，（正常）**営業循環基準**（operating cycle rule）と**一年基準**（one-year-rule）を併用して，資産は流動資産，固定資産および繰延資産に区分される。負債は流動負債と固定負債に区分して表示される。IFRSでも同様の基準に基づき，資産は流動資産と非流動資産，負債は流動負債と非流動負債に区分して表示される。

営業循環基準とは，正常な事業活動の循環過程にある資産・負債を流動資産・流動負債として分類する基準である。一般的な製造業の場合，現金→商品・原材料の購入（買掛金・支払手形）→生産（仕掛品・製品）→商品・製品の販売（売掛金・受取手形）→代金決済（現金）といったサイクルを継続的に繰り返す。このサイクルにある資産と負債を流動資産と流動負債に分類するのである。事業活動の成否は自社の製品が市場の競争圧力に打ち勝つかどうかにかかっている。販売収益がコストをカバーし，その上で代金回収を効率的に行えば，流動資産の部は現金が再びより大きな現金として戻ってくる過程を映し出すことになる。好循環にある事業活動は資産の増加とともに会計利益の増加をもたらす。

日本基準では，貸借対照表項目の記載は**流動性配列法**による（連結財務諸表規則第20条）。この配列法は貸借対照表項目を流動性（換金能力・返済期日）の高いものから順に配列する記載方法である。電力業・ガス業・通信業のように業種特有の会計規則に基づき固定項目を優先する固定性配列法を採用することもある。IFRSでは配列の規定は特になく，自社の実態を踏まえて非流動項目から先に並べることができる。

2. 資産の部

(1) 流動資産

流動資産の項目は，図表2-1(1)の左上では，現金及び預金（cash and time deposits）が最初にある。これは，貨幣そのものと，当座預金・普通預金・満期まで1年以内の定期預金などの預金からなる。図表2-1(2)では現金及び現金同等物となっており，手許現金，随時引き出し可能な預金及び容易に換金可能で，かつ，価値変動について僅少なリスクしか負わない短期投資が含まれる。この額は連結キャッシュ・フロー計算書にも表記されている。

図表2-1(1)の受取手形及び売掛金（notes and accounts receivable）は，後日に支払ってもらうことを約束して提供した財貨やサービスの販売代金の未回収分で，これらを**売上債権**という。これに相当するものがIFRSでは**営業債権**及

びその他の債権と表示される。テルモのその他の債権は未収入金である。

　売上債権を含む金銭債権は，得意先の倒産などによって回収不能となるおそれがある。そこで，債務者の財政状況に応じて債権を区分し，貸倒見積額を貸倒引当金（allowance for doubtful accounts）として債権金額から控除しておく備えが必要である。貸借対照表上，金銭債権が属する科目ごとに引当金を控除する形式で表示することが原則である。だが，図表2-1(1)のように各金銭債権に対する引当金を一括して掲記する方法も認められている。同図表(2)では，損失評価引当金として営業債権及びその他債権に含めて表示される。

　図表2-1(1)の商品及び製品，仕掛品，原材料及び貯蔵品は，事業活動を達成するために所有し，かつ，売却を予定する棚卸資産（inventories）である。棚卸資産には，未成工事支出金等，注文生産や請負作業についての仕掛中のものも含まれる。通常の販売目的で保有するこれらの資産は，取得原価をもって貸借対照表価額とし，期末の時価（正味売却価額）が取得原価を下回る場合，当該正味売却価額で貸借対照表価額が算定される。棚卸資産の評価は収益性の低下に基づく簿価切下げによって行われる。

　繰延税金資産（deferred tax assets）は譲渡価値のない特殊な資産項目で，税効果会計の適用によって計上される。財務会計上の税引前利益と税務会計上の課税所得とが一致しないことで生ずる。実際に課される税額が税効果会計で計算した税額を上回る場合がある。この額は将来的に支払うべき法人税等の前払分と考えられ，その分だけ次期以降に支払うべき法人税等を軽減させておく効果を有している。図表2-1(2)では，日本基準では流動項目にある繰延税金資産の全額が非流動項目に表示組替えされている。

(2) 固定資産（IFRS の非流動資産）

　次に，固定資産（非流動資産）の主要項目に目を向けよう。有形固定資産（property, plant and equipment; PPE）は，会社が長期にわたって使用する目的で所有する事業用資産で，物理的な形態を有する資産である。

　有形固定資産に属する資産には，建物，構築物，機械装置，運搬具，土地，リース資産，建設仮勘定などがある。固定資産の取得に国庫助成を受けた場合は，

その分を差し引いた金額を取得原価とする圧縮記帳が行われる。有形固定資産は，時間の経過や使用によって徐々に価値が減少するために，通例，土地以外は減価償却の手続きがとられる。有形固定資産に対する減価償却累計額は，当該資産の金額から直接控除され，その控除残額を当該資産の金額として表示することができる。その場合，減価償却累計額は注記される。

図表2-1(2)の有形固定資産は，原価モデルの方法によって各種資産の取得原価から減価償却累計額及び減損損失累計額を控除した額で計上されている。有形固定資産の取得原価には，資産の取得に直接関連する費用，解体，除去に係る原状回復費用および資産計上すべき借入費用が含まれている。公正価値を信頼性をもって測定できる有形固定資産については，再評価実施日における公正価値を基にした再評価モデルの方法で計上することが可能である。

事業に利用する固定資産への（巨額な）資金の投入を設備投資というが，電子計算機および端末機，半導体製造装置，産業用ロボット等はリースで調達されることがある。ファイナンス・リース取引（リース契約の途中解約が不可能等）は，所有権移転の有無にかかわらず，通常の売買取引として会計処理すべきことになっている。この取引を行った場合，当該物件を自社の資産として貸借対照表に計上すると同時に，借り手はリース期間にわたってリース料を払い続ける義務があるので，これを評価して負債にもリース債務を計上しなければならない。リース資産は決算ごとに減価償却が行われる。図表2-1(2)では，リース資産は有形固定資産に含めて表示されている。リース債務は，その他の金融負債に含められている。

土地・建物等の事業用の固定資産には，減損会計が適用される。収益性が著しく低下し，資産価値が帳簿価額を大幅に下回ると，一定の条件のもとで投資額の回収可能性を反映させるように帳簿価額が減額される。その価値減少分は，減損損失（impairment loss）として連結損益計算書の特別損失に計上される。その場合の減価償却は，減損損失処理後の資産の帳簿価額に基づいて行われる。日本基準では，減損した資産についてはその減損損失を戻入れることはできないが，IFRSでは減損の原因となった事象が解消された場合に戻入れることが認められている。ただし，のれんの減損の戻入れは日本基準と同じく認められ

ていない。

　無形固定資産（intangible assets）は，有償で取得した固定資産のうち物理的な形態をもたない資産であり，1年を超える長期にわたって利用されるものをいう。各種の法律上の権利（特許権，実用新案権，意匠権，商標権等）は無形固定資産に属する。権利の取得に要した支出額に基づいて資産計上が行われ，通例，当該資産の有効期間にわたって毎期均等額ずつ直接償却される。無形固定資産の区分には，ソフトウェアという勘定科目が表示されることがある。市場販売目的のソフトウェアの場合，最初の製品化された製品マスター（販売ソフトウェアの複写元になるソフトウェア）の完成後に行われる通常の改良や強化（バージョンアップなど）に要した費用が無形固定資産に計上される。また，自社利用目的のソフトウェアの場合，将来の収益獲得や費用削減が確実な場合の購入費や制作費も無形固定資産に計上される。

　のれん（goodwill）は，合併・買収によって他社を有償で取得した場合，投資額が受入純資産額を超える差額である。逆に，投資額が受入純資産額を下回るケースでは，資産・負債等の見直しを行った後に，当期の利益として処理される。自己創設のれんはオフバランス項目であり資産計上が認められていない。のれんは，減損の適用対象資産であるが，日本では20年以内のその効果の及ぶ期間にわたって規則的に償却すべきことになっている。IFRSでは規則的な償却は実施されず，毎期減損テストが行われるが，減損処理のタイミングが遅れるなどの問題があると指摘されている。

　余裕資金の運用や他の会社の支配などで他社の有価証券を保有することがある。会計上，原則として金融商品取引法に定義する有価証券（国債証券，地方債証券，社債券，株券，新株予約権証券等）はその属性または保有目的によって流動資産と固定資産に分類される。流動資産に属する有価証券（marketable securities）は，売買目的有価証券および満期保有目的の債券のうち1年以内に満期の到来するものがある。図表2-1(1)の投資その他の資産（investment and other assets）には，流動資産に分類されない有価証券，長期保有の金銭債権，その他の長期性資産が含まれ，投資有価証券，長期貸付金，繰延税金資産，長期前払費用，賃貸等不動産などが表示される。事業連携などを強化するために

他社と相互に株式を保有し合う相互持ち合いの株式は投資有価証券に含まれる。

　図表2-1(2)のテルモでは，金融資産について，純利益を通じて公正価値で測定する金融資産，その他の包括利益を通じて公正価値で測定する金融資産，ならびに償却原価で測定する金融資産に分類されている[1]。現金及び現金同等物と営業債権及びその他の債権以外のものは流動資産と非流動資産に分けてその他の金融資産として表示されている。

(3) 繰延資産

　流動資産と固定資産とは別の区分として繰延資産（deffered assets）が掲示されることがある。繰延資産は，ある支出が行われ，その効果が次期以降に及ぶものと期待されるものである。本来費用の性格であるが，支出の効果が及ぶ数期間に合理的に配分するために未償却残高が貸借対照表に計上される。テルモは日本基準では開業費を繰延資産として計上している。IFRSでは，繰延資産は資産に該当しないと考えられ，発生時に費用処理される。

3.　負債の部

(1) 流動負債

　流動負債に関して，図表2-1(1)の右側の買掛金及び支払手形（notes and accounts payable）は主たる事業活動にともなう債務であり，仕入（営業）債務と呼ばれる。短期借入金，リース債務，未払法人税等，繰延税金負債，預り金，前受金，未払費用など，会社の主たる活動で1年以内に支払期限が到来する負債も流動負債に属する。図表2-1(2)の右側の営業債務及びその他の債務の内訳は，支払手形及び買掛金，未払金，設備関係支払手形及び未払金となっている[2]。

　引当金（allowance）は，1年基準が適用され，流動負債と固定負債に区分して記載される。負債の部に掲げられる引当金は，将来の費用または損失の発生

に備えて見越計上した当期に属する費用の貸方科目である。IFRSでは，現在の義務があること，経済的便益をもつ資源の流出の可能性が高いこと，義務の信頼性のある見積もりができること，という要件を満たす場合に引当金が認識される。したがって，負債性の乏しい引当金の設定は難しい。

(2) 固定負債（IFRS の非流動負債）

固定負債の代表例として，長期借入金（long-term debt）と社債（bonds）があげられる。長期借入金は金融機関等の外部からの借入を指す。複数の金融機関の協調によるシンジケート団の組成によって，シンジケートローンとして大規模な資金調達が行われることがある。負債として借入以外の資金調達方法として社債の発行がある。社債によって，株式の発行と同様に，一般の投資者から直接に資金調達を行うことができる。社債には，普通社債（straight bond；SB）と新株予約権付社債がある。特別な条件のないタイプの社債は普通社債とよばれ，確定利付債として満期に額面で償還し，それまでの期間はクーポン（利息）を支払わなければならない。

普通社債に新株予約権を加味した新株予約権付社債には，転換社債型新株予約権付社債（convertible bond；CB）とその他の新株予約権付社債がある。発行会社において，転換社債型新株予約権付社債は区分法または一括法で会計処理が行われ，それ以外の新株予約権付社債は区分法で会計処理が行われる。区分法による場合，新株予約権付社債の払込額は社債の対価部分と新株予約権の対価部分に区別されるので，前者を固定負債の部に計上し，後者を純資産の部の新株予約権に独立掲記する。一括法による場合，普通社債と同様に発行価額の全額が一括して固定負債に計上される。

テルモは，日本基準では一括法を用いているが，IFRSでは複合金融資産として負債要素と資本要素に区分している。資本要素として測定された金額は社債及び借入金より控除するとともに，同額が資本剰余金に計上されている。IFRSでは金融債務は償却原価で測定されるもの，あるいは公正価値で測定されるものに分類される。テルモは社債及び借入金を償却原価で測定する金融負債に分類している。

退職給付は，一定の期間にわたり労働を提供したことにより退職以後に支給される給付で，退職一時金や退職年金等がその典型である。退職給付債務から年金資産の公正な評価額を控除した額は退職給付に係る負債としてオンバランス化される[3]。死亡率等の主要な仮定が日本基準とIFRSで異なっているため，図表2-1(1)と同図表(2)で金額の差が生まれている。

有形固定資産の取得，建設，開発または通常の使用によって生じ，当該有形固定資産の除去に関して法令または契約で要求される法律上の義務等を**資産除去債務**という。資産除去債務が発生した時に，貸借対照表日後1年以内にその履行が見込まれる場合を除き，固定負債の区分に表示される[4]。

4. 純資産（資本）の部

連結貸借対照表の純資産（図表2-1(1)右下）は，①株主資本，②その他の包括利益累計額，③新株予約権，④非支配株主持分から構成されている。IFRSでは資本（図表2-1(2)右下）と表記される部分であるが，少なくとも①親会社の所有者に帰属する払込資本及び剰余金と②非支配持分を表示しなければならない。

(1) 株主資本

図表2-1(1)の株主資本は，資本金，資本剰余金，利益剰余金，および自己株式から構成されている。図表2-1(2)にも同じ項目名が存在する。資本金（common stock）は株式の購入を通じて株主が拠出した資金である。すなわち，発行済株式の発行価額の総額のことである。ただし，発行価額の2分の1を超えない額を，資本金とせずに，資本準備金に振り分けることができる[5]。連結貸借対照表では，内訳項目（資本準備金とその他資本準備金）は表示されず資本剰余金（capital surplus）に一括して記載される。

追加資金が必要なときに新株の発行（株主割当や公募等）が行われる。資金調達方法の幅は広がりつつあり，種類株式発行会社（会社法第2条第13項）は，普通株式だけではなく，剰余金の配当を付加した**優先株式**（preferred stock），

議決権制限株式，譲渡制限株式，株主の拒否権付株式（いわゆる黄金株）などの種類株を活用することが可能となっている。伊藤園（2593）は普通株式に対する配当に125%乗じた金額を付した伊藤園第1種優先株式（25935）を東京証券取引所第一部に上場させている。

利益剰余金（retained earnings）は，過去の事業活動を通じて獲得した利益のうち株主への配当などで社外に流出させていない内部留保した利益のことである。連結貸借対照表では，個別貸借対照表と異なり，利益剰余金も内訳項目（利益準備金とその他利益剰余金）は表示されず一括して記載されている。

自己株式は金庫株（treasury stock）ともいわれ，自社が発行した株式をみずからが買い戻して保有しているものである[6]。出資の払い戻しとみなされる自己株式は株主資本の控除項目として扱われる。2018年5月9日にトヨタ自動車（7203）が上限3,000億円の自社株買いを行うと公表するように，上場会社の自社株買いは活発である。自社株買いは，敵対的買収への備え，M＆A（合併・買収）での株式交換，あるいは株式報酬の交付といった幅広い用途に使うことができるので，経営の機動性を高めることに役立つ。

自社株買いは株の需給を引き締めるとともに1株当たり利益などの経営指標を改善するので，配当と並ぶ株主還元策と位置づけられている。転換社債型新株予約権付社債の発行と自己株式の取得を組み合わせた**リキャップ転換社債**という財務手法もある。なお，取得した自己株式はそのまま保有するか，処分か消却される。自己株式を消却すれば，その分は市場で再び株式が流通することはなくなる。

（2）株主資本以外の項目

株主資本以外の区分として，図表2-1(1)の純資産の部のその他の包括利益累計額の区分には，損益計算書を経由しないで計上される未実現損益項目，いわゆるダーティーサープラス項目が含まれる。連結貸借対照表には，その他有価証券評価差額金（net unrealized holding gains on securities），繰延ヘッジ損益（gains and losses on deferred hedge），土地再評価差額金（land revaluation account），為替換算調整勘定（foreign currency translation adjustments），退職

給付に係る調整累計額（remeasurements of defined benefit plans）の項目が記載される。

その他有価証券評価差額金とは，株式持ち合い（cross-shareholding）を代表とするその他有価証券の時価評価によって発生する評価差額金のことである[7]。繰延ヘッジ損益は，繰延ヘッジ会計を適用している場合に発生する時価評価差額または損益のことである。繰延ヘッジ会計とは，時価評価されているデリバティブなどのヘッジ手段の損益をヘッジ対象に係る損益が認識されるまで純資産の部に繰り延べる処理のことを示す。

土地再評価差額金に関しては，時限立法によって事業用の土地の再評価を行った会社で認識されている。今後新たに計上される予定はない。

為替換算調整勘定は，在外子会社等の貸借対照表を報告通貨に換算し，連結する際に生まれる貸借差額に関する項目である。一般的に，円高が進むと，過去に行った海外投資の円換算後の価値が目減りし，為替換算調整勘定のマイナス幅が大きくなる。これは換算手続の結果から発生するものに過ぎないが，見かけ上の財務内容を悪くする。テルモは，IFRS移行日におけるすべての在外営業活動体に係る換算差額累計額をゼロとみなすことができるという免除規定を選択しているので，IFRS移行日時点でその全額を利益剰余金に振り替えている。

退職給付会計に関する未認識数理計算上の差異および未認識過去勤務費用は，税効果を調整した上で，その他の包括利益を通じて，一括で退職給付に係る調整累計額という項目名でその他の包括利益累計額に含まれる。

新株予約権（stock warrant）は純資産の部で独立に表示される。IFRSでは資本剰余金に含まれる。新株予約権とは，この権利を保有する者が，発行会社に対して，一定期間内に一定の価格で新株を引き受け，または自己株式の移転を受ける権利をいう。保有者がこの権利を行使した場合，会社は新株を発行するか，または自己株式を移転しなければならない。新株の発行は，株主資本の充実につながる一方で，発行済株式数の増加にともなって1株当たりの価値を下げることになる。新株予約権は，単独で発行されることもあるし，新株予約権付社債の一部に組み込まれて発行されることがある。新株予約権は，株式報

酬型ストック・オプション，買収防衛策（**ライツプラン**），および資金調達手段として活用される。

　図表2-1(1)の純資産の部の最後の区分は非支配株主持分（non-controlling interest）である。同図表(2)では非支配持分と表記されている。これは連結財務諸表に固有の項目で，資本連結における子会社の資本のうち親会社の持分に属さない部分を示す。連結財務諸表の作成の基本的考え方として，**親会社説**と**経済的単一体説**がある。前者では，連結財務諸表は親会社株主の立場から作成され，後者では，非支配株主を含めたグループ全体の株主の立場から作成される。

　日本では，非支配株主持分が純資産の一部として株式市場で評価されているという経済的単一体説を支持する実証結果はあるが，金融庁と東京証券取引所は，純資産から新株予約権と非支配株主持分を控除した金額を**自己資本**と定義している。そこで，親会社の既存株主に帰属する部分が各種財務比率の計算要素に利用される。なお，IFRSでは経済的単一体説の立場が採用されている。

 **連結損益計算書と連結包括利益計算書の見方**

1.　連結損益計算書の内容

　連結**損益計算書**は，1会計期間で最終的にどれだけの利益を稼いだかを一覧にしたものである。損益計算書を眺めることから，どのような事業活動によって収益が獲得され，どのような部分に費用がかかっているかがわかる。

　顧客に商品を引き渡したり，サービスを提供したりして販売対価が得られる。この販売対価の中から，取引先に原材料などの対価を支払い，労働者に賃金を支払い，銀行・社債権者に利息を支払い，かつ国・地方公共団体に税金を支払う。最終的に残った利益が株主に帰属する。株主の利益を最大化させることが現代の会社の責務であるので，最終利益をいかに大きくするかが重要課題と

なってくる。

　連結損益計算書では，1会計期間に属するすべての収益とこれに対応するすべての費用が記載される。収益および費用について，その発生源泉別に明瞭に分類し，各収益項目とそれに関連する費用項目を損益計算書に対応表示させる。なお，収益認識基準については，IFRSでは出荷基準だけではリスクと経済価値の移転という条件を満たさないために着荷・検収基準に基づく必要がある。連結貸借対照表と同様に，連結損益計算書の表示科目はIFRSの方が少ない。図表2-2(1)に表示するように，日本基準では多くの段階で利益が計算されている。同図表(2)のIFRSには，経常利益はなく，営業外損益と特別損益として表示していた科目のうち，金融取引に関連する項目以外は営業利益の計算に含まれている。

　売上高（sales, IFRSでは売上収益と表示）は連結損益計算書の冒頭，つまりトップライン（top line）にでてくる。サービス業・通信業・電力業のように業種によって営業収入・営業収益と表示されることがあるが，主たる事業活動から得られる収益を指す。在庫リスクや価格変動リスクを負わない代理人取引については，IFRSでは手数料収入の部分のみを収益として純額表示することが求められている。商社では日本基準の売上高よりも大きく減少するケースがある。売上原価は，商業では販売した商品の仕入原価であり，製造業では販売した製品の製造原価である。

　売上高から売上原価（cost of goods sold）を控除した額が売上総利益で，粗利益（gross margin）を示す。日本基準では，売上高総利益から販売費および一般管理費を控除して営業利益（operating income）または営業損失が計算される。この段階の利益が本業で稼ぎ出した利益を表す。

　販売費及び一般管理費（selling, general and administrative expenses）は，販売業務および一般管理業務に関して発生した費用である。販売活動に関する費用としては，販売手数料，宣伝広告費，荷造・運搬費，貸倒引当金繰入額などがある。販売や管理業務に従事する役員や従業員の給料・賞与，福利厚生費，販売や管理業務部門に係る交際費，旅費，通信費，租税公課，減価償却費なども販売費及び一般管理費に属する。一般管理費または当期製造費用に含まれて

図表 2-2 連結損益計算書の実例

(1) 日本基準適用によるテルモの連結損益計算書

（単位：百万円）

区　　　分	金　額
売上高	514,164
売上原価	236,164
売上総利益	278,000
販売費及び一般管理費	201,421
営業利益	76,578
営業外収益	
受取利息	497
受取配当金	203
受取ロイヤリティー	137
その他	1,218
営業外収益合計	2,057
営業外費用	
支払利息	1,205
売上割引	438
為替差損	4,100
持分法による投資損失	559
たな卸資産処分損	848
構造改革関連費用	703
開業費償却	1,111
その他	1,115
営業外費用合計	10,083
経常利益	68,552
特別利益	
固定資産売却益	366
投資有価証券売却益	15,792
補助金収入	284
特別利益合計	16,442
特別損失	
固定資産処分損	1,652
減損損失	－
事業再編損	1,375
投資有価証券評価損	2,178
その他の投資評価損	4,805
特別損失合計	10,012
税金等調整前当期純利益	74,981
法人税、住民税及び事業税	25,640
人	△4,772
法人税等合計	20,867
当期純利益	54,114
非支配株主に帰属する当期純損失（△）	△111
親会社株主に帰属する当期純利益	54,225

注：テルモの2017年3月期有価証券報告書から作成。
　△はマイナスを示す。

(2) IFRS 適用によるテルモの連結損益計算書

（単位：百万円）

区　　　分	金　額
売上収益	514,164
売上原価	240,329
売上総利益	273,835
販売費及び一般管理費	183,288
その他の収益	2,789
その他の費用	5,559
営業利益	87,777
金融収益	709
金融費用	13,228
持分法による投資損益（△は損失）	△377
税引前利益	74,881
法人所得税費用	19,989
当期利益	54,891

当期利益の帰属	
親会社の所有者	55,003
非支配持分	△111
当期利益	54,891

1株当たり当期利益	
基本的1株当たり当期利益（円）	152.31
希薄化後1株当たり当期利益（円）	142.75

注：テルモの2018年3月期有価証券報告書から作成。
　データは2017年3月期のもの。△はマイナスを示す。

いる研究開発費はその総額を注記する必要がある。ただし，企業結合等により受け入れた研究開発の途中段階の未完成の成果（インプロセスR&D）については，一定の要件を満すと費用処理されずに企業結合日の時価に基づいて無形資産（仕掛研究開発費）として計上される。

　従業員等の勤労意欲や業績の向上を目的に付与されるストック・オプションに関して，権利確定日までストック・オプションの公正な評価額が純資産の部の新株予約権に計上されるとともに，各会計期間の負担に属する部分は，株式報酬費用として通常の人件費と同様に販売費及び一般管理費に表示される。退職給付費用は売上原価または販売費及び一般管理費に計上される。

　営業損益計算の結果を受けて，本業の事業活動以外の主として金融活動によって発生する営業外収益と営業外費用が加減されて，経常利益（ordinary income）または経常損失が報告される。この段階の利益は経常的な利益獲得能力を表すものとして，日本では会社のパフォーマンス指標の代表格と位置づけられてきた。

　営業外収益と営業外費用は，本来の事業活動以外によって発生する金融収益と金融費用を中心とする。営業外収益としては，受取利息，有価証券利息，受取配当金，有価証券売却益，持分法による投資利益などがある。営業外費用としては，支払利息，有価証券売却損，持分法による投資損失などが含まれる。持分法による投資損益は関連会社や非連結子会社に対する投資勘定の増減であり，持分法適用会社の純損益のうち出資比率に応じた額に相当する。

　国際展開が活発になるほど，為替相場の変動が業績に与える影響は大きくなる。決算時の換算替えよって生じた換算差損益と取引額の決済によって生じた決済差損益は為替差損益として処理される。

　日本基準では，経常損益計算の結果から特別利益と特別損失を加減し，税金等調整前当期純利益（net income before income taxes）またはその純損失が算出される。特別利益と特別損失には，固定資産売却益（損），投資有価証券売却益（損），災害による損失，減損損失，関連会社整理損など，臨時に発生する損益項目が記載される。

　税金等調整前当期純利益から法人税，住民税及び事業税に法人税等調整額（前

払いまたは未払いの税額）を加減した法人税等合計額を控除して当期純利益（net income）またはその純損失を求める。それから非支配株主利益（損失）を控除して親会社株主に帰属する当期純利益（profit attributable to owners of parent）またはその純損失が算出される。連結損益計算書の末尾にでてくるので，親会社株主に帰属する利益が損益計算書の**ボトムライン**（bottom line）となる。

図表2-2(2)の連結損益計算書のボムラインは当期利益であり，親会社の所有者に属する利益と非支配持分に属する利益を合計したグループ全体の所有者に帰属する利益が表示される。期末までに廃止もしくは廃止を決定した事業，及び期末までに売却もしくは売却予定に分類される事業からの損益がある場合，当期利益は**継続事業からの当期利益**と非継続事業からの当期利益に分けて表示される。これは将来の予測に役立つものとして提供される。なお，当期利益のあとに，基本的1株当たり当期利益と希薄化後1株当たり当期利益の情報が報告されている。

2. 連結包括利益計算書の内容

連結財務諸表には**包括利益**を表示する連結包括利益計算書が含まれる。日本基準では，包括利益とは，特定の会計期間における純資産の増減のうち，当該会社の純資産に対する持分所有者との直接的な取引によらないものをいう。IFRSで表示される包括利益は資本取引以外で資本の増減を生じさせるものである。包括利益は，当期純利益＋その他の包括利益（other comprehensive income）で計算される。

日本基準で包括利益を表示する計算書は，①純利益を算定する損益計算書と包括利益を表示する計算書を別々に掲示する方式（2計算書方式）と，②純利益の表示と包括利益の表示を1つの計算書で行う方式（1計算書方式）がある。全般的に，2計算書方式を採用するケースが多く見られるが，活動結果として得られた純利益を末尾に置くことを重要視していると考えられる。1計算書方式であっても，純利益が末尾になるように改ページし，次ページのトップに純

利益を配置している場合，2計算書方式と実質的には表示上の差異はない。

3. 利益の分配

　生み出された利益を基礎に，一部が配当金として株主に分配される。会社法では，利益の配当等を**剰余金の配当**と称し，分配可能な上限額を定めている。過大配当は債権者の利害を損なうおそれがある。剰余金の配当の支払額は，連結株主資本等変動計算書（consolidated statements of changes in net assets），IFRSでは連結持分変動計算書（consolidated statement of changes in equity）において，利益剰余金の当期変動額の一部として表示されている。

　利益を内部留保して今後の設備投資やさらなる事業活動の拡大に充当させるか，それとも配当として社外に流出させるかは会社の重要な意思決定となる。配当をいくらにするかという会社の方針は**配当政策**（dividend policy）と呼ばれている[8]。わが国において，株主の増配要求や復配要求に対処するために，業績連動配当政策を明記するケースが増えている。減益局面における減配・無配を回避し，持続的な配当水準を維持する工夫として，配当の下限水準（最低額）を設定する場合もある。ファイナンスの理論によれば，一定の条件のもとでは，配当政策の変化が株主価値に影響を与えることはないといえるが，増配（減配）は将来の収益向上（下落）に関する経営者の私的情報の発信（期待）と受け止められる。そのために，増配（減配）の公表は株価を上下させる**シグナリング効果**をもつ可能性がある。

　業績連動型の株主配分は普及しつつあり，配当政策を数値目標として開示するケースがある。数値目標として配当性向（payout ratio）を利用するケースが多い。この指標は親会社株主に帰属する当期純利益（親会社の所有者に帰属する当期利益）のうちいくらを配当金に回したかを示す。しかし，配当性向は計算の分母となる利益額に応じて変動しやすいので，**自己資本配当率**（dividends on equity；DOE）を利用することもある。DOEは配当金額を自己資本（株主資本や純資産を使う場合もある）で除した指標である。

 連結キャッシュ・フロー計算書の見方

1. 連結キャッシュ・フロー計算書の意義

　連結キャッシュ・フロー計算書は，1会計期間における資金の増減を表示するものである。キャッシュ・フロー計算書における資金（キャッシュ）の範囲は現金（手許現金と要求払預金）及び現金同等物と定義されており，日本基準の貸借対照表の現金及び預金の額とは必ずしも一致しないことがある。

　キャッシュ・フロー計算書は，どれくらいの資金を残しているかを表すと同時に，会社がどれくらいの資金を稼ぎ，どれくらいの資金を投資に回し，どれくらいの資金を調達したのかというキャッシュの流れを表示する。キャッシュの流れは会社にとって血液も同様で，それがうまく循環していないと会社の存続は危うくなる。どれほど利益を捻出しているとしてもキャッシュがなければ，すなわち，血行が悪くなれば，倒産することがありうる。

2. 連結キャッシュ・フロー計算書の内容

　図表2-3(1)と同図表(2)にあるように，連結キャッシュ・フロー計算書では，活動区分別に営業活動によるキャッシュ・フロー，投資活動によるキャッシュ・フロー，および財務活動によるキャッシュ・フローが表示される。上記の3区分に続いて，現金及び現金同等物に係る換算差額，現金及び現金同等物の増減額，現金及び現金同等物の期首残高，現金及び現金同等物の期末残高が表示される。

　営業活動によるキャッシュ・フローの表示方法には直接法と間接法がある。直接法は，主要な取引ごとにキャッシュ・フローが総額表示される。間接法は，税金等調整前当期純利益（IFRSでは税引前利益）を最初の行にする形式で，その利益に所定の調整項目を加減算した結果が表示される。直接法では，主要

図表 2-3 連結キャッシュ・フロー計算書の実例

(1) 日本基準適用によるテルモの連結キャッシュ・フロー計算書

(単位：百万円)

区　　分		金　額
営業活動によるキャッシュ・フロー	税金等調整前当期純利益	74,981
	減価償却費	34,153
	減損損失	−
	のれん償却額	11,247
	持分法による投資損益（△は益）	559
	退職給付に係る資産の増減額（△は増加）	△757
	退職給付に係る負債の増減額（△は減少）	△1,774
	貸倒引当金の増減額（△は減少）	66
	役員退職慰労引当金の増減額（△は減少）	△52
	役員賞与引当金の増減額（△は減少）	20
	受取利息及び受取配当金	△701
	支払利息	1,205
	為替差損益（△は益）	2,881
	構造改革関連費用	703
	開業費償却額	1,111
	固定資産売却損益（△は益）	△366
	固定資産処分損益（△は益）	1,652
	投資有価証券売却損益（△は益）	△15,792
	補助金収入	△284
	事業再編損	1,375
	投資有価証券評価損益（△は益）	2,178
	その他の投資評価損益（△は益）	4,805
	売上債権の増減額（△は増加）	△4,784
	たな卸資産の増減額（△は増加）	△3,921
	仕入債務の増減額（△は減少）	886
	その他	△254
	小　計	109,140
	利息及び配当金の受取額	784
	利息の支払額	△1,190
	法人税等の支払額	△24,845
	和解金の支払額	△1,493
	構造改革関連費用の支払額	△450
	補助金の受取額	284
	事業再編損の支払額	△1,365
	営業活動によるキャッシュ・フロー	80,862
投資活動によるキャッシュ・フロー	定期預金の預入による支出	△298
	定期預金の払戻による収入	2,443
	有形固定資産の取得による支出	△29,838
	有形固定資産の売却による収入	1,315
	無形固定資産の取得による支出	△6,680
	投資有価証券の取得による支出	△1,243
	投資有価証券の売却による収入	21,440
	敷金の回収による収入	−
	事業譲受による支出	△119,191
	連結の範囲の変更を伴う子会社株式の取得による支出	△49,380
	その他	0
	投資活動によるキャッシュ・フロー	△181,433
財務活動によるキャッシュ・フロー	短期借入れによる収入	120,000
	短期借入金の返済による支出	△58
	長期借入れによる収入	29,640
	長期借入金の返済による支出	△19,460
	社債の発行による収入	29,888
	社債の償還による支出	△40,000
	ファイナンス・リース債務の返済による支出	△325
	自己株式の取得による支出	△44,227
	配当金の支払額	△14,518
	財務活動によるキャッシュ・フロー	60,937
現金及び現金同等物に係る換算差額		△2,246
現金及び現金同等物の増減額（△は減少）		△41,880
現金及び現金同等物の期首残高		146,927
現金及び現金同等物の期末残高		105,046

注：テルモの2017年3月期有価証券報告書から作成。△はマイナスを示す。

(2) IFRS適用によるテルモの連結キャッシュ・フロー計算書

(単位：百万円)

区　　分		金　額
営業活動によるキャッシュ・フロー	税引前利益	74,881
	減価償却費及び償却費	34,471
	持分法による投資損益（△は益）	377
	退職給付に係る負債の増減額（△は減少）	2,876
	受取利息及び受取配当金	△701
	支払利息	1,709
	為替差損益（△は益）	2,881
	固定資産除売却損益（△は益）	1,293
	有価証券等評価損益（△は益）	6,984
	営業債権及びその他の債権の増減額（△は増加）	△4,718
	棚卸資産の増減額（△は増加）	△4,182
	営業債務及びその他の債務の増減額（△は減少）	886
	その他	△7,875
	小　計	108,883
	利息及び配当金の受取額	842
	利息の支払額	△1,318
	法人所得税の支払額	△25,518
	営業活動によるキャッシュ・フロー	82,888
投資活動によるキャッシュ・フロー	定期預金の預入による支出	△298
	定期預金の払戻による収入	2,443
	有形固定資産の取得による支出	△29,838
	有形固定資産の売却による収入	1,315
	無形資産の取得による支出	△8,763
	有価証券の取得による支出	△1,243
	有価証券の売却による収入	21,440
	事業譲受による支出	△119,191
	子会社株式の取得による支出	△49,380
	その他	−
	投資活動によるキャッシュ・フロー	△183,517
財務活動によるキャッシュ・フロー	短期借入れによる収入	120,000
	短期借入金の返済による支出	△58
	長期借入れによる収入	29,640
	長期借入金の返済による支出	△19,460
	社債の発行による収入	29,888
	社債の償還による支出	△40,000
	非支配持分からの払込みによる収入	110
	ファイナンス・リース債務の返済による支出	△379
	自己株式の取得による支出	△44,227
	配当金の支払額	14,518
	財務活動によるキャッシュ・フロー	60,993
現金及び現金同等物に係る換算差額		△2,246
現金及び現金同等物の増減額（△は減少）		△41,880
現金及び現金同等物の期首残高		146,927
現金及び現金同等物の期末残高		105,046

注：テルモの2018年3月期有価証券報告書から作成。データは2017年3月期。△はマイナスを示す。

な営業取引ごと（営業収入，原材料または商品の仕入支出など）にキャッシュ・フローの総額を記載しなければならない。実務上，直接法による表示方法を利用するケースは少ないが，個別財務諸表のみを作成するJIEC（4291）は直接法を採用している。

図表2-3は間接法に従うものである。営業活動によるキャッシュ・フローの部には，非支出の費用項目（減価償却費，減損損失など），受取利息，受取配当金，支払利息などの金融損益項目，有形固定資産売却損益などの項目，および事業活動に係わる資産・負債（棚卸資産，売上債権，仕入債務など）の増減が含まれる。

営業活動によるキャッシュ・フローの部の小計の下にある金融収益・金融費用の表示区分であるが，図表2-3(1)と同図表(2)において，受取利息・受取配当金，支払利息は営業活動によるキャッシュ・フローの部に記載され，支払配当金は財務活動によるキャッシュ・フローの部に記載されている[9]。

投資活動によるキャッシュ・フローの部は，有価証券，固定資産，貸付に関するキャッシュ・フローを明示する。具体例としては，有価証券の取得による支出，有価証券の売却による収入，有形固定資産の取得による支出，有形固定資産の売却による収入，貸付けによる支出，貸付金の回収による収入などがある。定期預金の払戻（預入）による収入（支出）もこの部に含まれる。

財務活動によるキャッシュ・フローの部においては，資金の調達・返済に関するキャッシュ・フローが記載される。たとえば，短期借入れによる収入，短期借入金の返済による支出，社債の発行による収入，社債の償還による支出，株式の発行による収入，自己株式の取得による支出などが集計される。

財務活動によるキャッシュ・フローの部の次に出てくる「現金及び現金同等物に係わる換算差額」は外貨建の現金及び現金同等物の期中の為替相場の変動による円貨増減額のことであり，現金及び現金同等物の増減額の調整項目として区分表示されている。

連結貸借対照表（連結財政状態計算書），連結損益計算書，連結包括利益計算書，連結キャッシュ・フロー計算書，ならびに**連結株主資本等変動計算書（連結持分変動計算書）**は別個に存在するのではなく，それぞれが有機的に連繋し合っている。2017年3月期と2018年3月期のテルモの連結財務諸表を利用し，各計算書の相互関係を図表2-4(1)と同図表(2)に示した。以下では図表2-4(1)の日本基準で作成された財務諸表間の関係を検討する。

期首連結貸借対照表の現金及び預金勘定（預入期間が3カ月を超える定期預金を控除すると現金及び現金同等物）の残高から期末連結貸借対照表の同残高へ変動した原因が連結キャッシュ・フロー計算書に記される（①の線）。

②の線（2カ所）では，株主資本の期首と期末の変化が株主資本等変動計算書を通じて明らかにされる。これは，期首の株主資本（445,178百万円）＋親会社株主に帰属する当期純利益（54,225百万円）－剰余金の配当（14,518百万円）＋自己株式の取得と処分（△44,205百万円）＝期末の株主資本（440,680百万円）という**クリーンサープラス関係**（損益項目は必ず損益計算書に計上され，純利益の計算に算入されること）の成立を示す。株主に支払う配当金と自己株式の取得と処分の取引の影響を除けば，株主資本の変化は損益計算書で計算される親会社株主に帰属する当期純利益と等しい（③の線）。なお，年度内の配当支払額は，④の線のように連結キャッシュ・フロー計算書と株主資本等変動計算書に表示される。⑤と⑥の線はそれぞれ連結損益計算書と連結包括利益計算書，連結損益計算書と連結キャッシュ・フロー計算と連繋する利益を示す。

⑦の線（2カ所）は，期首の純資産合計が，連結株主資本等変動計算書の内容を経由して，どのように期末の純資産合計に引き継がれたかを示す。純資産の当期変動額（△21,990百万円）は，株主資本の当期変動額（△4,497百万円）＋その他の包括利益累計額の当期変動額（△17,609百万円）＋新株予約権の当期変動額（124百万円）＋非支配株主持分の当期変動額（△7百万円）となっている。純資産の期中変化については，包括利益の登場によってクリーンサー

図表2-4　財務諸表の相互関係

(1) 日本基準適用によるテルモの財務諸表の相互関係　　　（単位：百万円）

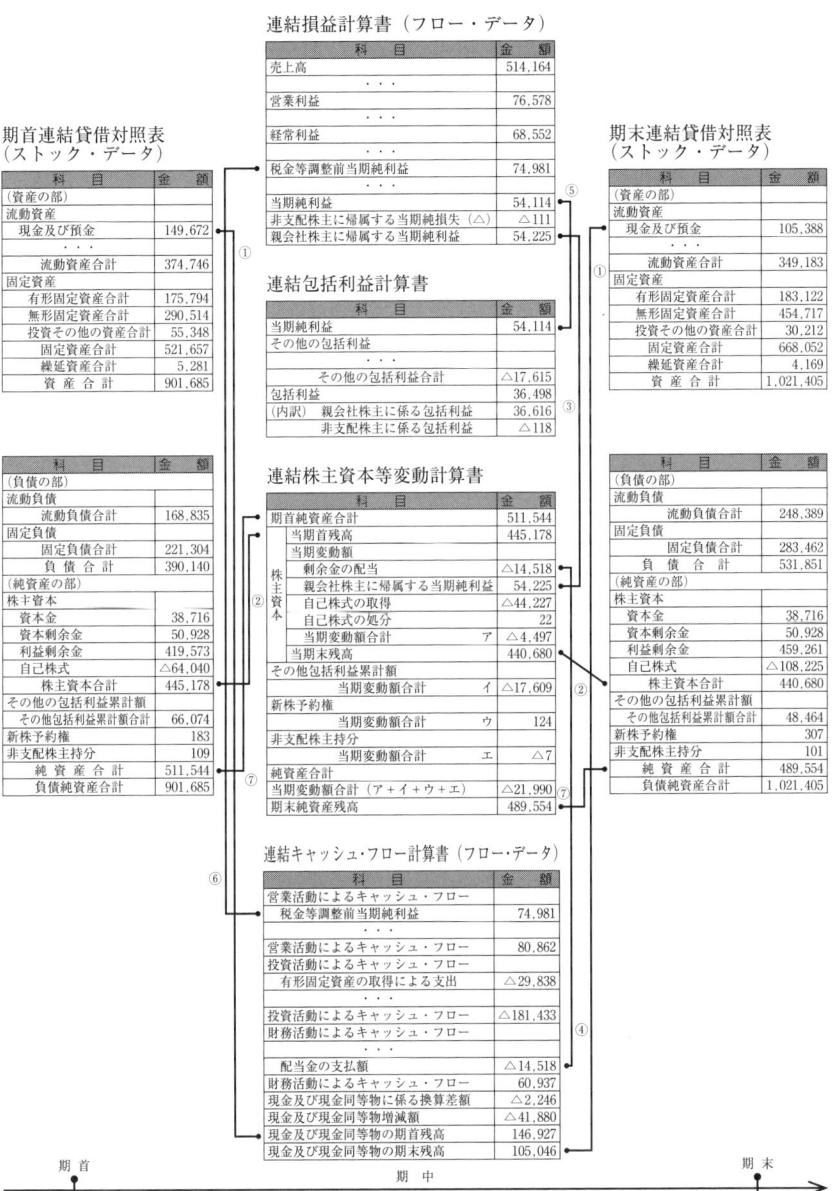

連結損益計算書（フロー・データ）

科　目	金　額
売上高	514,164
・・・	
営業利益	76,578
・・・	
経常利益	68,552
・・・	
税金等調整前当期純利益	74,981
・・・	
当期純利益	54,114
非支配株主に帰属する当期純損失（△）	△111
親会社株主に帰属する当期純利益	54,225

連結包括利益計算書

科　目	金　額
当期純利益	54,114
その他の包括利益	
・・・	
その他の包括利益合計	△17,615
包括利益	36,498
（内訳）　親会社株主に係る包括利益	36,616
非支配株主に係る包括利益	△118

連結株主資本等変動計算書

科　目	金　額
期首資産合計	511,544
当期首残高	445,178
当期変動額	
剰余金の配当	△14,518
親会社株主に帰属する当期純利益	54,225
自己株式の取得	△44,227
自己株式の処分	22
当期変動額合計　ア	△4,497
当期末残高	440,680
その他包括利益累計額	
当期変動額合計　イ	△17,609
新株予約権	
当期変動額合計　ウ	124
非支配株主持分	
当期変動額合計　エ	△7
純資産合計	
当期変動額合計（ア＋イ＋ウ＋エ）	△21,990
期末純資産残高	489,554

※左側欄外に「株主資本」の縦書き表記あり

連結キャッシュ・フロー計算書（フロー・データ）

科　目	金　額
営業活動によるキャッシュ・フロー	
税金等調整前当期純利益	74,981
・・・	
営業活動によるキャッシュ・フロー	80,862
投資活動によるキャッシュ・フロー	
有形固定資産の取得による支出	△29,838
・・・	
投資活動によるキャッシュ・フロー	△181,433
財務活動によるキャッシュ・フロー	
・・・	
配当金の支払額	△14,518
財務活動によるキャッシュ・フロー	60,937
現金及び現金同等物に係る換算差額	△2,246
現金及び現金同等物増減額	△41,880
現金及び現金同等物の期首残高	146,927
現金及び現金同等物の期末残高	105,046

期首連結貸借対照表（ストック・データ）

科　目	金　額
（資産の部）	
流動資産	
現金及び預金	149,672
・・・	
流動資産合計	374,746
固定資産	
有形固定資産合計	175,794
無形固定資産合計	290,514
投資その他の資産合計	55,348
固定資産合計	521,657
繰延資産合計	5,281
資産合計	901,685

科　目	金　額
（負債の部）	
流動負債	
流動負債合計	168,835
固定負債	
固定負債合計	221,304
負債合計	390,140
（純資産の部）	
株主資本	
資本金	38,716
資本剰余金	50,928
利益剰余金	419,573
自己株式	△64,040
株主資本合計	445,178
その他の包括利益累計額合計	66,074
新株予約権	183
非支配株主持分	109
純資産合計	511,544
負債純資産合計	901,685

期末連結貸借対照表（ストック・データ）

科　目	金　額
（資産の部）	
流動資産	
現金及び預金	105,388
・・・	
流動資産合計	349,183
固定資産	
有形固定資産合計	183,122
無形固定資産合計	454,717
投資その他の資産合計	30,212
固定資産合計	668,052
繰延資産合計	4,169
資産合計	1,021,405

科　目	金　額
（負債の部）	
流動負債	
流動負債合計	248,389
固定負債	
固定負債合計	283,462
負債合計	531,851
（純資産の部）	
株主資本	
資本金	38,716
資本剰余金	50,928
利益剰余金	459,261
自己株式	△108,225
株主資本合計	440,680
その他の包括利益累計額	
その他の包括利益累計額合計	48,464
新株予約権	307
非支配株主持分	101
純資産合計	489,554
負債純資産合計	1,021,405

期首　　　　　　　期中　　　　　　　期末

注：テルモの2017年3月期有価証券報告書から作成。期間は2016年3月期から2017年3月期。△はマイナスを示す。

（2）IFRS適用によるテルモの財務諸表の相互関係

（単位：百万円）

連結損益計算書（フロー・データ）

科　目	金　額
売上収益	514,164
・・・	
営業利益	87,777
・・・	
税引前利益	74,881
・・・	
当期利益	54,891
親会社の所有者	55,003
非支配持分	△111

期首連結財政状態計算書（ストック・データ）

科　目	金　額
（資産の部）	
流動資産	
現金及び現金同等物	146,927
・・・	
流動資産合計	358,553
非流動資産	
有形固定資産合計	165,554
のれん及び無形資産	294,767
・・・	
非流動資産合計	530,938
資　産　合　計	889,491

科　目	金　額
（負債の部）	
流動負債	
流動負債合計	171,172
非流動負債	
非流動負債合計	217,987
負　債　合　計	389,160
（資本の部）	
資本金	38,716
資本剰余金	52,478
自己株式	△64,040
利益剰余金	459,264
その他の資本の構成要素	13,803
親会社の所有者に帰属する持分合計	500,221
非支配持分	109
資　本　合　計	500,331
負債及び資本合計	889,491

期末連結財政状態計算書（ストック・データ）

科　目	金　額
（資産の部）	
流動資産	
現金及び現金同等物	105,046
・・・	
流動資産合計	330,934
非流動資産	
有形固定資産合計	172,644
のれん及び無形資産	471,616
非流動資産合計	691,328
資　産　合　計	1,022,262

科　目	金　額
（負債の部）	
流動負債	
流動負債合計	250,137
非流動負債	
非流動負債合計	280,602
負　債　合　計	530,739
（資本の部）	
資本金	38,716
資本剰余金	52,478
自己株式	△108,225
利益剰余金	513,578
その他の資本の構成要素	△5,126
親会社の所有者に帰属する持分合計	491,421
非支配持分	101
資　本　合　計	491,522
負債及び資本合計	1,022,262

連結包括利益計算書

科　目	金　額
当期利益	54,891
その他の包括利益	
・・・	
その他の包括利益合計	△5,211
当期包括利益	49,680
親会社の所有者	49,798
非支配持分	△118

連結持分変動計算書

科　目	金　額
期首資本合計	500,331
期首	500,221
自己株式の変動	△44,185
当期利益	5,503
その他の包括利益	△5,205
当期包括利益合計	49,798
剰余金の配当	△14,515
・・・	
・・・	
・・・	
期末	491,421
期首	109
当期利益	△111
その他の包括利益	△6
当期包括利益合計	△118
・・・	
期末	101
期末資本合計	491,522

（左欄：親会社の所有者に帰属する持分、非支配株主持分）

連結キャッシュ・フロー計算書（フロー・データ）

科　目	金　額
営業活動によるキャッシュ・フロー	
税引前利益	74,881
・・・	
営業活動によるキャッシュ・フロー	82,888
投資活動によるキャッシュ・フロー	
有形固定資産の取得による支出	△29,838
・・・	
投資活動によるキャッシュ・フロー	△183,517
財務活動によるキャッシュ・フロー	
・・・	
配当金の支払額	△14,518
財務活動によるキャッシュ・フロー	60,993
現金及び現金同等物に係る換算差額	△2,246
現金及び現金同等物増減額	△41,880
現金及び現金同等物の期首残高	146,927
現金及び現金同等物の期末残高	105,046

期首　　　　　期中　　　　　期末

注：テルモの2018年3月期有価証券報告書から作成。期間は2016年3月期から2017年3月期。△はマイナスを示す。

プラス関係が保たれるようになっている。その形式で表すと，期首の純資産
（511,544百万円）＋親会社株主に係る包括利益（36,616百万円）－剰余金の配
当（14,518百万円）＋自己株式の取得と処分（△44,205百万円）＋新株予約権
の当期変動額（124百万円）＋非支配株主持分の当期変動額（△7百万円）＝
期末の純資産（489,554百万円）となる。親会社株主に係る包括利益は，親会
社株主に帰属する当期純利益に親会社に係るその他の包括利益を合計したもの
である。なお，過去の累積残高を示すその他の包括利益累計額の変動額と当期
中の発生額であるその他の包括利益との間には差がでることがある。

【Appendix 2-1】 自己資本の定義

本書では，財務比率の計算において純資産を，以下のように，①株主資本，
②自己資本，③純資産のように使い分けることにする。

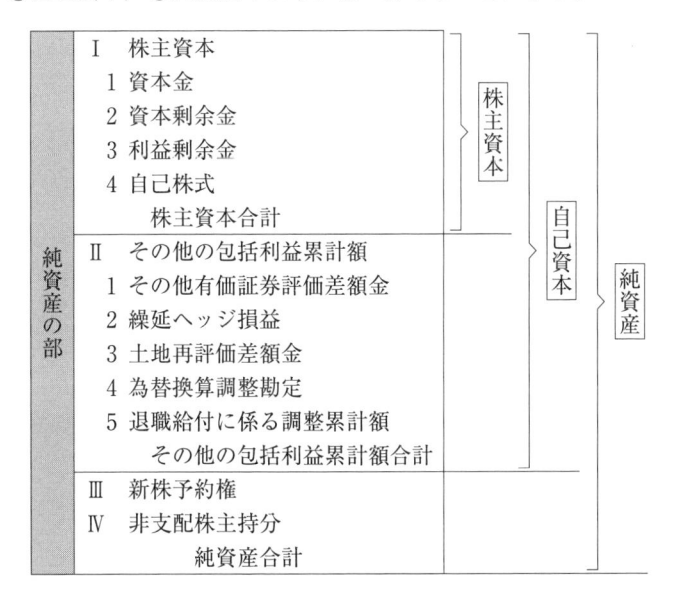

自己資本は，すでに確定した株主持分と当面は株主に帰属しないその他の包
括利益の一時点における累積額の合計額である。潜在的な株式である新株予約
権と非支配株主持分は自己資本に含めないが，この定義は金融庁と東京証券取
引所で利用されているものと同じである。

IFRSの場合は，次のように呼び分けることにする。資本の部の1から4の合計は，日本基準に合わせてIFRS版の株主資本とする。また，親会社の所有者に帰属する持分合計をIFRS版の自己資本と呼ぶことにする。

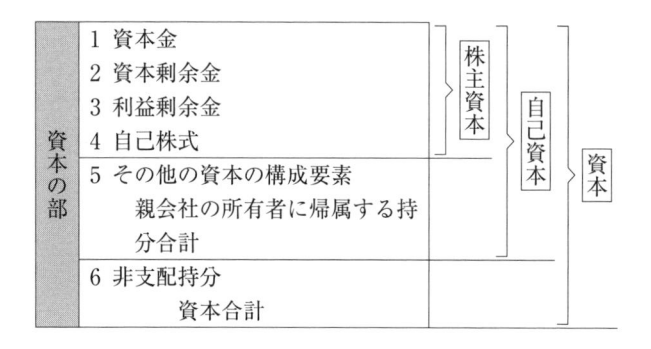

【Appendix 2-2】感応度に関する開示

IFRSの開示要求事項において特徴的なものは，為替や金利などの水準が会計上どのような影響を与えるかという感応度分析の記述である。たとえば，テルモは為替変動リスクの感応度分析について次のように記述している（テルモの2018年3月期有価証券報告書，p.128）。

> 当社グループが前連結会計年度末及び当連結会計年度末において保有する金融商品について，円が米ドルに対して1%の円高となった場合の税引前利益に与える影響額はそれぞれ△100百万円，△159百万円，円がユーロに対して1%の円高となった場合の税引前利益に与える影響額はそれぞれ△100百万円，△83百万円，米ドルがユーロに対して1%の米ドル高となった場合の税引前利益に与える影響額はそれぞれ△60百万円，△126百万円であります。

注：△はマイナスを示す。

【Appendix 2-3】収益認識に関する会計基準

売上高や営業収益等の収益の会計処理は2021年4月以降に開始する年度からは企業会計基準第29号「収益認識に関する会計基準」が適用されることとなっている。2018年4月以降に開始する年度からの早期適用も認められている。

これまで日本では，「売上高は，実現主義の原則に従い，商品等の販売又は

役務の給付によって実現したものに限る」(企業会計原則第二三B)とされており,販売基準に従い収益を認識する実現主義が収益認識の基本的な考え方であった。

これに対して,新会計基準の基本となる原則では,「約束した財又はサービスの顧客への移転を当該財又はサービスと交換に企業が権利を得ると見込む対価の額で描写するように,収益を認識する」(16項)となっている。

基本となる原則に従って収益を認識するために,①顧客との契約を識別する,②契約における履行義務を識別する,③取引価格を算定する,④契約における履行義務に取引価格を配分する,⑤履行義務を充足した時に又は充足するにつれて収益を認識する,という5つのステップが適用される(17項)。

新たな収益認識会計基準はIFRS第15号「顧客との契約から生じる収益」の基本的な原則を取り入れることを出発点としており,国際的な比較可能性の確保が重要視されている。

《練習問題》

1. 下記の資料を参考にして,日本基準に従って,①から⑥の貸借対照表の項目の金額を算定しなさい。

   ①流動資産　②固定資産　③流動負債

   ④固定負債　⑤純資産　⑥総資産

〈資料〉

(単位:百万円)

受取手形	50	短期借入金	80
長期借入金	55	未払費用	30
土地	100	売掛金	80
買掛金	120	投資有価証券	40
短期貸付金	50	棚卸資産	80
長期前払費用	20	社債	150
資本剰余金	95	機械設備(純額)	150
利益剰余金	40	資本金	220
建物(純額)	130	建設仮勘定	20
現金・預金	70		

2. 下記の資料を参考にして,日本基準に従って,①から⑤の損益計算書項目

の金額を算定しなさい。

①売上総利益　②販売費及び一般管理費　　③営業利益

④経常利益　　⑤税金等調整前当期純利益

〈資料〉

（単位：百万円）

投資有価証券売却益	30	販売手数料	150
給料・賞与	80	減価償却費（売上原価以外）	50
広告宣伝費	140		
売上原価	800	受取利息	10
支払利息	25	固定資産売却損	45
		売上高	1,500

3.　次の項目のうち，間接法によって表示された営業活動によるキャッシュ・フローの部に表示されないものを選びなさい。

a. 減価償却費　　　　　　b. 貸付けによる支出

c. 営業収入　　　　　　　d. 棚卸資産の増減

e. 人件費の支出　　　　　f. 有形固定資産売却益

4.　上場会社において，金融事業が収益の柱に育ってきているというニュースがある。本業とは異なる種類の収益は，連結損益計算書でどのように表示されるかを，トヨタ自動車（7203, 米国基準適用），ソニー（6758, 米国基準適用）などを参照にして調べなさい。

5.　上場会社で新株予約権を用いて増資する資金調達の方法が広がっているといわれている（日本経済新聞, 2018年8月18日付, p.13）。これが実施された場合，連結貸借対照表にどのような変化が起こるかを考えなさい。

6.　業績連動型の配当政策の事例について調べなさい。

7.　自社が筆頭株主になるという上場会社が全体の約1割あるといわれている（日本経済新聞朝刊, 2018年7月6日付, p.15）。この動きの理由について調べなさい。

[注]

1）償却原価は，簡単に言うと，実効金利法（金融資産あるいは金融負債の償却原価を計算し，予想存続期間を通じて受取利息または支払利息を配分する方法）を

適用した償却計算とその後の減損計算を実施したものである。

2）流動負債には，**前受収益**や**コマーシャルペーパー**（commercial paper；CP）
も含まれる。システム販売会社では複数年単位の保守契約を結ぶことがある。建
設業向け土木工事積算システムを販売するビーイング（4734）は，更新メンテナ
ンスに関する収益について期間の経過に応じた売上処理を行っており，受け取っ
た料金のうち期間未経過分が前受収益ならびに長期前受収益に計上される。前受
収益の増加・減少は将来の収益の増加・減少の徴候となろう。

　　CP は，信用力の高い会社が市場から短期の資金調達を行うために割引形式で
発行する無担保約束手形である。

3）正社員技術者を派遣するメイテック（9744）のようにエンジニア社員の増加に
ともなって退職金等の支払見込額が増加し，退職給付に係る負債が総資産の 20％
を超えるケースがある。

4）貸借対照表本体には表れない**偶発債務**にも注意を払っておく必要がある。偶発
債務は，係争中の訴訟から生じる賠償義務や取引先の債務の保証など将来発生す
る可能性が残っている隠れ債務である。表面化すれば，グループ全体に重大な影
響を及ぼすので，偶発債務は貸借対照表の注記事項として脚注表示される。

5）会社法で，現金配当を行う場合，その 10％ に相当する金額を資本準備金ある
いは利益準備金として積み立てることが要求されている。準備金の積立ては，準
備金の合計額が資本金の 4 分の 1 に達するまで行われる。拠出額のうち最小限度
額だけを資本金としておけば，それだけ積立ての規制は緩くなる。また，準備金
の取崩しによって累積損失の埋め合わせなどをすることが可能であるので，その
ことは会社に対して将来への柔軟な対応を行う余地を与える。

6）自社株買いが公表される場合，取得しうる株式数の上限も公表される。これは
買い付ける最大数であって，必ずしもすべてを買付ける必要はない。場合によっ
てはまったく買付けを行わないこともありうる。

7）時価と取得原価の評価差額を処理する方法として，全部純資産直入法と部分純
資産直入法の 2 通りがある。全部純資産直入法は，評価差額の全額を純資産の部
に計上する方法である。期末に計上した評価差額は翌期首に戻し入れられ，再度
元の取得原価を帳簿価額とする。部分純資産直入法は，時価が取得原価を上回る
銘柄についてのみ評価差額を純資産の部に計上し，時価が取得原価を下回る銘柄
については評価差額（評価損）が当期の損失として処理される方法である。

8）株主への還元策には，現金配当以外に自社株買いがある。これらを合わせたも
のをペイアウト政策と呼ぶ。

9）受取利息，受取配当金は投資活動によるキャッシュ・フローの区分に記載し，

支払利息，支払配当金は財務活動によるキャッシュ・フローの区分に記載する方法も存在する。

第3章

貸借対照表データによる安全性分析

要　旨

　本章では，連結貸借対照表データから，どのように会社の財務構造を把握するかを明らかにする。会社が安定した財務基盤をもっているかどうかを調べるために，連結貸借対照表データを基礎に，**安全性分析**において利用される各種財務指標について説明する。安全性分析は，財務上の支払能力を測定するものであり，与信調査において特に視野に入れておかなければならないものである。

1. 実数分析

連結貸借対照表（以下，貸借対照表と略す）データから，グループ全体の財務構造を把握するための分析方法を概観してみる。第1章で触れたように，最も簡単な財務諸表分析の方法は，財務諸表上の会計数値をそのまま利用する実数分析である。

貸借対照表を分析する場合，実数を使用する機会は少なくない。総資産から総負債を差し引けば純資産（IFRSでは資本）が算出されるし，流動資産（狭義には主に受取手形及び売掛金に該当する売上（営業）債権と棚卸資産）から流動負債（狭義には主に支払手形及び買掛金に該当する仕入（営業）債務）を引けば**運転資本**（working capital）が算出される。運転資本は日々の事業活動のために必要となる資金の不足分を示すので，短期的な資金繰りの影響を考える場合に必要な指標である（詳しくは第6章参照）。

また，貸借対照表上には表示されない項目であるが，**当座資産**という用語を使用することが頻繁にある。当座資産は，流動資産のなかでも特に容易に現金化される資産であり，現金及び預金，売上債権，売買目的有価証券を足したものである。非常に短期の支払に利用可能な資産を**手元流動性**と呼ぶが，それは現金及び預金（現金同等物）と有価証券を合算したものを指す。手元資金残高が潤沢なキャッシュリッチ会社においては，景気低迷期の外部資金調達コストが回避されるなどの利点がある。

さらに，有利子負債から手元流動性を差し引いた額を**純有利子負債**（逆から引けば**ネットキャッシュ**）という。手元流動性が有利子負債を上回る，つまりネットキャッシュがプラスの場合，実質無借金の状態にあるといえる。

2. 構成比分析と趨勢比分析

　比較財務諸表分析（comparative financial statement analysis）を行う場合，規模の影響を排除するために，実数分析だけではなく比率分析を併用することが有益である。比率分析の1つに構成比分析がある。貸借対照表データを用いる場合，分析すべき項目を同年度のベース項目と対比することによって，次のように計算する。

$$構成比（\%） = \frac{貸借対照表項目の金額}{ベース項目} \times 100$$

　構成比分析はベース項目を軸に貸借対照表項目を上下に動かして分析を行うので，垂直分析（vertical analysis）とも呼ばれる。貸借対照表によるデータ分析では，通例，総資産（総資本）がベース項目となる。総資産を100％とした構成比で作成し直した貸借対照表が**百分率貸借対照表**（common-size balance sheet）となる。流動資産が40,000百万円で総資産が100,000百万円である場合，流動資産は総資産の40％を占めることを示す。

　構成比では，流動資産総額や固定資産（IFRSでは非流動資産）総額をベース項目とし，それらに属する構成要素の比率を分析することもできる。なお，百分率貸借対照表は財務構造の骨格を把握することに役立つが，規模で標準化されるので，他社との規模の大きさの違いは度外視されることになる。

　次に，比率分析の第2の方法は趨勢比分析である。分析を行いたい年度の貸借対照表項目の金額をベース年度（base year）の項目の金額と比較する方法で，趨勢比分析は，垂直分析と対比して水平分析（horizontal analysis）ともいわれる。たとえば，2016年度（ベース年度）の総資産が400,000百万円で，2018年度に600,000百万円に増加したならば，2018年度の総資産は2016年度に対して50％増である。趨勢比は次のように計算される。

$$趨勢比（\%） = \frac{調査年度の貸借対照表項目の金額 - ベース年度の貸借対照表項目の金額}{ベース年度の貸借対照表項目の金額} \times 100$$

前期をベース年度に当期と比較すれば，前期比（prior ratio）が算定されることになる。ベース年度が3期前や5期前に遡るトレンド分析（trend analysis）では，期間の延びた分だけ，比較的長期的な視野で業績の変化を解明することができる。四半期データを用いる場合は，当期第1四半期と前期第1四半期のように同四半期の趨勢比を計算するとよい。

3. 貸借対照表データによる実際の分析

これまでに学んだツールを活用して実際にデータ分析を行ってみよう。ここでは分析対象会社として，総合酒類・飲料メーカーであるアサヒグループホールディングス（証券コード: 2502，以下，アサヒグループ）と家具・インテリア製造小売りチェーンのニトリホールディングス（9843，以下，ニトリ）を取り上げる。両社の2期分の連結貸借対照表データから構成比（ベース項目は総資産）と前期比を計算し，その結果を図表3-1(1)と同図表(2)に要約している。有価証券報告書の内容も確認しながらみていく。

なお，アサヒグループはIFRS適用のため連結財政状態計算書という名称で報告されているが，ここでは連結貸借対照表と呼ぶことにする。また，百万円未満の端数を四捨五入あるいは切り捨てて表示されているために，各項目の単純合計額が公表された連結貸借対照表内の合計額と若干ずれることがある。

図表3-1(1)のアサヒグループの2017年12月期の資産の部において，総資産に対する流動資産の構成比は24.3％であり，非流動資産の構成比は75.7％である。前期より流動資産が27.9％増加しているものの，構成比の値は売却目的で保有する資産を除き前期より低くなっている。流動資産項目内では，現金及び現金同等物，営業債権及びその他の債権，および棚卸資産の構成比はそれぞれ1.7％，13.0％，および4.7％となっている。営業債権にある受取手形及び売掛金の構成比は12.6％である。売却目的で保有する資産には持分法で会計処理されている投資が988億円含まれており，持分法適用会社2社の株式は当年度末より1年以内に売却が予定されている。

非流動資産の項目であるが，総資産に対するのれん及び無形資産の構成比が

46.0％と前期の20倍と突出している。IFRSではのれんの償却はないが，事業の不振による減損リスクは存在する。なお，無形資産には中東欧事業の買収により認識した商標権が含められている。この商標権は定額法により39年かけて償却される。海外事業の買収による展開についてはキリンホールディングス（2503，以下，キリン）と比較するとよいが，キリンののれんと無形資産の合計は4,400億円程度で，アサヒグループはその3倍の1.5兆円である。グローバルレベルでの業界再編の動きが激しく，アサヒグループのほうが大胆な合併・買収（M&A）を行ってきていることがわかる。

　アサヒグループの持分法で会計処理されている投資は前期の約半分程度になっている。グループの選択と集中を進めるために収益貢献の少ない事業の売却が行われていることがわかる。アサヒグループの48億円に対して，キリンの持分法で会計処理されている投資は2,107億円であり，関連会社への影響力が強くある。ちなみに，キリンの持分法による投資利益は265億円で，アサヒグループは10億円となっている。

　図表3-1(1)の負債の部と資本の部に目を向けよう。2017年12月期において，

図表3-1　貸借対照表データによる分析

(1) アサヒグループのケース

（単位：百万円）

科　目	2016年12月期 金額	構成比	2017年12月期 金額	構成比	前期比
＜資産＞					
流動資産					
現金及び現金同等物	48,459	2.3%	58,054	1.7%	19.8%
営業債権及びその他の債権	397,340	19.0%	433,436	13.0%	9.1%
棚卸資産	136,460	6.5%	155,938	4.7%	14.3%
未収法人所得税等	14,161		12,354		△ 12.8%
その他の金融資産	3,428		6,896		101.2%
その他の流動資産	31,934		27,104		△ 15.1%
小計	631,784	30.2%	693,785	20.7%	9.8%
売却目的で保有する資産	3,241	0.2%	118,641	3.5%	3,560.6%
流動資産合計	635,026	30.3%	812,426	24.3%	27.9%
非流動資産					
有形固定資産	570,771	27.3%	717,914	21.5%	25.8%
のれん及び無形資産	499,489	23.8%	1,538,679	46.0%	208.1%
持分法で会計処理されている投資	141,398		4,846		△ 96.6%
その他の金融資産	198,586	9.5%	219,142	6.5%	10.4%
繰延税金資産	18,825		11,388		△ 39.5%
確定給付資産	18,942		26,055		37.6%
その他の非流動資産	11,293		16,368		44.9%
非流動資産合計	1,459,305	69.7%	2,534,396	75.7%	73.7%
資産合計	2,094,332	100.0%	3,346,822	100.0%	59.8%

科　目	2016年12月期 金額	構成比	2017年12月期 金額	構成比	前期比	
＜負債＞						
流動負債						
営業債務及びその他の債務	332,639	15.9%	433,582	13.0%	30.3%	
社債及び借入金	281,870	13.5%	359,722	10.7%	27.6%	
未払法人所得税等	34,957		51,856		48.3%	
引当金	4,870		15,451		217.3%	
その他の金融負債	26,352		29,224		△ 10.9%	
その他の流動負債	135,957		144,355		6.2%	
小計	818,649	39.1%	1,034,191	30.9%	26.3%	
売買目的で保有する資産に直接関連する負債	907		17,965		1,880.7%	
流動負債合計	819,556	39.1%	1,052,157	31.4%	28.4%	
非流動負債						
社債及び借入金	288,490	13.8%	902,203	27.0%	212.7%	
確定給付負債	25,789		25,488		△ 1.2%	
繰延税金負債	57,252		156,780		173.8%	
その他の金融負債	54,127		52,997		△ 2.1%	
その他の非流動負債	3,009		4,446		47.8%	
非流動負債合計	428,670	20.5%	1,141,917	34.1%	166.4%	
負債合計	1,248,226	59.6%	2,194,074	65.6%	75.8%	
＜資本＞						自己資本
資本金	182,531	8.7%	182,531	5.5%	0.0%	
資本剰余金	118,668	5.7%	119,051	3.6%	0.3%	
利益剰余金	589,935	28.2%	713,146	21.3%	20.9%	
自己株式	△ 76,709	△ 3.7%	△ 76,747	△ 2.3%	0.0%	
その他の資本の構成要素	21,927		210,592		860.4%	
売買目的で保有する処分グループに関連するその他の資本の構成要素	－		△ 3,440		－	
親会社の所有者に帰属する持分合計	836,354	39.9%	1,145,135	34.2%	36.9%	
非支配持分	9,750	0.5%	7,612	0.2%	△ 21.9%	
資本合計	846,105	40.4%	1,152,748	34.4%	36.2%	
負債及び資本合計	2,094,332	100.0%	3,346,822	100.0%	59.8%	

注：連結貸借対照表データはアサヒグループの有価証券報告書から入手。△はマイナスを示す。

(2) ニトリのケース

（単位：百万円）

科　目	2017年2月期 金額	構成比	2018年2月期 金額	構成比	前期比
＜資産の部＞					
流動資産					
現金及び預金	70,560	14.5%	63,339	11.5%	△10.2%
受取手形及び売掛金	18,486	3.8%	22,458	4.1%	21.5%
商品及び製品	46,520	9.5%	49,690	9.0%	6.8%
仕掛品	92		56		
原材料及び貯蔵品	2,354		2,985		26.8%
繰延税金資産	1,001		5,309		430.4%
為替予約	15,002		－		
その他	16,174		20,191		24.8%
貸倒引当金	△9				
流動資産合計	170,182	34.9%	164,031	29.8%	△3.6%
固定資産					
有形固定資産					
建物及び構築物（純額）	103,763	21.3%	107,258	19.5%	3.4%
機械装置及び運搬具（純額）	3,899		4,273		9.6%
工具、器具及び備品（純額）	5,379		6,179		14.9%
土地	126,923	26.0%	167,153	30.4%	31.7%
リース資産（純額）	2,514		2,330		△7.3%
建設仮勘定	5,615		4,120		△26.6%
有形固定資産合計	248,094	50.9%	291,315	52.9%	17.4%
無形固定資産					
借地権	8,771		7,235		△17.5%
その他	4,961		6,652		34.1%
無形固定資産合計	13,732	2.8%	13,887	2.5%	1.1%
投資その他の資産					
投資有価証券	3,531		26,472		649.7%
長期貸付金	856		804		△6.1%
差入保証金	15,720		14,813		△5.8%
繰延税金資産	2,952		5,447		84.5%
その他	12,239		11,854		△3.1%
貸倒引当金	△9		0		
投資その他の資産合計	55,804	11.4%	81,273	14.8%	45.6%
固定資産合計	317,631	65.1%	386,476	70.2%	21.7%
資産合計	487,814	100.0%	550,507	100.0%	12.9%

科　目	2017年2月期 金額	構成比	2018年2月期 金額	構成比	前期比	
＜負債の部＞						
流動負債						
支払手形及び買掛金	16,001	3.3%	19,607	3.6%	22.5%	
短期借入金	625		2,000		220.0%	
リース債務	187		187		0.0%	
未払金	19,291	4.0%	18,323	3.3%	△5.0%	
未払法人税等	15,630	3.2%	17,339	3.1%	10.9%	
繰延税金負債	564		－			
賞与引当金	3,751		3,395		△9.5%	
ポイント引当金	1,301		1,625		24.9%	
株主優待費用引当金	214		290		35.5%	
資産除去債務	44		4		△90.9%	
その他	18,112		20,592		13.7%	
流動負債合計	75,724	15.5%	83,425	15.2%	10.2%	
固定負債						
長期借入金	－		8,000			
リース債務	2,330		2,143		△8.0%	
繰延税金負債	3		4		33.3%	
役員退職慰労引当金	228		228		0.0%	
退職給付に係る負債	2,634		2,713		3.0%	
資産除去債務	4,565		4,950		8.4%	
その他	7,548		7,373		△2.3%	
固定負債合計	17,310	3.5%	25,413	4.6%	46.8%	
負債合計	93,035	19.1%	108,839	19.8%	17.0%	
＜純資産の部＞						
株主資本						自己資本
資本金	13,370	2.7%	13,370	2.4%	0.0%	
資本剰余金	16,306	3.3%	18,232	3.3%	11.8%	
利益剰余金	361,103	74.0%	415,108	75.4%	15.0%	
自己株式	△10,188	△2.1%	△8,640	△1.6%	△15.2%	
株主資本合計	380,592	78.0%	438,072	79.6%	15.1%	
その他の包括利益累計額						
その他有価証券評価差額金	884		796		△10.0%	
繰延ヘッジ損益	10,369		△704		△106.8%	
為替換算調整勘定	2,243		3,105		38.4%	
退職給付に係る調整累計額	△396		△279		△29.5%	
その他の包括利益累計額合計	13,100		2,918		△77.7%	
新株予約権	940		677		△28.0%	
非支配株主持分	144					
純資産合計	394,778	80.9%	441,668	80.2%	11.9%	
負債純資産合計	487,814	100.0%	550,507	100.0%	12.9%	

注：連結貸借対照表データはニトリの有価証券報告書から入手。△はマイナスを示す。

総資本の65.6％は負債で，34.4％は資本という構成となっている。前期よりも負債の構成比は増加し，資本の構成比は低下している。非流動負債の社債及び借入金の構成比が27.0％で，前期比20倍以上も増えている。大型M&Aに必要な資金調達であるが，これは財務基盤をより悪化させる可能性がある。資本は前期に比べて3,066億円増加しているが，親会社の所有者に帰属する当期利益の計上によって利益剰余金が増加したことによる。非支配持分の構成比は0.2％しかなく，100％子会社が多いことがうかがえる。

　図表3-1(2)のニトリについては，総資産に占める流動資産と固定資産はほぼ3対7の割合となっている。総資本に占める負債と純資産の割合はほぼ2対8の割合である。流動資産の中では受取手形及び売掛金が増えているが，回収までの期間が短く，貸倒実績率は極めて低い状況にある。有価証券報告書を見る限り，受取手形及び売掛金22,458百万円に対して貸倒引当金は設定されていな

い。固定資産ではニトリモール新設予定地の取得で土地が増えている。国内・海外の合計店舗数は523店舗で，今期に54店舗をオープンさせている。積極的な投資姿勢がうかがえるが，客単価の伸びは鈍化傾向にある。固定負債では長期運転資金に充当するために長期借入金が80億円増加している。31期連続増収増益であり，純資産の利益剰余金は5期前に比べて倍に積み上がっている。

第2節 短期財務安全性の分析

　貸借対照表データを用いて，安全性あるいは健全性の優劣を評価する関係比の指標をみてみる。貸借対照表は図表3-2のように図形化できる。短期的な支払能力（short-term solvency）が会社に備わっているかどうかを分析する場合，貸借対照表上方の右側と左側のバランスに焦点を合わせる。

　資産と負債は，大まかに言えば，（正常）営業循環基準と1年基準を併用して，流動項目と固定項目に分類されている。IFRSでは流動項目と非流動項目に分類される。日本基準で作成された財務諸表とIFRSで作成されたものでは導き出された指標の評価に違いがでるので，比較分析においては同業種同基準適用の会社を選定することが望まれる。

　さて，短期の安全性をみる場合には，図表3-2のように流動資産（①）と流動負債（④）の大きさを比較する。つまり，比較的短期間に返済期限を迎える債務に対して，比較的短期間に現金化される資産が債務の返済の裏づけとして存在するかどうかをみる。この関係比は以下の流動比率（current ratio）で測ることができる。

$$
流動比率(\%) = \frac{流動資産}{流動負債} \times 100
$$

　流動比率は短期の支払能力がどの程度備わっているかを示す指標であり，200%以上が理想的であるといわれている。ただし，流動比率は当期末の流動資産と当期末の流動負債を比較した静態分析であって，実際にキャッシュの流

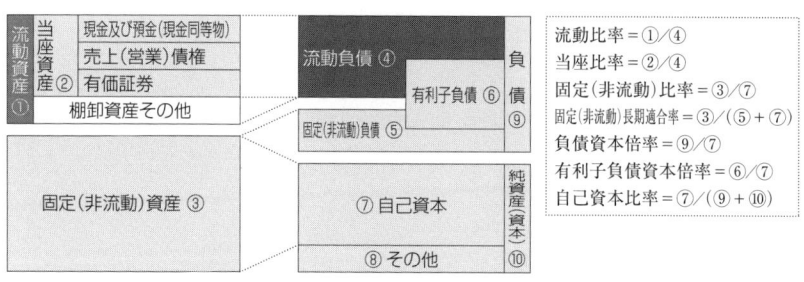

図表 3-2　貸借対照表による安全性分析

流動比率＝①／④
当座比率＝②／④
固定（非流動）比率＝③／⑦
固定（非流動）長期適合率＝③／（⑤＋⑦）
負債資本倍率＝⑨／⑦
有利子負債資本倍率＝⑥／⑦
自己資本比率＝⑦／（⑨＋⑩）

注：日本基準の自己資本は純資産額から新株予約権と非支配株主持分を控除した額である。
　　IFRSの自己資本は親会社の所有者に帰属する持分合計である。

動性が維持されているかどうかを示しているわけではない。流動比率の判定を行う場合に，支払債務の返済期限が早まっていないかどうか，不良債権や販売不可能な不良品が滞留（売上（営業）債権と棚卸資産の通常ではない増加）していないかを併せて調査する必要がある。

　流動比率に並列して使用される指標として当座比率（quick ratio）がある。当座比率では，前節で述べた当座資産が流動負債の返済に充てられるかどうかを調べる。販売の不確実性等で棚卸資産の換金性のスピード（特に，製造過程の途中にある仕掛品がある場合）は売掛金と比べると劣るので，図表3-2に示すように当座資産（②）に棚卸資産は含まれない。流動比率の分子を当座資産に入れ替えたものが次の当座比率となる。

$$当座比率（\%）= \frac{当座資産}{流動負債} \times 100$$

$$= \frac{現金及び預金（現金同等物）+ 売上債権 + 有価証券}{流動負債} \times 100$$

　換金性が高いとはいえ，外貨であったり，売上債権の回収可能性が低下したり，時価の変動性が高くなったりすると換金リスクは大きくなる。比率としては100％以上が理想とされているが，現実には，債務の返済期限が同時にすべて到来することはない。当座比率が100％を下回ったからといって，すぐに資金ショートが起こるわけではない。

　アサヒグループとニトリの流動比率と当座比率を実際に計算してみよう。計算結果は図表3-3のパネルＡとパネルＢに掲載した。あわせて製造業と非製造業の2期分の指標を示しているが，これはNikkei NEEDS-Financial QUEST（日経メディアマーケティング）のデータベースに基づき日本基準適用会社の業種別の中央値を示している。

　アサヒグループの流動比率は2017年12月期に前期から0.3ポイント低下し77.2％である。前期と同程度であるが，製造業の値と比較して必ずしも高い水準の値ではない。事業基盤強化・効率化や調達した長期買収資金の短期返済（償還）分のために流動負債が膨らんでしまっている。流動比率が100％を切る状況は続きそうである。当座比率は，2016年12月期に54.4％であったが，2017

図表3-3　流動比率と当座比率

（単位：百万円）

パネルＡ：アサヒグループ			製造業	
	2016年 12月期	2017年 12月期	2016年	2017年
流動資産（①）	635,026	812,426		
当座資産（②）	455,799	491,490		
現金及び現金同等物	48,459	58,054		
受取手形及び売掛金	397,340	433,436		
流動負債（④）	819,556	1,052,157		
流動比率（①/④）	77.5％	77.2％	195.3％	203.7％
当座比率（②/④）	54.4％	46.7％	135.9％	141.8％
パネルＢ：ニトリ			非製造業	
	2017年 2月期	2018年 2月期	2016年	2017年
流動資産（①）	170,182	164,031		
当座資産（②）	89,046	85,797		
現金及び預金	70,560	63,339		
受取手形及び売掛金	18,486	22,458		
流動負債（④）	75,724	83,425		
流動比率（①/④）	224.7％	196.6％	172.0％	176.6％
当座比率（②/④）	117.6％	102.8％	123.8％	127.3％

注：連結データは各社の有価証券報告書から入手。当座比率の計算において，流動資産の部の貸倒引当金の金額は計算に含まれていない。両社とも当座資産に含まれる有価証券はない。①から④は図表3-2による。製造業と非製造業の数値は，Nikkei NEEDS-Financial QUEST から算出。サンプルは日本基準適用の上場会社（金融・その他金融・証券・保険業を除く）で，必要な連結データが揃う決算月数が12カ月あるもの。日経中分類を基礎に業種を区分。算出した数値は中央値（以下，同様）。

年12月期に50％を割り込んでいる。

　一方，ニトリの流動比率は2018年2月期に196.6％である。ニトリは製造物流小売業のビジネスモデルとして知られているが，非製造業の比率と比べても十分に高い。当座比率は2018年2月期に前期より10ポイントを超えて低い102.8％を記録している。現金及び預金が72億円減少しているが，当座比率は理想とされる100％以上をキープしている。

◆第3節　長期財務安全性の分析

1.　長期資金の調達と運用のバランス

　ここでは，長期財務安全性の分析（analysis of long-term stability）について説明する。貸借対照表の下方の左右部分に視点を移してみよう（図表3-2参照）。固定資産の購入のような長期的に保有する資産のために資金をどのように充当しているのかに関して，財務体質の安全性・健全性が検討される。

　長期的資金の調達と運用のバランスを分析するために，貸借対照表の固定（非流動）資産，固定（非流動）負債，および自己資本に着目する。工場・建物・機械などの長期性資産を取得するためには，巨額の資金を調達しなければならない[1]。設備投資のための資金調達を行う場合，返済の期限がなくかつその必要がない自己資本によってまかなうことができるのであれば，長期財務安全性を維持しながら事業を継続することができよう。長期財務安全性の1つの指標は次の固定比率・非流動比率であり，図表3-2で示すように，固定（非流動）資産（③）と自己資本（⑦）の大きさが比べられる。

$$固定（非流動）比率（\%） = \frac{固定（非流動）資産}{自己資本} \times 100$$

　固定（非流動）比率の算出にあたって，自己資本は，日本基準の場合，純資

産額から新株予約権と非支配株主持分を控除した額，つまり，株主資本とその他の包括利益累計額合計を足したものとする。IFRSの場合は親会社の所有者に帰属する持分合計を自己資本として利用する。図表3-1に自己資本の部分が示されている。

　固定（非流動）比率が低ければ低いほど，資金のゆとりに依拠して長期的な安全性が保持されていると判断される。100％以下であることが望ましいが，固定（非流動）資産の購入をすべて自己資本で工面することは容易なことではない。急成長している会社や輸送用機器業や電気通信業のように固定資産への投資意欲が高い会社では特に困難である。図表3-4の製造業と非製造業ではどちらも固定比率は100％を下回っている。

　固定（非流動）資産の購入，特に買収に際しては，短期に返済の必要のない固定負債（長期借入金や社債）にも頼らなければならないことがある。固定（非流動）比率の分母に固定（非流動）負債（図表3-2の⑤）を加味したものを固定長期適合率・非流動長期適合率と呼ぶが，次のように計算される。

$$固定（非流動）長期適合率（\%）＝ \frac{固定（非流動）資産}{自己資本＋固定（非流動）負債} \times 100$$

　固定（非流動）比率と同様に比率の値が低いほど長期財務安全性が保持されることを示す。アサヒグループの非流動比率と非流動長期適合率は図表3-4パネルAに表示されている。非流動比率に関して，2016年12月期の174.5％からさらに大きくなり，2017年12月期に221.3％となっている。新たな買収を行うには財務面の安定度に不安がある。反面，社債及び借入金が増えたことにより非流動長期適合率は115.4％から110.8％まで下がっている。

　図表3-4パネルBのニトリでは2018年2月期の固定比率は87.6％で，固定長期適合率は82.9％である。土地・建物の取得により有形固定資産が増加したことにより前期よりも比率がやや悪化している。長期借入金80億が活用されているが，これは5年以内に均等に返済される予定である。両社とも積極的な投資活動を続けている点は評価できる。

　図表3-2からわかるように，⑧のその他がゼロとすれば，流動比率と固定長

図表 3-4　固定（非流動）比率と固定（非流動）長期適合率

（単位：百万円）

パネルA：アサヒグループ			製造業	
	2016年12月期	2017年12月期	2016年	2017年
非流動資産（③）	1,459,305	2,534,396		
非流動負債（⑤）	428,670	1,141,917		
自己資本（⑦）	836,354	1,145,135		
非流動比率（③/⑦）	174.5%	221.3%	79.3%	77.1%
非流動長期適合率（③/（⑤+⑦））	115.4%	110.8%	62.7%	61.3%

パネルB：ニトリ			非製造業	
	2017年2月期	2018年2月期	2016年	2017年
固定資産（③）	317,631	386,476		
固定負債（⑤）	17,310	25,413		
自己資本（⑦）	393,694	440,991		
固定比率（③/⑦）	80.7%	87.6%	79.5%	75.4%
固定長期適合率（③/（⑤+⑦））	77.3%	82.9%	61.1%	59.6%

注：連結データは各社の有価証券報告書から入手。③から⑦は図表3-2による。製造業と非製造業の数値について図表3-3の注を参照されたい。

期適合率は裏表の関係にある。つまり，流動資産≧流動負債であれば，固定資産≦固定負債＋自己資本という関係が成立する。アサヒグループの場合，流動比率が100％を割っているので，固定長期適合率は100％を超えることになる。したがって，財務基盤の強化を図るためには，短期的な財務安全性を改善させながら長期的な財務安全性を改善させていくことが要求される。

2.　自己資本と負債のバランス

　伝統的なファイナンス理論では，資本構成（総資本の構成内容）は企業価値に影響を及ぼさないことが明らかにされている。しかし，現実の世界では，法人税や倒産コストなどを考慮しながら，自己資本と負債の間の関係については一定のバランスがとられている。もちろん負債が増えすぎると財務リスクが高まり，財務の安全性が脅かされることになる。たとえ収益面では良好であったとしても，財務の安全性が確保されていないのであれば，金融機関等は新規の

融資に慎重になることが推測される。

　総資本のうち自己資本と負債がどのような関係になっているのかを分析する指標として，自己資本比率（equity ratio）と負債資本倍率（debt to equity ratio）がある。図表3-2の⑧をゼロとすると，次の計算式となる。

$$自己資本比率（\%）= \frac{自己資本}{自己資本＋負債} \times 100$$

$$負債資本倍率（倍）= \frac{負債}{自己資本}$$

$$= \frac{（負債＋自己資本）－自己資本}{自己資本} = \frac{1}{自己資本比率} - 1$$

　負債の返済が進んでくると自己資本比率が高まり，一般的に会社の財務安全性は高いと評価される。自己資本比率と負債資本倍率の計算式から，自己資本比率がちょうど50％であれば，負債資本倍率は1倍（総資産で除した**負債比率**では50％）となる。自己資本比率が50％を超えていれば，自己資本が負債を上回り，負債資本倍率は1倍以内に収まる。逆に，自己資本比率が50％より低くなるほど，その逆数は大きくなり，負債資本倍率は1倍を超えて大きくなっていく。負債資本倍率が上昇するほど，過剰債務の状況にあると判定される。

　自己資本は，基本的に，株主による出資金と利益の留保部分から構成される。それゆえに，大規模なエクイティ・ファイナンス（equity finance）[2]は自己資本を増強させる手段となる。だが，それは1株あたりの価値の希薄化を招くため，短期では株価の下落が起こる可能性がある。1年間の事業活動の成果である純利益から配当金を差し引いた部分は会社内部に留保されるので，収益性が高いほど内部留保の蓄積が大きくなり，総資本に占める自己資本の比率は高くなってくる。配当金の支払いは，金利の支払いとは異なって，業績に応じて比較的柔軟に行われるので，財務体質の健全化を図る目的をなすことがある。

　逆に，赤字が続けば内部留保が減少し自己資本比率は低下し，倒産の可能性が高まってくると判断される[3]。累積損失が自己資本を食い潰した場合，**債務超過**に陥ることになる。債務超過は，資産よりも負債が大きくなるケースであり，その場合の貸借対照表の純資産の部の金額はマイナスとなる。証券取引所

は，投資家の保護を確保するという目的を実現させるために株式の**上場廃止基準**を定めている。東京証券取引所の場合，1年以内に債務超過の状態を解消できない場合は上場廃止としている。

　一方，株主以外の外部の第三者から調達した負債（社債や借入金など）は将来的に返済しなければならない。財務体質を改善するために，負債の削減を財務戦略の最優先の課題とする場合があるが，急激な負債の削減は手元資金の不足によって投資機会を狭め事業の成長を抑制する懸念がある。なお，低金利下では負債の借り換えにプラスの効果がもたらされることがあり，それを通じて金利負担を減らそうとするケースがある。

　図表3-5パネルAとパネルBにはそれぞれアサヒグループとニトリの自己資

図表 3-5　自己資本と負債のバランス

（単位：百万円）

パネルA：アサヒグループ			製造業	
	2016年 12月期	2017年 12月期	2016年	2017年
自己資本（⑦）	836,354	1,145,135		
負債（⑨）	1,248,226	2,194,074		
総資本（⑨＋⑩）	2,094,332	3,346,822		
利益剰余金（a）	589,935	713,146		
自己資本比率 （⑦／（⑨＋⑩））	39.9%	34.2%	53.5%	54.7%
負債資本倍率（⑨／⑦）	1.49倍	1.92倍	0.84倍	0.80倍
利益剰余金比率 （a／（⑨＋⑩））	28.2%	21.3%	33.3%	34.7%
パネルB：ニトリ			非製造業	
	2017年 2月期	2018年 2月期	2016年	2017年
自己資本（⑦）	393,694	440,991		
負債（⑨）	93,035	108,839		
総資本（⑨＋⑩）	487,814	550,507		
利益剰余金（a）	361,103	415,108		
自己資本比率 （⑦／（⑨＋⑩））	80.7%	80.1%	48.3%	48.7%
負債資本倍率（⑨／⑦）	0.24倍	0.25倍	1.06倍	1.05倍
利益剰余金比率 （a／（⑨＋⑩））	74.0%	75.4%	26.7%	27.2%

注：連結データは各社の有価証券報告書から入手。⑦から⑩は図表3-2による。製造業と非製造業の数値について図表3-3の注を参照されたい。

本比率と負債資本倍率の計算結果を示している。アサヒグループの自己資本比率は2016年12月期に39.9％であったが，2017年12月期にさらに下落し34.2％となっている。製造業の数値と比べても低い水準である。これに関連して負債資本倍率は1.49倍から1.92倍まで上昇している。社債及び長期借入金の増加が大きく影響を及ぼしている。財務基盤は必ずしも安定的ではない。ニトリは，自己資本比率が80％台の高い水準を維持している。これは非製造業の数値よりも格段に高い。負債資本倍率は2018年2月期に0.25倍で，1倍を大きく下回っている。ニトリでは負債に対する依存度はまだ低い状況にある。

　参考値として，図表3-6に32業種に分けた2017年の自己資本比率を棒グラフで示している。比較のために前年の2016年の自己資本比率を線グラフで示している。数値は2017年の業種別の中央値で，数値の高い業種順に並んでいる。サンプルは，2016年と2017年に日本基準を適用する上場会社（金融・その他金融・証券・保険業を除く）で，算定に必要な連結データが揃う決算月数が12カ月のものである。自己資本がマイナスの会社は除いている。業種分類は日経中分類による。最終的に，2016年に2,345社，2017年に2,355社が残った。32業種中21業種で2016年から2017年にかけて自己資本比率が上昇しているが，業種別のランキングが大きく変動することはない。

　自己資本比率の内容を詳しく探るために，図表3-5では，**利益剰余金比率**（総資本に占める利益剰余金の割合）を算定している。利益剰余金は過去から会社内部に蓄積されている利益であり，好調な経営状況が続くほど増加していく。パネルＡのアサヒグループは2016年12月期に28.2％で，2017年12月期に21.3％となっている。自己資本比率は低いが，利益剰余金は自己資本の大きな割合を占めているといえる。長期的に蓄積力を維持していくことが重要である。

　一方，パネルＢのニトリの利益剰余金比率は，2018年2月期に75.4％まで高まっている。収益力の向上が利益剰余金を拡充させる役割を果たしている。過去からの利益の蓄積が，自己資本の厚みに影響を与えていることが浮き彫りとなっている。

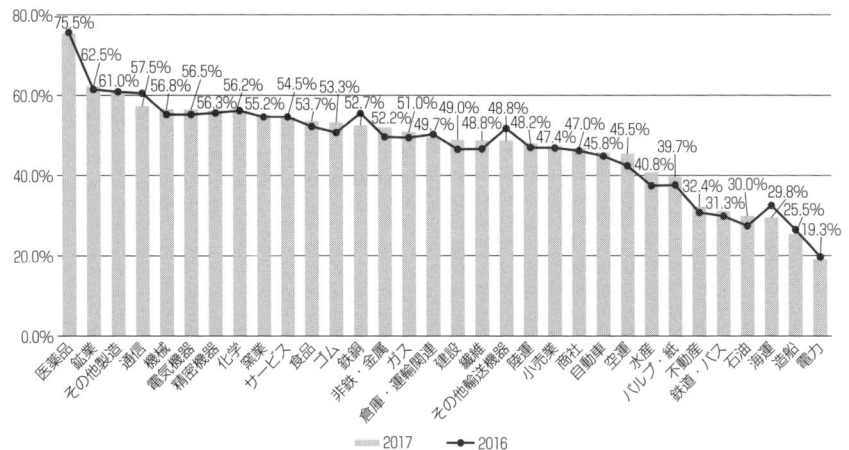

図表 3-6　業種別の自己資本比率

注：連結データは，Nikkei NEEDS-Financial QUEST から入手。数値は2017年の自己資本比率。

◆第4節◆ 有利子負債の分析

　負債項目のうち有利子負債（interest-bearing liabilities）に限定して分析することも重要である。負債資本倍率の分子を有利子負債に置き換えた指標が**DEレシオ**（有利子負債／自己資本）である。ギアリングレシオと呼ぶ会社もある。有利子負債を総資産で除した**有利子負債依存度**という指標で用いられることもある。

　有利子負債に相当するのは，短期借入金，長期借入金と流動負債に含まれる1年以内に返済する長期借入金，社債と流動負債に含まれる1年以内償還予定の社債，コマーシャルペーパー，リース債務，預り金などである。有利子負債の額は日本基準でもIFRSでも有価証券報告書の中に明記されている。図表3-7のように，（1）アサヒグループのケースでは「金融商品」の項で，（2）ニトリのケースでは「**借入金等明細表**」に記載されている。本書では，退職給付債務は返済すべき金額や時期が確定している債務とは異なるので，有利子負債に含めていない。資産除去債務もその取り扱いを定めた「企業会計基準第18号」に従い有利子負債から除外している。

図表 3-7　有利子負債の記載例

(1) アサヒグループのケース

（単位：百万円）

	前年度 （2016年12月31日）	当年度 （2017年12月31日）
有利子負債	632,691	1,321,801
控除：現金及び現金同等物	△48,459	△58,054
正味負債額	584,231	1,263,746
資本合計 （親会社の所有者に帰属する持分）	836,354	1,145,135
資本負債比率	69.9%	110.4%

注：アサヒグループの2017年12月期有価証券報告書（p.124）による。資本負債比率は，図表3-8のネットDEレシオと同じことである。囲みは筆者による（以下同様）。

（単位：百万円）

	前年度 （2016年12月31日）	当年度 （2017年12月31日）	平均利率 （%）（注）	返済期限
デリバティブ負債	695	2,137	—	—
短期借入金	189,972	98,208	0.81	～2018年 12月14日
1年以内に返済予定の 長期借入金	63,916	98,530	0.27	～2018年 12月28日
1年以内に償還予定の 社債	17,980	19,984	0.76	～2018年 10月19日
コマーシャル・ペー パー	10,000	143,000	△0.00	～2018年 2月20日
長期借入金	188,819	382,242	0.34	～2024年 11月29日
社債	99,670	519,961	0.36	～2027年 6月11日
その他	79,784	80,084	—	—
合計	650,840	1,344,148	—	
流動負債	308,222	388,946	—	
非流動負債	342,617	955,201	—	
合計	650,840	1,344,148	—	

（注）「平均利率」については，借入金等の期末残高に対する加重平均利率を記載しております。上記のうち，変動利付借入は70,205百万円であります。

注：「社債及び借入金」及び「その他の金融負債」の内訳。アサヒグループの2017年12月期有価証券報告書（p.104）による。

(2) ニトリのケース
【借入金等明細表】

区分	当期首残高 （百万円）	当期末残高 （百万円）	平均利率 （％）	返済期限
短期借入金	—	—	—	—
1年以内に返済予定の長期借入金	625	2,000	0.4	—
1年以内に返済予定のリース債務	187	187	—	—
長期借入金（1年以内に返済予定のものを除く。）	—	8,000	0.4	平成31年〜 平成34年
リース債務（1年以内に返済予定のものを除く。）	2,330	2,143	—	平成31年〜 平成44年
その他有利子負債	—	—	—	—
合計	3,143	12,330	—	—

注：ニトリの2018年2月期有価証券報告書（p.76）による。社債明細表には該当事項はない。

　DEレシオが高い会社は，金利上昇局面で利払い負担が増大し，それが収益を圧迫する要因となる。余剰資金を有利子負債の返済に回すことができれば財務改善が進み，DEレシオは下がってくる。なお，利払いの支払能力を測定する指標として損益計算書データのみを用いるインタレストカバレッジレシオがある。この指標については第4章を参照してほしい。

　ところで，事業を拡張させるためには，負債によってある程度レバレッジを効かせることが鍵となる（第5章参照）。また，有利子負債を調達すると，支払利息に対する法人税の分だけ節税効果（tax shield）が生まれる。結果的に，将来予想される節税額の現在価値合計に相当する分だけ企業価値は高まる（第11章参照）。安全性に影響が出ない程度に適度な負債を保有することには意味があるが，その決定は経営者にとって難しい財務判断となろう。

　図表3-8で計算したDEレシオに関して，パネルAのアサヒグループでは，有利子負債は自己資本の範囲を超えているので，2017年12月期には1倍を上回っている。パネルBのニトリでは，有利子負債の金額が自己資本を大きく下回っているために，DEレシオは極端に小さく，財務安定度はかなり高い。

　より詳細な安全性分析を試みるために，有利子負債から手元流動性を引いた純有利子負債を求めるとよい。手元流動性はいざとなれば負債返済に回せるの

図表3-8　有利子負債に関する分析

（単位：百万円）

パネルA：アサヒグループ	2016年12月期	2017年12月期	パネルB：ニトリ	2017年2月期	2018年2月期
有利子負債（⑥）	632,691	1,321,801	有利子負債（⑥）	3,143	12,330
期中平均有利子負債（b）	555,658	977,246	期中平均有利子負債（b）	3,990	7,737
手元流動性（c）	48,459	58,054	手元流動性（c）	70,560	63,339
自己資本（⑦）	836,354	1,145,135	自己資本（⑦）	393,694	440,991
支払利息（d）	3,763	6,725	支払利息（d）	59	69
DEレシオ（⑥/⑦）	0.76倍	1.15倍	DEレシオ（⑥/⑦）	0.01倍	0.03倍
ネットDEレシオ（（⑥-c）/⑦）	0.70倍	1.10倍	ネットDEレシオ（（⑥-c）/⑦）	△0.17倍	△0.12倍
有利子負債利率（d/b）	0.68%	0.69%	有利子負債利率（d/b）	1.48%	0.89%

注：連結データは各社の有価証券報告書から入手。⑥と⑦は図表3-2による。製造業と非製造業の数
　　値について図表3-3の注を参照されたい。△はマイナスを示す。

で，両方の差は会社が返済しなければならない正味の有利子負債の額と理解す
ることができる。手元流動性は現金及び預金に短期保有目的の有価証券を足し
たものであるが，両社にその有価証券はないので，現金及び預金あるいは現金
及び現金同等物と等しくなっている。有利子負債と手元流動性の金額を図表
3-8にまとめている。アサヒグループの**ネットDEレシオ**（純有利子負債／自
己資本）は，手元流動性の減算によって低くなっているが，2017年12月期に1
倍を超えたままである。ニトリでは，手元流動性が有利子負債を超過しており，
ネットDEレシオはマイナスとなっている。

　最後に，**有利子負債利率**（支払利息・社債利息／期中平均有利子負債）によっ
て金融費用が有利子負債合計金額の何％となっているかを算出しよう。この指
標によって会社間の有利子負債に対する計算上の利率を調べることができる。
図表3-8によると，アサヒグループの有利子負債利率は低金利の影響もあり
0.7%を若干割り込んでいる。図表3-7(1)の下方の金融負債の内訳の平均利率
からもそれはわかる。ニトリでは2017年2月期に1.48%であったが，2018年2
月期に0.89%と下落している。図表3-7(2)でニトリの長期借入金の平均利率を
みると，0.4%である。今後，有利子負債利率がもっと下がる可能性はある。

【Appendix 3-1】 コミットメントライン契約

運転資金の安定的かつ効率的な調達を行う，またはマーケット環境の不測の事態に対応するため取引銀行と**コミットメントライン契約**を締結するケースがある。コミットメントライン契約は，一定期間にわたり一定の融資枠を設定し，その範囲内であれば顧客の請求に基づき，銀行が融資を実行することを約束するものである。余分な手元資金が不要となり，バランスシートのスリム化につながる。ただし，契約締結の対価として，金利とは別に当該契約期間中，銀行に対してコミットメントフィー（手数料）を支払わなければならない。

日本電気（6701, IFRS適用）の2018年3月期有価証券報告書（p.35）によると，現金及び現金同等物と複数の金融機関との間で締結したコミットメントライン契約の未使用額の合計額を維持することが，今後の事業活動のための重要な財務方針となっている。2018年3月期の現金及び現金同等物3,460億円とコミットメントライン未使用枠3,290億円の合計額は6,750億円で，これが維持すべき流動性水準となっている。

【Appendix 3-2】 社債と格付

資金調達の方法の1つとして**社債**の発行がある。アサヒグループは，2017年に図表Appx3-1のような4本建て国内普通社債を発行している。年限は3年から10年で，発行総額は2,800億円となっている。これらは利付債であり，毎年決まった時期に利息が支払われ，満期時に額面金額が返済される。表面利率は**クーポンレート**とも呼ばれるが，利付債の発行総額（元本）に対する1年当た

図表Appx 3-1　社債関連情報

件　　名	発行年月日	発行総額（百万円）	応募者利回り	償還年月日	取得格付
第9回無担保社債	2017年6月13日	100,000	年0.080%	2020年6月12日	AA−（日本格付研究所）A＋（格付投資情報センター）
第10回無担保社債	2017年6月13日	130,000	年0.170%	2022年6月13日	
第11回無担保社債	2017年6月13日	20,000	年0.230%	2024年6月13日	
第12回無担保社債	2017年6月13日	30,000	年0.330%	2027年6月11日	

りの利息がパーセント表示されている。

　新規発行された債券を発行日から償還日まで保有した場合の年当たりの利回り（応募者利回り）は，償還差損がない（ここでは払込金額が各社債の額面金額100円につき100円）ので，クーポンレートと同じである。債券投資を行う者は第9回無担保社債について金額100円当たり年0.080円，第12回無担保社債について金額100円当たり年0.330円の利息を受けとることができる。

　一般的に，クーポンレートは各年限の国債の流通利回りを基礎に，発行体の格付等を反映したリスクプレミアムを上乗せして決定される。流通利回りとは，応募者利回りの購入価格を時価に置き換えたものである。クーポンレートと国債利回りとの差は上乗せ幅（スプレッド）といわれ，スプレッドが大きいほど投資者はより多くの利息収入を得ることができる。普通社債と比べて元本および利息の支払い順位の低い分，利率が相対的に高く設定される**劣後債**の発行が超低金利のなかで広がっている（たとえば，ヒューリック（3003）は2018年1月に劣後特約付社債を発行）。

　社債は**格付**の対象となっている[4]。格付は民間の格付会社による調査対象会社の信用力に関する意見である。アサヒグループでは日本格付研究所からAA－，格付投資情報センターからA＋の格付けを取得している。金融庁に登録されている格付機関（2017年4月1日現在）には，日本格付研究所（JCR），ムーディーズ・ジャパン，ムーディーズSFジャパン，S&Pグローバル・レーティング・ジャパン，格付投資情報センター（R&I），フィッチ・レーティングス・ジャパン，およびS&PグローバルSFジャパンがある。これらは，国や会社といった債券の発行体の利払い状況などからデフォルト（default，**債務不履行**ともいう）に陥るリスク情報を投資者に発信する役割をもつ。

　図表Appx3-2に，R&Iとスタンダード＆プアーズ・レーティング・ジャパン（以下，S&P，現在はS&Pグローバル・レーティング・ジャパン）における発行体格付（発行体が負うすべての金融債務についての総合的な債務履行能力）を2010年から2017年までの期間で『四季報』（東洋経済新報社）の2集から手入力した。一部，2010年から2012年は『日経会社情報』（日本経済新聞社）の7月号からデータを入手している。

図表Appx 3-2　格付と自己資本比率

パネルA：R&Iの格付	AAA	AA	A	BBB	BB	B	CCC
件数	7	526	1,410	515	17	6	7
自己資本比率の平均値	58.3%	40.7%	38.7%	26.8%	19.2%	11.6%	13.6%
t値	3.33**	2.49*	15.23**	2.74**	3.18**	−0.57	

パネルB：S&Pの格付	AAA	AA	A	BBB	BB	B	CCC
件数	0	168	240	227	108	10	5
自己資本比率の平均値	−	38.3%	34.2%	30.3%	20.7%	11.5%	11.8%
t値	−	2.93**	3.09**	7.92**	3.34**	−0.09	

注：t値は格付の右側との自己資本比率の平均差の検定。**両側検定で1%水準有意。*両側検定で5%水準有意。

　両格付会社ともにAAA（トリプルA）格が最も信用力が高い。AA（ダブルA）格からCCC格までは上位格に近いものにプラス，下位格に近いものにマイナスの表示がなされるが，ここではそれを無視している。CCCの下にCCがあり，債務不履行に近い状態を表すが，ここではCC格のものはない。R&IではA格が1,410件と最も多く，S&PではA格とBBB格が240件と227件で多い。一般に，BBB格以上のものが**投資適格**と呼ばれる。BB格相当以下は投機的格付や投資不適格と呼ばれる。

　それぞれの格付に対する自己資本比率の平均値を調べてみた。RIでもS&Pでもマイナスの自己資本がCCC格に1件含まれているので，それは平均値の計算に入れていない。R&IではCCC格の自己資本比率は13.6％，B格では11.6％と低いが，上位になるにつれ値が高くなり，AAA格では58.3％となっている。S&Pでも同様の傾向があり，B格では11.5％と最も低く，上位になるにつれ値が大きくなっている。AAA格は存在しないが，AA格で自己資本比率は38.3％となっている。

　格付の上位とその右の下位の格付との間で自己資本比率の平均値に差があるかどうかの検定を行っている。B格とCCC格の間に自己資本比率の平均値に差はみられないが，それ以外の格付間の自己資本比率の平均値には統計的に有意な差がある。社債の格付が上（下）になるほど，自己資本比率が高（低）く

図表Appx 3-3　累積デフォルト率

期間 格付	1年	2年	3年	4年	5年
AAA	0.00	0.00	0.00	0.00	0.00
AA	0.00	0.00	0.00	0.09	0.09
A	0.02	0.11	0.21	0.35	0.50
BBB	0.54	1.22	1.87	2.33	2.71
BB	3.08	5.82	9.02	11.86	14.35
B	20.51	36.41	50.86	57.00	57.00
CCC以下	53.85	61.54	61.54	61.54	61.54

注：日本格付研究所のNews Release「JCR格付推移マトリックスお
よび累積デフォルト率」(2018年3月29日付,《https://www.jcr.
co.jp/pdf/dm31/default20180323r.pdf》)

なる傾向にある。このような結果は，自己資本比率が財務の安全度を測定する
指標として役立つ証拠となるであろう。

　財務基盤の強弱が格付の引き上げや引き下げに影響を与えそうであるが，図
表Appx3-3に日本格付研究所が公表しているNews Releaseから累積デフォル
ト率を抜き出している。調査対象は長期格付を公表した居住者法人で，調査対
象期間は2000年から2017年までである。期初に存在した格付をベース（縦）
に一定の年数（横）を経てどの程度デフォルトしているかを累積している。結
果として，格付の水準が低くなるほどデフォルト率が高くなっており，BBB,
BB，およびB格では各年数が経過するほどデフォルト率は高まっている。
CCC格では5年後のデフォルト率は61.54％となっている。

【Appendix 3-3】実質無借金会社と有利子負債

　実質無借金（有利子負債＜手元流動性）の上場会社は驚くことに2017年度
末に6割に迫ろうとしている（日本経済新聞朝刊,2018年6月26日付,p.17）。この
中には有利子負債をもたない完全無借金の会社も存在する。年度別の実質無借
金会社の割合と有利子負債依存度（有利子負債／総資産）と手元流動性割合（手
元流動性／総資産）を平均値で図表Appx3-4に示している。2001年から2017
年に日本基準を適用する上場会社をサンプルとしている。観測値数は34,970会
社・年である。

　2001年の有利子負債依存度は26.5％でその後減少傾向にあるが，2008年と

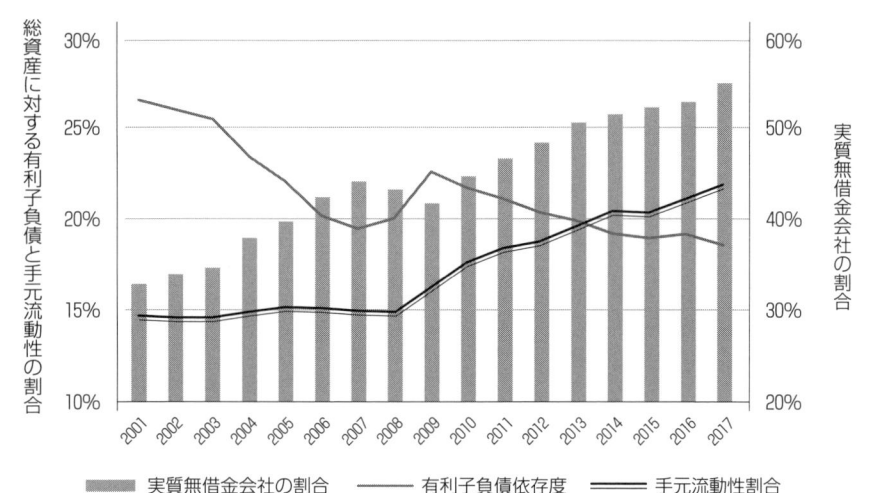

図表Appx 3-4　実質無借金会社，手元流動性，および有利子負債の推移

注：連結データは，Nikkei NEEDS-Financial Quesstから入手。有利子負債依存度と手元流動性割合のうち1を超えるものは，サンプルから除いている。

2009年に一端上昇している。その後再び減少傾向にある。2017年に18.6％まで低下している。一方，手元流動性割合は2001年から2008年まで15％のラインで一定であるが，2009年から上昇傾向にある。2017年には21.8％に達し，2014年から有利子負債依存度を上回っている。この動きから判明する通り，上場会社に占める実質無借金会社の割合は2001年に32.9％であったが，2013年に50％を超え，2017年には54.9％となっている。

　将来に起こりうる事態に備えて，会社は一定以上の現金を保有し，資金不足に陥る可能性を減少させようとする動機をもつかもしれない。経済学的な用語としては，それを予備的な動機（precautionary motive）と表現することがある。潤沢な資金保有は倒産リスクなどを減少させるメリットがあるが，単に有望な投資機会が見当たらないことを意味しているだけかもしれない。財務諸表分析を行う場合，そのような会社が事業拡大や配当などに機動的に資金を活用しているかどうかを見極める必要がある。

《練習問題》

1.　次ページの図は，①鹿島建設（1812），②ローソン（2651），③三菱商事（8058，IFRS適用），④三井不動産（8801），⑤東京電力ホールディングス（9501）に関する連結貸借対照表の要約図である。それぞれがどの図に当てはまるかを答え，その理由を考えなさい。ローソンは2018年2月期で，それ以外は2018年3月期のデータである。また，この問題では金額ベース（単位は億円）の図を示しているので，各社の規模の違いにも注目するとよい。

2.　(1)　次の連結貸借対照表の空欄の値と用語を埋めなさい。％表示については小数点第2位を四捨五入しなさい。日本基準によるものとする。

連結貸借対照表

（単位：百万円）

	科　　目	金額	構成比		科　　目	金額	構成比
流動資産	当座資産	22	（①）%	流動負債		26	%
	その他の流動資産	34	%		（④）負債18		
				固定負債		40	%
固定資産	有形固定資産	（②）	%	純資産	（⑤）資本	45	（⑥）%
					その他の包括利益累計額	5	%
	（③）固定資産	10	%		新株予約権	3	%
	投資その他の資産	4	%		（⑦）持分	1	%

(2)　上記で完成した貸借対照表から，次の安全性に関する指標を求めなさい。

流動比率	（　ア　）%
当座比率	（　イ　）%
固定比率	（　ウ　）%
固定長期適合率	（　エ　）%
自己資本比率	（　オ　）%
負債資本倍率	（　カ　）倍
DEレシオ	（　キ　）倍

3.　創薬ベンチャーであるブライトパス・バイオ（4594）の2018年3月期の流動比率は3,000％を超える。財務構造と経営状況からこの会社の安全性を調べなさい。

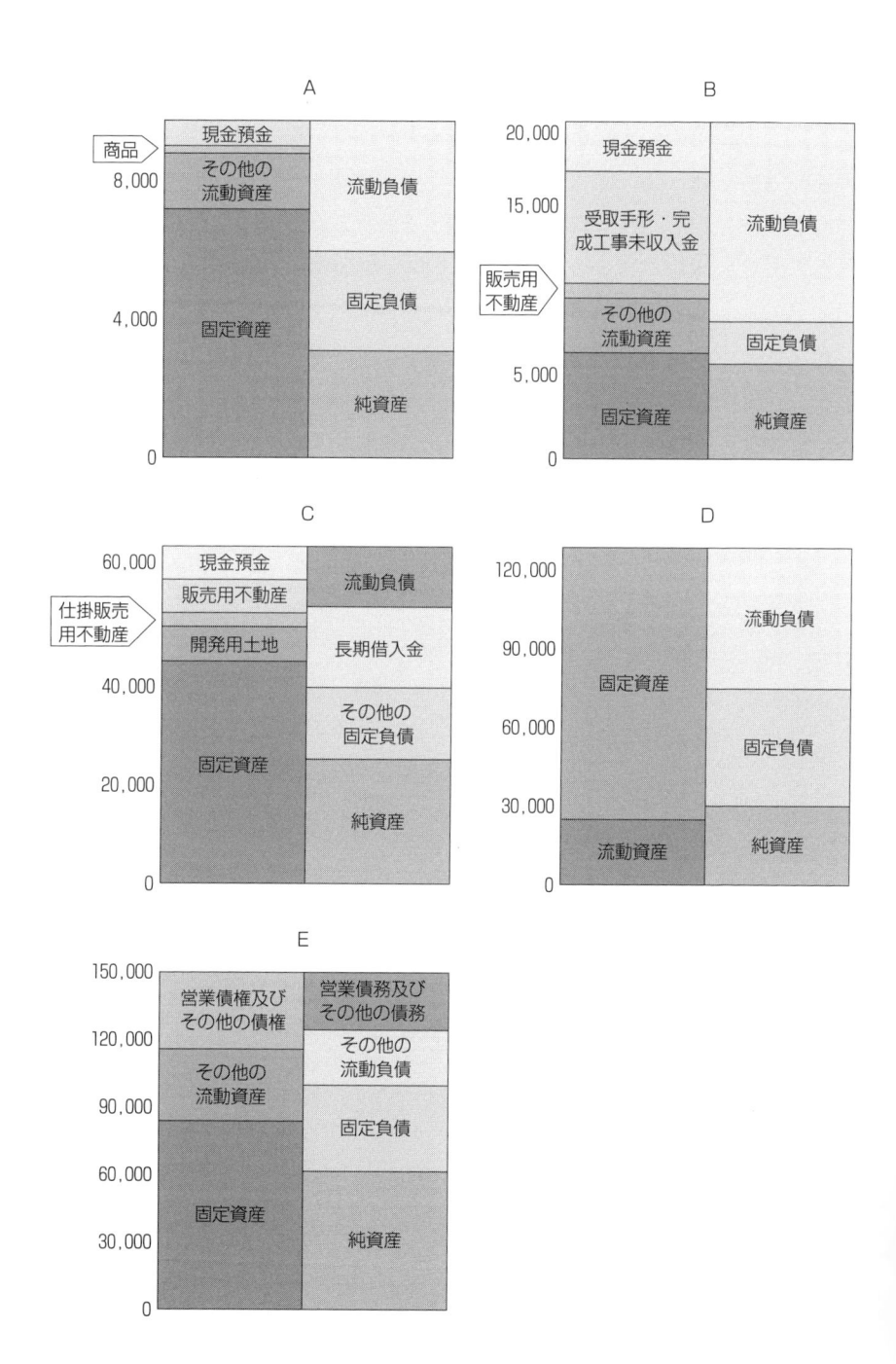

4. 本章で取り上げたアサヒグループとニトリについて，それぞれ同業種のキリンホールディングス（2503）と良品計画（7453）の連結貸借対照表データを用い，主に関係比から両社間の異同点を述べなさい。

5. 高級和食店『梅の花』を主力とする梅の花（7604）は，取締役会において新株式発行及び自己株式の処分並びに株式売出しに関する決議をした（2018年6月8日，《http://www.umenohana.co.jp/n_company/pdf/20180608%E3%81%8A%E7%9F%A5%E3%82%89%E3%81%9B.pdf》）。この実施によって梅の花にどのような影響があるかを考えなさい。なお，新株式発行及び自己株式の処分による資金調達の目的は，外食事業，テイクアウト事業の新規出店，既存店の改装・改築への設備投資資金，及び新セントラルキッチン建設の一部資金充当，並びに借入金返済にある。

6. 東芝（6502，米国基準適用）は累積損失の圧縮のために2,000億円規模の減資を実施する，と報道された（日本経済新聞，2016年5月22日付，p.7）。累積損失の処理方法について調べなさい。

7. 以下は会計・法律分野の資格学校を運営するTAC（4319）の要約連結貸借対照表である。前受金の増減がビジネスにどのような影響を及ぼすかを考え，流動比率と当座比率を求めなさい。

要約連結貸借対照表

〈資料〉 (単位：千円)

	2017年 3月期	2018年 3月期		2017年 3月期	2018年 3月期
当座資産	10,056,176	9,454,865	前受金	6,262,681	6,284,424
その他	2,053,524	2,006,959	その他	5,122,659	4,999,187
流動資産合計	12,109,700	11,461,824	流動負債合計	11,385,340	11,283,611
			固定負債合計	5,724,801	5,042,772
固定資産合計	9,959,741	10,156,542	純資産合計	4,959,300	5,291,983
資産合計	22,069,442	21,618,367	負債純資産合計	22,069,442	21,618,367

注：連結貸借対照表データはTACの有価証券報告書より入手。

[注]

1）ファブレス（fabless）メーカーのように，自社で工場をもたず，外部の協力会社に生産を委託する体制をとる会社もある（キーエンス（証券コード：6861）や

トランザクション（7818）等）。ファブレスとは逆に，外部からの受注生産を専門に行っているメーカー（特に半導体産業）があるが，そのようなメーカーを**ファウンドリ**（foundry）と呼ぶ。

2）エクイティ・ファイナンスとは，新株発行のように自己資本の増加を伴う資金調達のことである。新株発行による有償増資には，公募増資，第三者割当増資，株主割当発行増資がある。なお，増資と対比される用語に減資がある。

3）経営不振に陥った企業を再生する場合，**デット・エクイティ・スワップ**（debt equity swap）を利用する方法がある。これは，文字通り，借入金などの債務を株式と交換することで，負債資本倍率の低下が期待される。

4）金融商品取引法（第2条34項）では，（信用）格付を，金融商品または法人の信用状態に関する評価の結果について，記号または数字を用いて表示した等級と定義している。

第4章

損益計算書データによる収益性分析

要　旨

　本章では，連結損益計算書データを用いた場合に，会社の収益性をどのように把握するかを明らかにする。連結損益計算書に表示される損益項目の見方，売上に対する段階的利益の割合の計算とその見方，連結損益計算書に直接に表示されないプロフォーマ利益の計算とその見方，さらに，セグメント情報の利用とその見方について説明していく。

1. 構成比分析と趨勢比分析

本章では，連結損益計算書（以下，損益計算書と略す）を用いたデータ分析の方法を明らかにする。全般的な収益性を把握するために，前章の連結貸借対照表データによる分析と同じように，構成比分析と趨勢比（前期比）分析を行う。損益計算書データによる分析において，構成比のベース項目は売上となる。日本基準でも IFRS でも損益計算書のトップラインを売上と呼ぶことにする。売上を100％とする**百分率損益計算書**（common-size income statement）を作成すれば，売上に対する他の収益，費用，利益の項目がどれほどの割合であるかがわかる。会社の損益構造の状況を一目で探るために百分率損益計算書の作成は非常に有意義である。

連結損益計算書データを用いて，構成比と前期比を計算する。本章では，情報機器や産業用光学システム，医療用画像診断システムなどの分野で事業を展開するコニカミノルタ（証券コード：4902, IFRS適用）と民放キー局の一角をもつ東京放送ホールディングス（9401, 以下，TBS）を取り上げる。結果はそれぞれ図表4-1(1)と同図表(2)に要約されているが，有価証券報告書や決算説明会の資料を参考にしながらその内容をみてみよう。

2018年3月期を中心に説明する。図表4-1(1)のコニカミノルタの構成比において，売上100％に対して売上原価は52.5％である[1]。すなわち，売上を100と考えるならば，売上原価は52.5かかっていることが判明する。その結果，売上から売上原価を差し引いた売上総利益は47.5となり，半分を少し下回ったものが粗利益として残る。すべての事業セグメントで増収となり，前年比7.1％の売上増となっているが，売上原価の前期比は売上増を上回っている。図表4-1(2)のTBSの場合，売上は前期比1.9％増で，売上100に対する売上原価は68.6である。

図表4-1　連結損益計算書データによる分析

(1) コニカミノルタのケース　　　　　　　　　　　　　　　　（単位：百万円）

	2017年3月期		2018年3月期		前期比
	金額	構成比	金額	構成比	
売上高	962,555	100.0%	1,031,256	100.0%	7.1%
売上原価	502,616	52.2%	541,453	52.5%	7.7%
売上総利益	459,938	47.8%	489,803	47.5%	6.5%
その他の収益	14,147	1.5%	24,856	2.4%	75.7%
販売費及び一般管理費	416,622	43.3%	443,996	43.1%	6.6%
その他の費用	7,328	0.8%	16,819	1.6%	129.5%
営業利益	50,135	5.2%	53,844	5.2%	7.4%
金融収益	2,724	0.3%	3,778	0.4%	38.7%
金融費用	3,451	0.4%	7,851	0.8%	127.5%
持分法による投資利益（△は損失）	△66	0.0%	△647	△0.1%	
税引前利益	49,341	5.1%	49,124	4.8%	△0.4%
法人所得税費用	17,856	1.9%	16,916	1.6%	
当期利益	31,485	3.3%	32,207	3.1%	2.3%
当期利益の帰属					
親会社の所有者	31,542	3.3%	32,248	3.1%	2.2%
非支配持分	△56	0.0%	△41	0.0%	

注：連結損益計算書データはコニカミノルタの有価証券報告書から入手。△はマイナスを示す

　コニカミノルタの販売費及び一般管理費であるが，100の販売につき43.1の経費がかかっている。前期比で6.6％増である。販売費及び一般管理費の主要なものとしては人件費と減価償却費及び償却費がある。償却費はソフトウェア等の無形資産の償却費を指す。TBSでは販売費及び一般管理費は売上100に対して26.2である。人件費，代理店手数料，広告宣伝費，業務委託費が主要なものとなっている[2]。

　研究開発費は一般管理費（当期製造費用として処理する方法もある）に含まれる。営業利益を引き下げる要因であるが，将来の会社の収益を左右する重要な情報として位置づけられている。医薬品業のように多額の研究開発費が計上される業種があるが（製薬で国内第1位と第2位の武田薬品工業（4502）とアステラス製薬（4503）では，2018年3月期の研究開発費は3,254億円と2,207億円），コニカミノルタの有価証券報告書によると，2018年3月期の研究開発費は770億円で，オフィス事業及びプロフェッショナルプリント事業に係るものが418億円，ヘルスケアに係るものが50億円，産業用材料・機器事業に係るものが

(単位：百万円)

	2017年3月期		2018年3月期		前期比
	金額	構成比	金額	構成比	
売上高	355,363	100.0%	361,954	100.0%	1.9%
売上原価	242,067	68.1%	248,204	68.6%	2.5%
売上総利益	113,296	31.9%	113,750	31.4%	0.4%
販売費及び一般管理費	93,417	26.3%	94,949	26.2%	1.6%
営業利益	19,878	5.6%	18,800	5.2%	△5.4%
営業外収益					
受取利息	25	0.0%	26	0.0%	4.0%
受取配当金	5,087	1.4%	8,083	2.2%	58.9%
持分法による投資利益	986	0.3%	391	0.1%	△60.3%
その他	1,141	0.3%	394	0.1%	△65.5%
営業外収益合計	7,241	2.0%	8,896	2.5%	22.9%
営業外費用					
支払利息	468	0.1%	378	0.1%	△19.2%
固定資産除却損	77	0.0%	166	0.0%	115.6%
その他	366	0.1%	228	0.1%	△37.7%
営業外費用合計	912	0.3%	772	0.2%	△15.4%
経常利益	26,207	7.4%	26,923	7.4%	2.7%
特別利益					
投資有価証券売却益	212	0.1%	988	0.3%	366.0%
特別利益合計	212	0.1%	988	0.3%	
特別損失					
減損損失			149	0.0%	
固定資産撤去費	432	0.1%	139	0.0%	△67.8%
事業撤退損			97	0.0%	
早期割増退職金			52	0.0%	
固定資産除却損	101	0.0%	33	0.0%	△67.3%
投資有価証券評価損	129	0.0%	4	0.0%	△96.9%
関係会社株式売却損	215	0.1%			
特別損失合計	958	0.3%	476	0.1%	△50.3%
税金等調整前当期純利益	25,461	7.2%	27,435	7.6%	7.8%
法人税，住民税及び事業税	8,537	2.4%	9,923	2.7%	16.2%
法人税等調整額	39	0.0%	△549	△0.2%	
法人税等合計	8,576	2.4%	9,374	2.6%	9.3%
当期純利益	16,884	4.8%	18,061	5.0%	7.0%
非支配株主に帰属する当期純利益	747	0.2%	878	0.2%	17.5%
親会社株主に帰属する当期純利益	16,136	4.5%	17,182	4.7%	6.5%

注：連結損益計算書データはTBSの有価証券報告書から入手。△はマイナスを示す。

125億円などとなっている。TBSの研究開発費は2億円程度で，次世代のデジタル放送の実用化ために新規番組制作，伝送，放送技術等の研究開発が行われている。

IFRS適用のコニカミノルタの営業利益は100の売上に対して5.2である。前期比7.4%増で増益である。2年後の中期経営計画最終年度に営業利益750億円以上達成の目標があり，その道筋を順調に辿っている。日本基準適用のTBSの営業利益は売上100に対して5.2で，前期比5.4%減である。増収であるが営業減益となっている。

コニカミノルタの金融収益と金融費用の構成比は1%を割るが，為替差損の影響で金融費用が増えている。海外売上比率が81.0%に上り，**為替レート**の変動は事業活動に大きな影響を及ぼす。輸出・輸入会社では為替変動に敏感にならざるをえない。収益見通しを設定する場合に，期初に想定為替レートを公表することがある（コニカミノルタはUSドル105円，ユーロ115円）。実際の為替レートが想定レートよりも円高に進めば，輸出主体の会社の収益は圧迫され悪化する。逆に，想定レートよりも円安で収まれば，収益は押し上げられ，業績が予想以上に伸びることがある。輸入主体の会社ではその反対で，円安が進めば調達コストが上昇し業績は悪化し，円高であれば，調達コストが低く抑えられるので業績にプラスの影響がでる。通例，為替の変動によるリスクを管理するために，先物為替予約取引などのデリバティブが利用される。

結局，コニカミノルタの税引前利益は前期比0.4%減であるが，親会社の所有者に帰属する当期利益は売上100に対して3.1の322億円で，前期比2.2%増で2期ぶりに増益となっている。

TBSでは，営業外収益の受取配当金の構成比が高く[3]，営業外の収益と費用を考慮した経常利益は売上100当たり7.4と営業利益より膨らんでいる。特別利益は投資有価証券売却益だけで，特別損失の合計額よりも大きく，税金等調整前当期純利益の構成比は売上100に対して7.6となっている。税金等調整前当期純利益から法人税等合計を控除し，当期純利益が算出される。ここから非支配株主に帰属する当期純利益を減じたものが親会社株主に帰属する当期純利益となる。非支配株主に帰属する当期純利益は，親会社が子会社株式の100%

を所有していない場合に，子会社が当期に計上した利益のうち親会社に属さない利益である。2018年3月期のTBSの親会社株主に帰属する当期純利益は，前期比6.5%増しで売上100に対して4.7の黒字である。

　なお，連結グループのなかに，親会社と子会社がともに株式上場する**親子上場会社**（たとえば，日本電信電話（9432）を親会社として，エヌ・ティ・ティ都市開発（8933），NTTドコモ（9437），エヌ・ティ・ティ・データ（9613））が存在する。子会社株式の切り売り（一部売却）から売却益を得ることができるなどのメリットがあり，親子上場は日本の伝統的な経営手法の1つと考えられていた。その数が400社を超える時期があったといわれるが，現在は200社台に減っている。親会社・子会社の非支配株主間での利益相反の可能性があり，お互いの非支配株主の権利の保護が求められる。子会社の経営支配を強めるという観点を含めて，親会社が連結子会社を完全子会社にする動きがあり，親子上場の解消は進む方向にあると考えられる。

2.　特別利益と特別損失の動向

　日本基準では，当期純利益に至るまでに特別利益と特別損失が計上される。特別損益は，経常的ではなく臨時的に発生する損益のことを指す。ただ，特別損益に属する項目であっても，少額であるものや毎期経常的に発生するものは経常損益段階に吸収されることがある。特別利益の区分には，固定資産売却益，投資有価証券売却益，関係会社株式売却益などが計上される。これらの計上は含み益の吐き出しと表現され，最終利益を押し上げる効果をもつ。被取得会社の取得原価が，受け入れた資産・負債の純額を下回る場合の不足額は**負ののれん発生益**として特別利益に計上される。これも留意しておくべき項目である。

　特別損失の区分には，評価損や売却損（除去損）といったライトダウン（write-down）やライトオフ（write-off）の項目が含まれる。具体例として，投資有価証券評価損，減損損失，固定資産売却損などがある。その他にも，不良在庫の処分による棚卸資産処分損，債務保証損失引当金繰入額，不良債権の償却による債権償却額，関係会社の営業停止による関係会社整理損，リストラクチャ

リングによる事業構造改革費用など多数の項目がみられる。含み損の表面化によって，収益基盤の強化と財務体質の改善のための膿み出し効果が発揮されることがある。そのために，投資者は特別損失の計上が事業改善の成果につながると期待することがある。

　特別利益と特別損失の大小関係は，損益計算書のボトムラインにある親会社株主に帰属する当期純利益の多寡に影響を及ぼす。わが国において，特別利益と特別損失がどの程度計上されているかを時系列的に考察してみよう[4]。サンプルは，1995年から2017年に日本基準を適用する上場会社（金融・その他金融・証券・保険業を除く）で，算定に必要な連結データが揃う決算月数が12カ月のものである。すべてのデータは該当する年度の売上で標準化している。最終的なサンプルは43,001会社・年となった。

　図表4-2に，売上に対する上場会社の特別利益，特別損失（マイナスで図示），および**特別損益**（特別利益と特別損失の差）の毎年の中央値（サンプルのうち，ちょうど真ん中の順位にある数値）をグラフにしている。特別損益であるが，特別損益がプラスというのは特別利益が特別損失（の絶対値）を上回ることを，

図表 4-2　特別損益の推移

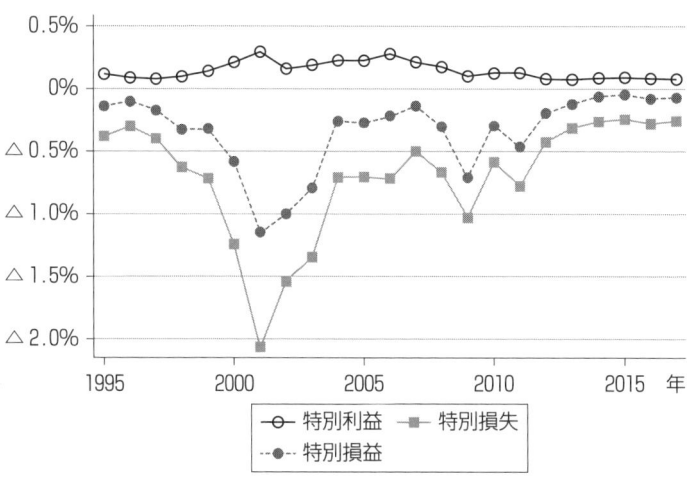

注：連結データは，Nikkei NEEDS-Financial QUEST から入手。横軸は年，縦軸
　　は売上高に占める特別利益，特別損失（マイナス表示），および特別損益の比
　　率の中央値。△はマイナスを示す。

特別損益がマイナスというのは特別利益が特別損失（の絶対値）を下回ることを指す。平均値を用いた場合でも同じようなグラフの形状を示すが，売上高の数倍もの特別利益あるいは特別損失が計上される特殊なケースがあり，中央値よりも数値のブレが大きくなる。

図表4-2をみると，1990年代後半から特別損失が急速に拡大していて，特別損益はマイナスの側に大きく傾いている。原因として，不採算事業からの撤退，遊休不動産の売却，その他の経営合理化のようなリストラクチャリングに関連する費用が増大したこと，さらには新会計基準の導入（金融商品会計基準，退職給付会計基準，減損会計基準）による影響が甚大であったことが推察される。特別利益はほぼ横ばいに推移しているにもかかわらず，特別損失の計上額は2001年まで膨らみ続けている。結果として，特別利益と特別損失の乖離は2001年に最大となっている。なかには特別損益を反復して計上する会社もある。これらの損益の計上が特別なものであるかどうかは疑わしいことがある。

特別利益も特別損失も計上されないケースは，2001年と2003年には年サンプルの1.5％と低い。2004年から2012年まで5％を上回ることはないが，2013年から徐々に上昇し，2015年に8.0％，2016年と2017年には9.0％まで増えてきている。

2001年以降，一旦はバブル期の負の遺産が一掃され，経営のスリム化に一段落がついたといえる。2001年に特別損失の計上は底をついて，特別利益と特別損失は従来の水準に戻りつつあったが，2008年9月のリーマンショックによる世界金融危機と2011年3月の東日本大震災によって，特別損失の計上が再び増えている。中央値では2011年に売上に対する特別損失は△0.77％であるが，平均値でみると，それは△2.26％であった。震災の影響を強く受けた会社群とそうでない会社群には格差があり，そのことが平均値と中央値の差を広げている可能性がある。

その後，特別利益と特別損失は±0.5％の範囲内で並行に推移しているので，両者の差である特別損益は0％付近を変動している。特別損失を計上する場合に，特別利益の計上によってその損失額を穴埋めする仕組みが存在しているかのようにみえる。不良資産の売却や関係会社の整理で損失が発生するが，その

損失額に十分見合う利益額が捻出されている。この益出し戦略によって，経営者は全体として赤字になるのを防いだり，業績悪化の幅を縮小させたりしているかもしれない。利益トレンドの変動を抑える現象が見受けられる。

第2節 段階別売上利益率の算定

百分率損益計算書において，売上に対する利益の割合は，販売でどれだけの利益をあげているかを示す収益性の比率となっている。売上利益率（profit margin）は利益の段階に応じて，次のように計算される。

$$売上総利益率（\%） = \frac{売上総利益}{売上} \times 100$$

$$売上営業利益率（\%） = \frac{営業利益}{売上} \times 100$$

$$売上経常利益率（\%） = \frac{経常利益}{売上} \times 100$$

$$売上当期純利益（当期利益）率（\%） = \frac{当期純利益（当期利益）}{売上} \times 100$$

$$売上親会社株主（親会社の所有者）に帰属する当期純利益（当期利益）率 = \frac{親会社株主（親会社の所有者）に帰属する当期純利益（当期利益）}{売上} \times 100$$

売上総利益率は，売上に対して売上総利益（粗利益）が何％であるかを示す。製品・商品の収益性や採算性をみるための指標であり，もちろん比率が高いほど業績が良好であるといえる。**売上営業利益率**は，売上に対して営業利益が何％であるかを示す。この指標で，本来の事業活動が効率的に行われたかどうかが判断される。売上営業利益率が低下した場合，売上に対する売上原価の割合や売上に対する販売費及び一般管理費の割合が上昇していないかどうかを検討したほうがよい。ただし，IFRSの場合，日本基準で営業外収益，営業外費用，特別利益，特別損失として表示している科目のうち金融取引に関連する項目以外が営業利益に含まれることに注意する必要がある。

売上経常利益率であるが，経常利益は日本独自の利益概念であり，本来の事

業活動から生じた利益に受取利息・配当金等の営業外収益を加え，支払利息等の営業外費用を差し引いたものである。つまり，売上経常利益率に映し出されるのは，売上営業利益率に資産運用・資金調達等に付随する営業外の金融損益の比率を加減したものである。

売上親会社株主（親会社の所有者）に帰属する当期純利益（当期利益）率は，売上に対する税引前利益から税費用を控除して求められる親会社株主に帰属する当期純利益（親会社の所有者に帰属する当期利益）の割合である。この比率は，すべての経営活動の結果として得られた親会社に帰属する利益が売上に対して何％であるかを表す。100％（売上／売上）から売上に対する各種費用項目（売上原価率，売上販管費率，売上金融費用率など）を控除した結果が売上に対する最終利益の割合となる。

図表4-3パネルAとパネルBに，それぞれコニカミノルタとTBSの百分率損益計算書の利益の構成比の部分を利益率の形に直して表示している。また参考値として，図表4-4に32業種に分けた2017年とその前年の2016年の売上経常利益率を示している。数値は2017年の業種別の中央値で，数値の高い業種順に並んでいる。サンプルは2016年と2017年に日本基準を適用する上場会社で（金融・その他金融・保険・保険業は除く），算定に必要な連結データが揃う決算

図表4-3　売上に対する段階別利益の割合

パネルA：コニカミノルタ	2017年 3月期	2018年 3月期
売上収益総利益率	47.8%	47.5%
売上収益営業利益率	5.2%	5.2%
売上収益親会社の所有者に帰属する当期利益率	3.3%	3.1%
パネルB：TBS	2017年 3月期	2018年 3月期
売上高総利益率	31.9%	31.4%
売上高営業利益率	5.6%	5.2%
売上高経常利益率	7.4%	7.4%
売上高親会社株主に帰属する当期純利益率	4.5%	4.7%

注：比率は，各社の有価証券報告書からデータを入手し，計算。コニカミノルタは売上収益ではなく売上高という用語を使用しているが，IFRS適用会社では売上収益が用いられることが多い。ただし，文中では売上高も売上収益も売上に置き換えて表記している。

月数が12カ月のものである。最終的に，2016年に2,348社，2017年に2,358社が残った。TBSは通信業に属するが，その売上経常利益率（7.4%）を見る限り，業界の中位に位置する。

図表 4-4　業種別の売上経常利益率

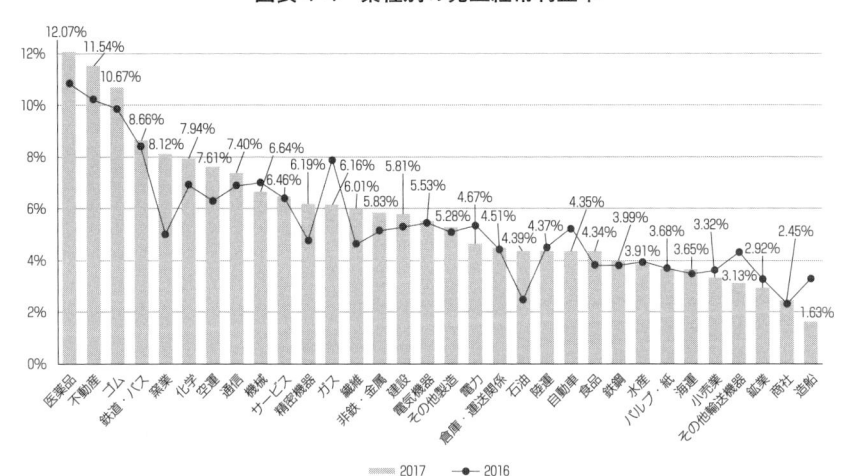

注：連結データは，Nikkei NEEDS-Financial QUEST から入手。数値は2017年の売上経常利益率。

第3節　プロフォーマ利益

　一般に認められた企業会計の基準に準拠せずに算出される利益を**プロフォーマ利益**（pro forma earnings）や**非GAAP利益**（non-GAAP earnings）という。経営者が投資者やアナリストに対する決算説明会などで利用されることが多く，仮想の利益，見積もり利益，実質ベースの利益と表現されることがある。任意開示であるために，連結損益計算書で算定されたGAAP利益を出発点に，経営者にとって不利な材料となる項目が除外される懸念もある[5]。

　代表的なプロフォーマ利益は**EBIT**（earnings before interests and taxes）で，（経常）利益数値から支払利息や税金が除外されるので，比較的見栄えのよい数値となる。EBITを**業務利益**と呼ぶことにする（岡部, 2009, p.65）。業務利益の定

義は，日本基準では営業利益に金融収益（受取利息・受取配当金等）と持分法による投資損益を加えたものであるが，詳しくは次章で述べる。さらに業務利益から減価償却費とのれん償却額を除外すると，**EBITDA**（利子・税金・償却費及びのれん償却額控除前利益：earnings before interests, taxes, depreciation and amortization）が算出される。プロフォーマ利益は，減価償却方法の違いや税金の影響が取り除かれるので，国際的に収益力を比較する指標という点では魅力的である。

　上述の業務利益は，会社の継続的・中核的な活動によるコア利益を反映するものとして財務諸表分析で利用されることが多い。たとえば，**インタレストカバレッジレシオ**（interest coverage ratio）は前章の安全性指標に加えるべきものであるが，借入金等による会社の利払能力を評価する指標として有力である。社債等の格付けを行う場合にも重視される以下の指標には業務利益が用いられる。

$$インタレストカバレッジレシオ（倍）= \frac{業務利益}{支払利息}$$

　インタレストカバレッジレシオは，業務利益が支払利息の何倍あるのかを示す。本業の事業活動の結果として獲得された利益の範囲内で金融費用をまかなうことが好ましく，倍率が高いほど債権者にとっては投資先の安全性が高いと判定されることになる。インタレストカバレッジレシオの計算結果が1.0を下回る場合，本業の事業活動からは金利を支払うことができない状態にあることがわかる。

◆第4節◆ セグメント情報の分析

　有価証券報告書には，**セグメント情報**（segment information）が開示されている。セグメント情報はマネジメント・アプローチに基づいて作成されていて，セグメントの開示においては，まず事業セグメントが決定され，どれを開示すべき報告セグメントにするかが決定される。報告セグメントは，該当するグル

ープの構成単位のうち分離された財務情報が入手可能であり，取締役会が経営資源の配分の決定や業績評価を行うために，定期的に検討を行う対象となっているものである。社内ですでに使用されている区分情報の内容が開示されている。事業（製品・サービス）の構成単位に分別したセグメント情報の開示パターンは多いが，地域あるいは事業と地域を組み合わせた開示パターンもある。

図表4-5(1)の(a)と(b)にそれぞれコニカミノルタとTBSのセグメントの事業内容を要約している。事業の多角化の状況は報告セグメントの数をみるとよいが，コニカミノルタは4事業，TBSは3事業に分けられている。

図表4-5(2)に有価証券報告書に記載される報告セグメントが示されている。報告セグメントごとの売上や利益又は損失がわかる。各セグメントの合計が連結損益計算書に計上されている売上と営業利益である[6]。図表4-5(2)(a)のコ

表4-5 セグメント情報

(1) セグメントの事業内容
(a) コニカミノルタのケース

区　分	事　業　内　容
オフィス事業	複合機及び関連消耗品の開発・製造・販売，関連ソリューション・サービスの提供
プロフェッショナルプリント事業	デジタル印刷システム・関連消耗品の開発・製造・販売，各種印刷サービス・ソリューション・サービスの提供
ヘアケア事業	画像診断システムの開発・製造・販売・サービスの提供，医療のデジタル化・ネットワーク化・ソリューション・サービスの提供
産業用材料・機器事業	液晶ディスプレイに使用されるTACファイル，有機EL照明，産業用インクジェットヘッド，産業・プロ用レンズ等の開発・製造・販売。計測機器等の開発・製造・販売。
その他	その他

　注：コニカミノルタの2018年3月期有価証券報告書（p.95）から作成。

(b) TBSのケース

区　分	事　業　内　容
放送事業	テレビ・ラジオの放送事業及び関連事業（放送，番組制作，映像技術，美術制作等）
映像・文化事業	各種催物，ビデオソフト等の企画・制作，雑貨小売，通信販売，化粧品製造販売，外食等
不動産事業	土地及び建物の賃貸等

　注：TBSの2018年3月期有価証券報告書（p.74）から作成。

(2) 報告セグメントの実例
(a) コニカミノルタのケース

（単位：百万円）

	報告セグメント					その他	合計
	オフィス事業	プロフェッショナルプリント事業	ヘルスケア事業	産業用材料・機器事業	計		
売上高							
外部顧客への売上高	583,886	214,256	96,513	118,247	1,012,904	18,351	1,031,256
セグメント間の内部売上高（注）	1,838	349	1,046	4,913	8,148	20,792	28,940
計	585,724	214,606	97,560	123,161	1,021,052	39,144	1,060,197
セグメント利益(△損失)	44,905	9,279	5,572	23,454	83,212	△14,850	68,361
その他の項目							
減価償却費及び償却費	25,224	9,574	4,038	8,173	47,011	3,487	50,498
非金融資産の減損損失	9	360	—	—	369	223	592

注：コニカミノルタの2018年3月期有価証券報告書（p.96）から作成。△はマイナスを示す。

（右側の吹き出し）
連結損益計算書の売上高

ここから調整額14,517百万円を引いたものが連結損益計算書の営業利益

(b) TBSのケース

	報告セグメント				調整額 (注1)	連結 財務諸表 計上額 (注2)
	放送事業	映像・文学 事業	不動産事業	計		
売上高						
外部顧客への売上高	217,632	128,453	15,868	361,954	—	361,954
セグメント間の内部売上高 　又は振替高	1,847	3,386	5,347	10,580	△10,580	—
計	219,479	131,839	21,216	372,535	△10,580	361,954
セグメント利益	3,300	7,551	7,954	18,806	△6	18,800
セグメント資産	190,883	86,386	139,495	416,765	406,927	823,693
その他の項目						
減価償却費	7,400	3,657	3,808	14,866		14,866
のれんの償却額	—	1,796	—	1,796		1,796
持分法投資利益	525	△134		391		391
持分法適用会社への投資額	8,354	2,385	—	10,740		10,740
有形固定資産及び無形固定 　資産の増加額	5,476	2,077	2,314	9,868	—	9,868

連結損益計算書の売上高 ←

連結損益計算書の営業利益 ←

(注) 1. 調整後は以下のとおりであります。
　　(1) セグメント利益の調整額△6百万円は，セグメント間取引に係るたな卸資産の未実現損益の調整額が含まれております。
　　(2) セグメント資産の調整額4,069億2千7百万円は，全社資産であります。
　　2. セグメント利益は，連結損益計算書の営業利益と調整を行っております。
注：TBSの2018年3月期有価証券報告書（p.75）から作成。△はマイナスを示す。

ニカミノルタの営業利益は調整が必要で，セグメント間取引消去及び報告セグメントに帰属しない一般管理費及び基礎的研究費からなる全社費用の調整額を差し引かなければならない。

　コニカミノルタの2期分の事業別売上は図表4-6パネルAにある。2018年3月期にオフィス事業が連結損益計算書の売上（以下，連結売上）の56.6%で半分を超える。続いてプロフェッショナルプリント事業が20.8%，産業用材料・

図表4-6　セグメント情報による分析

（単位：億円）

パネルA：コニカミノルタのセグメント別売上高					
	2017年3月期	構成比	2018年3月期	構成比	前期比
オフィス事業	5,582	58.0%	5,839	56.6%	4.6%
プロフェッショナルプリント事業	2,040	21.2%	2,143	20.8%	5.0%
ヘルスケア事業	899	9.3%	965	9.4%	7.3%
産業用材料・機器事業	1,016	10.6%	1,182	11.5%	16.4%
その他調整	89		184		
連結売上高	9,626	100.0%	10,313	100.0%	7.1%
パネルB：コニカミノルタのセグメント別営業利益					
	2017年3月期	利益率	2018年3月期	利益率	前期比
オフィス事業	443	7.9%	449	7.7%	1.3%
プロフェッショナルプリント事業	83	4.0%	93	4.3%	12.4%
ヘルスケア事業	29	3.2%	56	5.8%	94.6%
産業用材料・機器事業	220	21.7%	235	19.8%	6.4%
その他調整	△274		△294		
連結営業利益	501	5.2%	538	5.2%	7.4%
パネルC：TBSのセグメント別売上高					
	2017年3月期	構成比	2018年3月期	構成比	前期比
放送事業	2,192	61.7%	2,176	60.1%	△0.7%
映像・文化事業	1,210	34.0%	1,285	35.5%	6.2%
不動産事業	152	4.3%	159	4.4%	4.4%
連結売上高	3,554	100.0%	3,620	100.0%	1.9%
パネルD：TBSのセグメント別営業利益					
	2017年3月期	利益率	2018年3月期	利益率	前期比
放送事業	60	2.7%	33	1.5%	△44.8%
映像・文化事業	62	5.1%	76	5.9%	22.4%
不動産事業	77	50.9%	80	50.1%	2.8%
連結営業利益	198.77	5.6%	188.05	5.2%	△5.4%

注：セグメントデータは各社の有価証券報告書から入手。△はマイナスを示す。

機器事業が11.5%，ヘルスケア事業が9.4%となっている。

どの事業でも前期比がプラスであり連結売上の伸びに好影響を与えている。オフィス事業ではカラー複合機が北米で堅調な販売を続けていることに加え，中国での販売が大きく伸びている。最も前期比の高い，産業用材料・機器事業では北米でのデジタル製品（画像診断システム等）の販売数量が拡大している。

コニカミノルタの2期分の事業別営業利益は図表4-6パネルBに表示されている。連結損益計算書の営業利益（以下，連結営業利益）は前期より7.4%アップしているが，どの事業も営業利益が伸びている。売上営業利益率はオフィス事業では7.7%，産業用材料・機器事業では19.8%となるが，前期より若干落ち込んでいる。プロフェッショナルプリント事業とヘルスケア事業では，同利益率が増加している。赤字の事業はないので，不採算事業はないと考えられる。

TBSの方であるが，図表4-6パネルCにセグメント別売上が2期分示されている。連結売上は前期比1.9%増であるが，放送事業の売上が連結売上の約60%を占める根幹事業であるものの前期比0.7%減となっている。有価証券報告書の内訳によると，放送事業の主力であるTBSテレビにおいて，タイム収入（番組提供スポンサーに番組内のCM放送時間枠を販売して得る収入）は1.2%増であるが，スポット収入（番組にかかわらずCMを放送する時間枠を販売して得る収入）は2.9%減で減収である。映像・文化事業と不動産事業の構成比は35.5%と4.4%であり，両事業ともに前期比プラスである。映像・文化事業の興業では，東京豊洲にオープンしたアジア初の360度回転劇場の公演が盛況となっている。

パネルDにはTBSのセグメント別営業利益を2期分示している。放送事業の営業利益は，60億円から33億円に減少している。売上営業利益率も2.7%から1.5%に低下している。映像・文化事業は増益であり，売上営業利益率は5.9%となっている。不動産事業の売上構成比は3事業で最も低いが，主力事業を上回る営業利益額を計上している。売上営業利益率は50.1%と非常に高く，副業の枠を超える状態である。赤坂Bizタワーは，オフィス・商業施設で高い稼働率を維持している。赤坂サカスも放送文化発信の地を保持しているといえる。賃貸等不動産の2018年3月期の連結貸借対照表の期末残高は752億円であるが，

有価証券報告書によると期末時価は2,867億円でかなりの含み益がある。

　なお，各事業への資源配分の状況を把握する場合，「セグメント資産」と「有形固定資産及び無形固定資産の増加額」をみるとよい。今後の事業展開の可能性を読み取ることができる。資本的支出は，固定資産の価値を増加させたりするために支出した金額のことであるが，通例，資本的支出が減価償却費を上回る関係は更新投資による安定的あるいは積極的な設備稼働を意味する。この関係は事業の将来性に対する重点度合いをみるために利用できる。

　その他の関連情報として，①製品及びサービスごとの情報，②地域ごとの情報，および③主要な顧客ごとの情報が開示される。①につには，報告セグメントと同一区分であれば省略される。②については，外部顧客への売上と有形固定資産（非流動資産）が国内と国外に分けて開示される。③については，売上の10%以上を占める単一の外部顧客との取引があれば開示される。TBSでは電通（4324）への売上が1,021億円（全体の約28%）で，博報堂DYホールディングス（2433）の連結子会社である博報堂DYメディアパートナーズへの売上が532億円（全体の約15%）となっている。

【Appendix 4-1】 役員報酬

　人件費のうち役員報酬については，有価証券報告書の「コーポレート・ガバナンスの状況等」で，役員区分ごとの報酬等の総額，報酬等の種類別の総額および対象となる役員数の員数がわかる。コニカミノルタの取締役と執行役の報酬等の額の内訳は，次ページのようになっている（2018年3月期有価証券報告書，p.70）。

区　分		報　酬　額								
		合　計（百万円）	固定報酬		業績連動報酬（注3）		株式報酬（注4）		株式報酬型ストック・オプション（注5）	
			人員（名）	金額（百万円）	人員（名）	金額（百万円）	人員（名）	金額（百万円）	人員（名）	金額（百万円）
取締役	社　外	48	5	48	—	—	—	—	—	—
	社　内	157	3	127	—	—	3	23	3	6
	計	205	8	175	—	—	3	23	3	6
執行役		897	23	529	23	181	23	160	18	24

(注1) 2018年3月31日現在，社外取締役は4名，社内取締役（執行役非兼務）は3名，執行役は24名であります。

(注2) 社内取締役は，上記の3名のほかに3名（執行役兼務）おりますが，その者の報酬等は執行役に含めて記載しております。

(注3) 業績連動報酬につきましては，当事業年度において費用計上すべき額を記載しております。

(注4) 株式報酬につきましては，取締役（社外取締役を除く）及び執行役に対して付与されるポイントの見込み数に応じた将来の当社株式交付等の報酬見込額を算定し，当事業年度において費用計上すべき額を記載しております。

(注5) 株式報酬型ストック・オプションは第12回2016年度をもって終了しましたが，新株予約権の公正価値を算定し，当事業年度において費用計上すべき金額を記載しております。

コニカミノルタは**指名委員会等設置会社**であり，経営の監督と業務執行を明確に分離した組織形態であり，取締役は業務執行を行わず，代わりに執行役がそれを担う。指名委員会等設置会社では社外取締役が過半数を占める報酬委員会が置かれ，社外取締役を委員長とすることにより透明性の高い，公正かつ適正な報酬決定を行おうとしている。

取締役の報酬体系は，①基本報酬としての固定報酬，②株式交付信託の仕組みを採用した中期**業績連動株式報酬**（会社が金銭を信託に拠出し，信託で市場等から株式を取得。一定期間経過後役員に株式を交付），③行使価額を1円とする**株式報酬型ストック・オプション**から構成されている。執行役には，上記に加えて，年度経営計画のグループ業績及び担当する事業業績を反映する年度業績連動金銭報酬が含まれる。役員に与えられるインセンティブ報酬は営業利益や営業利益率等の会計数値に基づいて決定される。

報酬等の総額が1億円以上である者は氏名と報酬内容が明示される。コニカミノルタでは2018年3月期に2名存在する。

次に，TBSの役員報酬であるが，次ページのようになっている（2018年3月期有価証券報告書, p.38）。

役員区分	報酬等の総額（千円）	報酬等の種類別の総額（千円）				対象となる役員の員数（人）
		基本報酬	ストックオプション	賞与	退職慰労金	
取締役（社外取締役を除く。）	648,360	648,360	—	—	—	14
監査役（社外監査役を除く。）	52,080	52,080	—	—	—	2
社外役員	58,420	58,420	—	—	—	7

　TBSは監査役会設置会社の組織形態を選択している。報酬等の額は社外取締役と社外監査役を構成委員とする報酬諮問委員会からの答申を踏まえて取締役会で決定される。取締役の報酬については，利益水準および経営指標の達成度等を反映する業績連動型報酬制度を導入しているが，上記の表を見る限り，それが基本報酬に含められているのであろう。

【Appendix 4-2】 プロフォーマ利益の活用

　IR資料などでは，プロフォーマ利益は経営指標の目標や業績見通しの指標として活用されるケースがある。IFRS適用の日立製作所（証券コード：6501）は，持続的な事業ポートフォリオの見直しやコスト構造改革の推進に取り組むために，「2018年中期経営計画」のなかで，売上に対するEBIT（受取利息および支払利息調整後税引前当期利益）の割合であるEBITマージンを各ユニット別の目標値に用いている。EBITは，継続事業税引前当期利益－受取利息＋支払利息で計算され，利益に正味利子費用（支払利息－受取利息）を戻し入れる形式となっている。

　東日本旅客鉄道（9020）は，投資家・アナリスト向け説明会でグループ経営ビジョン「変革2027」（2018年7月4日）を報告している。それによると，ネット有利子負債をEBITDA（連結営業利益＋連結減価償却費）で除した倍率を3.5倍程度とすることを目標としている。債務返済能力を考慮し，利益に応じた連結有利子負債残高が重視される。阪急阪神ホールディングス（9042）も中期経営計画（2018年5月23日）のなかで有利子負債／EBITDA倍率を5倍台で維持することを目指している。

　IFRS適用会社では，IFRSの営業利益を修正し，本業そのものの業績を表す

目的で非経常的な項目（たとえば，減損損失，有形固定資産売却損益，事業構造改革改善費等）を除外するコア営業利益（core earnings）を公表することがある。武田薬品工業（4502），アステラス製薬（4503），中外製薬（4519）など IFRS移行の製薬会社でよくみられるが，アメリカでは非GAAP利益の開示に関して，数値の根拠を厳密に説明する義務を課す動きがある。

IFRS適用会社では，日本基準の営業利益に相当する利益指標として「**事業利益**」という名称を公表するケースがある。たとえば，アサヒグループホールディングス（2502），横浜ゴム（5101），LIXILグループ（5938），ユニー・ファミリーマートホールディングス（8028）等の有価証券報告書や決算説明資料を参照するとよい。事業利益は，売上から売上原価ならびに販売費及び一般管理費を控除して計算される。

【Appendix 4-3】法人税等負担率

日本基準では，実質的な税金費用は，税金計算の結果算定された「法人税，住民税及び事業税」と税効果会計の適用によって生じる「法人税等調整額」を合算したものである。この額を税金等調整前当期純利益で割ったものが「税効果会計適用後の法人税等の負担率」（連結財務諸表規則第15の5第1項2号）である。この税率を財務諸表分析では**実効税率**（effective tax rate：τ と表記）の基礎として用いることができる。これは次のように計算可能である。

$$\tau = 1 - \frac{税引後利益}{税引前利益}$$

なお，法定実効税率と法人税等負担率との間に重要な差異がある場合は，その差異の原因となった主要な項目別の内訳が注記される。課税状況は会社ごとに異なる可能性がある。

IFRSでは，当期税金と繰延税金の合算が法人所得税費用として連結損益計算書に表示されている。有価証券報告書では，税引前利益に対する法人所得税の負担割合は実際負担税率と表記されている。

《練習問題》

1. 次の資料から日本基準による損益計算書を完成させなさい。

〈資料〉

損益計算書　　　　（単位：百万円）

売上高	1,500
売上原価	（ ① ）
売上総利益	（ ② ）
販売費及び一般管理費	（ ③ ）
営業利益	（ ④ ）
受取利息	（ ⑤ ）
支払利息	（ ⑥ ）
経常利益	125
法人税等	（ ⑦ ）
親会社株主に帰属する当期純利益	（ ⑧ ）

売上売上原価率	70%
売上営業利益率	12%
売上金融費用率	6%
売上親会社株主に帰属する当期純利益率	5%

2. 次の資料からインタレストカバレッジレシオを計算しなさい

〈資料〉

営業利益	195	受取配当金	15	支払利息	40
経常利益	180	受取利息	10		

3. 本章で取り上げたコニカミノルタとTBSについて，それぞれ同業種のセイコーエプソン（6724）と日本テレビホールディングス（9404）の連結損益計算書データを用い，収益構造の異同点を述べなさい。

4. 事業構造改革に関する費用を計上した場合に，株式市場はどのような反応をするかを調べなさい。

5. 次ページの図は売上前期比・営業利益前期比のマトリクスである。関心のある業種を選択し，直近のデータをもとに，その業種に属する会社を該当するマス目にプロットしなさい。

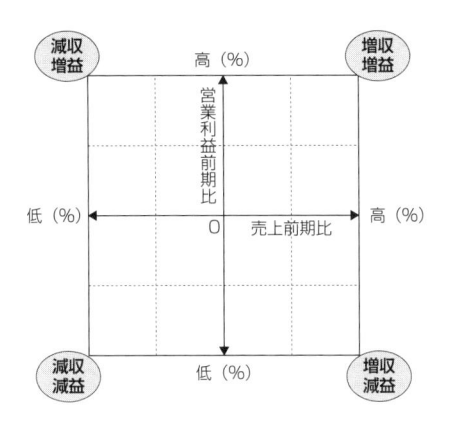

6. クレジットカードの利用促進を目的とした永久不滅ポイントをサービスとするクレディセゾン（8253）において，将来発生すると見込まれる交換費用負担額は販売費及び一般管理費においてどの程度の割合になっているかを調べなさい。

7. 鉄鋼各社は自動車や造船などの大口顧客と半年単位で鋼板価格を取り決める。相手先の鋼板の取引価格は出荷数量の増加とともに収益の拡大につながりそうである。このことの意味を次のケースを用いて考えなさい。

> ケース：鋼板の平均販売価格が想定していた1トン当たり75千円から80千円に上昇し，鋼板出荷量が想定していた500万トンから530万トンに増加したとしよう。想定していた売上は3,750億円（75千円×500万トン）で，修正後想定売上は4,240億円（80千円×530万トン）である。

8. 本業ではない事業への依存が大きくなっている会社を調べ，セグメントの売上と営業利益の構成比を計算しなさい。

［注］

1）売上の増減は事業活動の成否を示す重要な目安であるが，ときには実体のない取引による売上の水増しが表面化することがある。

　粉飾の手口としては，**グロスアップ**（総額法），**循環取引**（複数の会社が共

謀して商品を実際には動かさずに，資金と伝票だけを巡らせる U ターン取引），**スルー取引**（自社が受けた注文をそのまま他社に回すことで，帳簿上を通過するだけの取引），**バイセル取引**の悪用（メーカーが自社で部品を調達し，その調達した部品に一定金額を上乗せした価格で製造委託先に販売し，その後メーカーが製造委託先から完成品を買い戻す取引）などがある。

2）販売費及び一般管理費に関して，**販売推進費**や販売奨励金（取引先や特約店に対して金銭で支払われるリベート）の割合の高い会社がある。積極的な販路拡大に取り組む会社では，販売推進費の支出に備え，会計年度末に販売推進費の発生見込額（販売促進引当金繰入額）が計上されることがある。

3）2018 年 6 月 28 日に開催された TBS の定時株主総会で，**アクティビスト**（物言う株主）のアセット・バリュー・インベスターズ（AVI）による株主提案が否決された。AVI は，**政策保有株式**（株主持ち合いのために保有しているもの）を株主に還元するよう求めている。具体的には，TBS の保有する東京エレクトロン（8035）の普通株式 3,064,414 株を配当財産として，TBS の普通株式 57 株当たり東京エレクトロン株式 1 株の割合で現物配当することを要求している。

TBS が 2018 年 3 月期に東京エレクトロンから得た配当金は 38 億 7,100 万円である（「当社定時株主総会における株主提案に対する当社の考え方について」（2018 年 5 月 10 日付））。事実，東京エレクトロンの 1 株当たり配当金は 352 円から 624 円に増えている。コーポレートガバナンス・コードでは，政策保有の適否を検証するとともに，そうした内容についても開示すべきことを示している。単なる安定株主頼りの経営を主張することは難しくなっており，機関投資家の目は厳しさを増している。

4）IFRS では，収益または費用のいかなる項目も異常項目として表示することは認められていない。ただし，非継続事業が存在する場合，その損益が単独の金額で開示される。

5）Curtis, McVay, and Whipple（2014）は，四半期中に発生する正味の特別利益項目を除く非 GAAP 利益（non-GAAP earnings）が GAAP 利益より小さくなるにもかかわらず，その非 GAAP 利益を報告する会社が存在することを指摘する。その上で，情報提供的な利益の開示は投資者に特別利益項目が一時的なものであることを認識させることに役立つことを明らかにする。

6）補足であるが，有価証券報告書の「企業の概況」のなかの「従業員の状況」において，各セグメントで就業する従業員数を知ることができる。

第5章

相互関係比による収益性分析

要　旨

　本章の収益性分析では，会社が投下した資本に対してどれだけ利益を有効に生み出しているかに関する諸指標を説明する。投下資本と利益との間の関係を分析することに主眼があるので，連結貸借対照表の項目と連結損益計算書の項目との間の相互関係比についてみていく。収益性分析は，会社が獲得する収益力を判定するものであり，財務諸表分析の根幹をなす領域である。

第1節　相互関係比と収益性分析について

収益性分析（profitability analysis）では，会社がどの程度利益を獲得する力をもっているかを測定し検討する。前章で考察した売上利益率も収益性分析の重要な指標であるが，これは損益計算書データのみを利用した関係比である。後に述べるように（本章第3節），売上利益率は収益性分析の一部を構成する指標として存在することがわかる。ここでは連結貸借対照表（以下，貸借対照表と略す）の項目と連結損益計算書（以下，損益計算書と略す）の項目と間の相互関係比による収益性分析について説明する。

収益性分析における相互関係比は，投下した資本からどれだけ利益をあげているかを示す。他社との対比において，利益水準あるいはその増減額だけで業績の良し悪しを判断することは容易でない。投下資本を分析指標に組み込むことは規模の影響をコントロールすることにも役立つ。

貸借対照表（B/S）データから抽出される投下資本を分母に，損益計算書（P/L）データから抽出される利益を分子とする比率，すなわち，投下資本利益率（return on invested capital；**ROIC**）は以下のように表される。

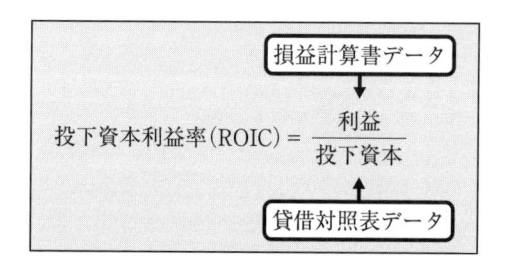

ここで問題となるのは，投下した資本として貸借対照表からどの項目を選択するのか，かつその投下資本の対象となる利益として損益計算書からどの項目を選択するのか，ということである。実務上，投下資本と利益の組み合わせは多様であるが，次節では適切と考えられる組み合わせを提示する。

第2節 投下資本利益率の算定

1. ROIC の算定

　資金提供者である債権者や株主は事業リスク等を勘案して会社に資金を投下する。貸借対照表の資金調達サイドから見ると，最初に考えられる投下資本は，債権者の資金提供額である有利子負債（第3章参照）と株主の資金提供額である自己資本（第2章と第3章参照）を合算したものである。

　事業活動のために投じた資金（投下資本）に対するアウトプットとして税引後営業利益（net operating profit after tax; NOPAT）が最も当てはまりがよい。受取利息・受取配当金，支払利息，および持分法による投資損益以外の営業外損益がなく，特別損失が発生していないとした場合の日本基準の営業利益はIFRSの営業利益とほぼ同じものになると考えられる。

$$\text{ROIC} = \frac{\text{営業利益} \times (1 - \text{実効税率})}{(\text{有利子負債} + \text{自己資本})\text{の期中平均}}$$

　実効税率は税引後利益を税引前利益で除したものを1から差し引くことによって求められる（Appendix4-3参照）。厳密には，有利子負債に対する支払利息のように税控除の対象となる項目があるので，そのような節税効果（tax shield）の額を差し引き，営業利益にのみ関連する税費用を計算したほうがよい。

　なお，利益は1会計期間（通例1年間）の経営成績を含んだフロー・データであるのに対して，貸借対照表項目は1時点の財政状態を表すストック・データである。リターンは期首に投下した資本に対する運用の成果を意味するので，投下資本には期首データを用いることが好ましい。だが，合併，連結子会社の増減，増資，自己株式の買い戻しなどが行われ，期中に投下資本が大幅に変動することもある。通例，アナリスト等は貸借対照表項目の期首と期末の2時点の単純平均値を利用している。本書でもこの期中平均による計算方法を用いる。

2. ROE の算定

本業によって得られる営業利益と金融収益を原資として，社債や借入金等の金融費用（支払利息や社債利息等）が債権者に支払われる。資金提供者である債権者は株主よりも優先されて自らの投資に対するリターン（利息）を獲得することができる立場にある。その後，金利控除後利益から税金（法人税等）が支払われ，残りの税控除後利益から非支配株主に帰属する当期純利益（IFRSでは非支配持分に帰属する当期利益）を除いたもの，つまり，親会社株主に帰属する当期純利益（IFRSでは親会社の所有者に帰属する当期利益）が株主の取り分となる。株主の立場でいえば，投下した自己資本に対するリターンは損益計算書のボトムラインにある親会社の利益となる。株主は会社の最終リスク負担者であり，販売活動で得た収益の分配は，仕入先，外注先，従業員，経営者，債権者，政府より後回しとなる。

自己資本のみを投下資本とする場合，自己資本と親会社株主に帰属する当期純利益あるいは親会社の所有者に帰属する当期利益（以下，当期純利益と略す）の組み合わせは**自己資本当期純利益率**（return on equity ; **ROE**）という関係比で表される。株主重視の経営が浸透するなかで，ROEは株主に対してどの程度利益を還元しているかを測る指標として定着している。ROEの利用頻度は本書でも非常に高い。計算式は下記の通りである。

$$
ROE(\%) = \frac{親会社株主に帰属する当期純利益（親会社の所有者に帰属する当期利益）}{自己資本（期中平均）} \times 100
$$

この計算方法によって，金融庁や東京証券取引所に提出される書類の数値は計算されている。だが，自己資本（Appendix2-1参照）に含まれるその他の包括利益累計額（その他の資本の構成要素）の増減額も考慮に入れるならば，上記の当期純利益ではなく包括利益を用いるほうが適切である。その場合，親会社の株式に投資するという観点から，連結包括利益計算書に表示される親会社株主に係る包括利益あるいは親会社の所有者に帰属する当期包括利益を利用するとよい。自己資本に対するこの利益の比率を「修正ROE」（**自己資本包括利**

益率）と呼ぶことにする[1]。

　期間損益と自己資本の増減とが等しくなる関係を実現させるためには，自己資本の中の**株主資本**だけに着目することもできる。株主資本と当期純利益の組み合わせた指標を「Basic ROE」と呼ぶことにする。純資産を計算式の分母に用いる場合は，非支配株主に係る（非支配持分に帰属する）包括利益を含む包括利益（当期包括利益）がその組み合わせとなる。

　本項では，国内軽自動車2強の1社であるスズキ（証券コード：7269）と料理レシピ専門サイトをもつクックパッド（2193，IFRS適用）のROEを算定してみよう。算定結果は図表5-1に示されている。パネルAのスズキのROEは2016年3月期の9.6％から上向き傾向にあり，2018年3月期に17.8％まで浮上している。有価証券報告書によると，アジア，日本，欧州，その他の各所在地で増収増益である。四輪事業は順調で，二輪事業も前期の赤字から損益が改善されている。

　修正ROEとBasic ROEも求めている。Basic ROEはROEの分子と同じ利益額であるので，両者の違いはさほど大きい訳ではない。修正ROEには分子に親会社株主に係る包括利益が用いられている。修正ROEがROEを上回っている年度もあるが，大きく下回っている年度もある。2016年3月期に修正ROEは△4.2％とマイナスに転落している。為替換算調整勘定がマイナスとなり自己資本は圧縮されているが，その他の包括利益がマイナス方向に振れ，親会社株主に係る包括利益がマイナスとなっている。修正ROEでは，その他の包括利益に関する振幅が利益に大きな影響を及ぼす可能性が高い。為替や株価の影響を受けやすい修正ROEは扱いづらい指標であるかもしれない。

　クックパッドは，「料理」の課題解決につながるインターネット・メディア事業に集中した事業展開を行っている。会員事業と広告事業が主な収益源である。図表5-1パネルBのクックパッドのROEは2015年12月期に21.2％と高い水準であるが，その後，2016年12月期に4.4％に急落し，2017年12月期に15.7％まで戻っている。2016年12月期に連結子会社であった「みんなのウェディング」を持分法適用会社にしたことに伴う再測定による損失が発生したことと法人所得税費用の増加が親会社の所有者に帰属する当期利益を大きく引き下げている。

2017年12月期には「みんなのウェディング」の連結除外があり売上収益は前期より34億円減収となっているが，のれんの減損損失が前期よりも27億円減少し，実効税率が低下したため親会社の所有者に帰属する当期利益は前期比で274％と増えている。クックパッドではROEと修正ROEの差は，マイナス0.5ポイントからプラス0.8ポイントの幅でさほど大きくなっていない。

図表5-2に，2017年における3種類のROEを業種別に示している。数値は業

図表 5-1　ROEの算定

パネルA：スズキ		2015年3月期	2016年3月期	2017年3月期	2018年3月期
a.	親会社株主に帰属する当期純利益		116,660	159,956	215,730
b.	親会社株主に係る包括利益		△51,260	177,276	202,870
c.	自己資本	1,482,090	957,698	1,119,865	1,297,536
	株主資本	1,364,757	1,004,668	1,149,548	1,340,047
	その他の包括利益累計額	117,333	△46,970	△29,683	△42,511
d.	自己資本（期中平均）		1,219,894	1,038,782	1,208,701
e.	株主資本（期中平均）		1,184,713	1,077,108	1,244,798
ROE（a/d）			9.6%	15.4%	17.8%
修正ROE（b/d）			△4.2%	17.1%	16.8%
Basic ROE（a/e）			9.8%	14.9%	17.3%
パネルB：クックパッド		2014年12月期	2015年12月期	2016年12月期	2017年12月期
a.	親会社の所有者に帰属する当期利益		4,090,647	933,310	3,491,476
b.	親会社所有者に帰属する包括利益		3,979,135	772,730	3,594,628
c.	自己資本（親会社の所有者に帰属する持分合計）	17,561,015	21,078,279	20,941,554	23,519,954
d.	IFRS版株主資本	17,312,362	20,932,025	20,996,288	23,497,886
	資本金	5,205,096	5,230,172	5,267,483	5,284,568
	資本剰余金	5,174,677	5,106,560	5,264,030	5,334,553
	利益剰余金	6,933,775	10,597,299	10,466,781	12,880,771
	自己株式	△1,186	△2,006	△2,006	△2,006
e.	IFRS版自己資本（期中平均）		19,319,647	21,009,917	22,230,754
f.	IFRS版株主資本（期中平均）		19,122,194	20,964,157	22,247,087
ROE（a/e）			21.2%	4.4%	15.7%
修正ROE（b/e）			20.6%	3.7%	16.2%
Basic ROE（a/f）			21.4%	4.5%	15.7%

注：スズキの単位は百万円，クックパッドの単位は千円である。連結データは各社の有価証券報告書から入手。期中平均（比率）については小数点以下第1(4)位を四捨五入。△はマイナスを示す。

種別の中央値である。サンプルは2017年に日本基準を適用する上場会社（金融・その他金融・保険・保険業は除く）で，算定に必要なデータが揃う決算月数が12カ月のものである。業種分類は日経中分類による。最終サンプルは2,355会社・年である。

　自動車業のROEは7.4％であり，スズキのROEは業種の中では上位に位置する。サービス業は業種の中でもROEが高いが，クックパッドのROEは2017年には中央値の上にある。年度間で為替レートや株価の影響が異なるが，2017年についていえば，全体的に，修正ROEはROEよりも高いことがわかる。いずれのタイプのROEが有力な収益力指標であるかは実証的課題として残る。

　一般的に，日本のROEは欧米と比べて低いといわれている。これはローリターンであることを示すが，その裏側にはローリスクであるという性質が隠れていることを認識しておく必要がある。2014年に経済産業省が発表したいわゆる「伊藤レポート」によってROEは少なくとも8％という目標がクローズアップされているが，後の章（第12章）で説明するように，ROEは株主資本コストを上回って企業価値を創造しているかどうかが重要となる[2]。

図表 5-2　業種別ROE

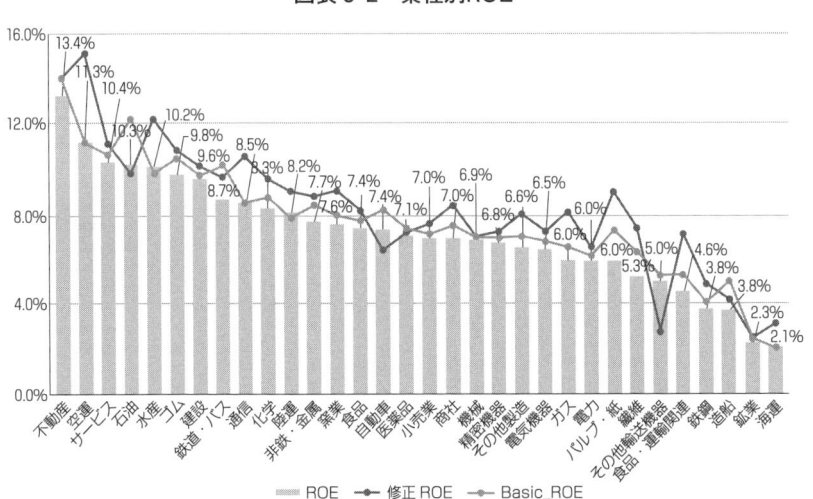

注：連結データは，Nikkei NEEDS-Financial QUEST から入手。数値はROEのもの。

3. ROA の算定

　経営者は，投下された資本を使用総資本としてどの種の資産にどれだけ投資するかを決定する。次に，投下した資本がどのように有効に運用されているかについて貸借対照表の左サイドに焦点を合わせよう。投下資本は，事業活動のための**営業資産**（**経営資本**ということもある）と余剰資金の運用による金融活動のための**金融資産**に振り分けられる。遊休資産や売却目的で保有する固定資産など未使用資産として扱われるものもあろう。これらの資産の運用結果の優劣が会社の業績の善し悪しを決める。

　事業活動に投下されている営業資産によって得られたリターンを求めるために必要な利益は，本業によって実現される営業利益であろう。また，金融活動を行うために投下された金融資産の運用によって生まれたものが金融収益である。営業利益に金融収益を加えた**業務利益**（EBIT；第4章第3節参照）が資産全体に対するリターンの計算のために利用される。業務利益は金利・税控除前利益のことであり，この段階ではまだ債権者への利子も政府への税金も支払われていない。税金の影響を無視できない場合，業務利益に（1－実効税率）を乗じ，税引き後に変更することもありえる。

　総資産に対応する業務利益の組み合わせは，**総資産業務利益率**（return on assets；**ROA**）といわれ，以下のように計算される。

$$\text{ROA}（\%）= \frac{\text{業務利益}}{\text{総資産（期中平均）}} \times 100$$

　ROAは，会社の総合的な収益性を測定する有力な指標である。ROEと並んで財務指標の代表格である。総資産は，貸借対照表上の資産合計を指す。業務利益は，日本基準の場合，損益計算書のデータを用いて次のように算定される。

$$
\begin{aligned}
\text{業務利益} &= \text{営業利益} + \text{金融収益} \\
&= \text{営業利益} + \text{受取利息・有価証券利息} + \text{受取配当金} \\
&\pm \text{持分法による投資損益}
\end{aligned}
$$

　業務利益の計算式に含まれる**持分法による投資損益**は，金融活動による成果という考えに基づき，関連会社株式への証券投資に対するリターンとして業務利益に含めている。業務利益は損益計算書には表示されないが，財務諸表分析を行う場合に重要な役割を果たすので，自ら計算することが推奨される。なお，日本基準の業務利益に類似するものをIFRS適用会社で算定する場合，次のように算定することにする。

> IFRS版業務利益＝事業利益＋金融収益
>
> 　　　　　＝売上収益－売上原価－販売費及び一般管理費
>
> 　　　　　＋受取利息・有価証券利息＋受取配当金
>
> 　　　　　±持分法による投資損益

　IFRS適用会社では，日本基準の営業利益に相当する利益指標として事業利益を公表するケースがある（Appendix 4-2参照）。資産額に関連して，特別損益や包括利益の累積分であるその他の包括利益を業務利益に加えることを検討するとよいが，計算の手間が増えてしまう。

　営業の用に供する資産には，貸借対照表日において現に営業の用に供している資産のほか，将来営業の用に供する目的をもって所有する資産，たとえば，遊休資産，未稼働設備等が含まれる（財務諸表等規則ガイドライン22）。

　遊休資産や未稼働設備がどの程度存在するかであるが，減損処理において，有価証券報告書の注記に遊休資産の減損額が掲記されている。建設仮勘定は有形固定資産の建設・製作のために，完成までに支出した金額を一時的に処理するための勘定である。建設仮勘定も営業の用に供するものととらえられるが，本勘定への振替の目途が立たない，つまり滞留している建設仮勘定については未使用資産と考える必要がある。なお，建設仮勘定は減損の対象となる。

　IFRSでは，非流動資産及び処分グループの帳簿価額が継続的使用ではなく主に売却取引により回収が見込まれる場合，その資産は売却目的資産に分類され表示される。売却目的資産は1年以内に売却される可能性が非常に高く，かつ現在の状態で即時に売却可能であるので，今後のROAの動きを把握するために，どのような影響が出る可能性があるかは調査しておく必要があろう。

ところで，金融活動に利用される金融資産がどの程度リターンを上げている
かも重要な情報であろう。金融資産を金融収益と対比させることによって金融
資産収益率の算定が可能となる。日本基準の場合，金融資産には，現金及び預
金[3]，売買目的有価証券，短期貸付金，投資その他の資産に含まれる長期貸付
金や投資有価証券等が含まれる。

　引き続きスズキとクックパッドを取り上げ，両社のROAを算定しよう。図
表5-3パネルAにおいて，スズキの業務利益は2016年3月期に213,701百万円で，
2017年3月期に285,838百万円，2018年3月期には395,944百万円まで増加して
いる。これは営業利益が着実に増加していることと深く関連している。金融収
益に関して，2017年3月期に持分法の適用会社で損失が出ているが，受取利息

図表 5-3　ROAの算定

パネルA：スズキ		2015年3月期	2016年3月期	2017年3月期	2018年3月期
a.	営業利益		195,308	266,685	374,182
b.	金融収益		18,393	19,153	21,762
	受取利息		13,774	13,186	32,559
	受取配当金		7,111	3,640	3,073
	持分法による投資損益		△2,492	2,327	△13,870
c.	業務利益（a＋b）		213,701	285,838	395,944
	総資産	3,252,800	2,702,008	3,115,985	3,340,828
d.	期中平均総資産		2,977,404	2,908,997	3,228,407
	ROA（c/d）		7.2%	9.8%	12.3%
パネルB：クックパッド		2014年12月期	2015年12月期	2016年12月期	2017年12月期
	売上収益		14,716,373	16,845,658	13,408,060
	－）売上原価		1,410,516	837,543	324,934
	－）販売費及び一般管理費		7,110,736	7,485,674	6,950,941
a.	事業利益		6,195,121	8,522,441	6,132,185
b.	金融収益		2,518	8,202	12,608
	受取利息		8,180	9,735	12,608
	受取配当金		0	0	0
	持分法による投資損益		△5,662	△1,533	0
c.	業務利益（a＋b）		6,197,639	8,530,643	6,144,793
	総資産	20,285,077	27,494,429	24,419,261	24,898,261
d.	期中平均総資産		23,889,753	25,956,845	24,658,761
	ROA（c/d）		25.9%	32.9%	24.9%

注：スズキの単位は百万円，クックパッドの単位は千円である。連結データは両社の有価証券報告書
　から入手。期中平均（比率）については小数点以下第1(4)位を四捨五入。△はマイナスを示す。

が前期より倍増している。結果的に，ROAは2016年3月期の7.2％から2018年3月期には5ポイント以上増えて12.3％となっている。

　図表には示していないが，スズキでは，現金及び預金，流動資産の有価証券，投資有価証券，長期貸付金の合計額が2018年3月期に12,913億円あり，総資産の約45％を占める。金融資産に対する金融収益の割合も低く，ROAの伸びを止めるような重荷となっている可能性がある。事業活動が順調に推移している場合，金融資産から営業資産へ投下資本を集中させたほうがよい場合があると考えられる。

　図表5-3パネルBにおいて，クックパッドの業務利益も事業利益に連動して増減している。2016年12月期の業務利益は85億円であるが，2017年12月期に61億円に低落している。総資産に大きな変動がないためROAは業務利益の高低に連動して動いている。2016年12月期のROAは32.9％で，2017年12月期に24.9％と落ち込んでいるが，なお高い水準を維持している。ただし，スズキと同様に，クックパッドの現金及び現金同等物は2017年12月期に総資産の79％を占めている。膨大なキャッシュを生み出すビジネスであるとはいえ，今後の事業展開でどう有料会員数や広告主を広げていくかが課題であろう。

　上場会社（金融・その他金融・保険・証券業を除く）のROAに関して，製造業と非製造業の動向を見てみよう。図表5-4に示す通り，製造業のROAの動きには激しい波がある。2007年の6.3％をピークに，2009年には前年の5.8％から2.8％まで急落している。世界的金融危機に伴う不況の影響が出ている。その後，2年かけて業績が戻り，グラフの形状から**V字回復**をしているようにみえる。

　ところが，東日本大震災後の2012年にROAは再び低調となっている。2014年から徐々にROAが高まっていて，2017年のROAは5.7％に達している。スズキは2017年に9.8％のROAを上げており，製造業全体でみれば中央値を超えていることが確認できる。非製造業のROAは2007年の5.1％から2009年まで年々下落し3.6％になっている。その後はゆるやかな回復傾向があり，2016年に5.8％，2017年に5.7％と上昇している。クックパッドはIFRS適用であるが，2015年から2017年のROAは非製造業の中で上位にあるといえる。

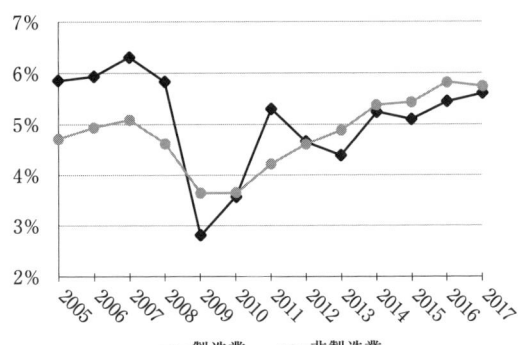

図表 5-4　業種別ROAの動向

注：業種別ROAは Nikkei NEEDS-Financial QUEST から
データを入手し計算。サンプルは2005年から2017年の
間に日本基準を適用する上場会社（金融・その他金融・
保険・証券業を除く）であり，算定のために必要な連
結データが揃う決算月数が12カ月あるものである。最
終サンプルは29,003会社・年である。業種分類は日経
中分類による。

4.　セグメント資産営業利益率の算定

　第4章では，売上に対する営業利益の比率をセグメント別に計算した。報告
セグメントにはセグメント資産が開示されているので，セグメント資産ごとの
営業利益の割合を計算することができる。クックパッドではレストラン事業の
みで，セグメント情報は開示されていない。そこで，スズキについて**セグメン
ト資産営業利益率**を算定してみよう。

　セグメント利益をセグメント資産の期中平均で除したものが図表5-5にある。
四輪事業に多くの資産が投下されていて，2018年3月期のセグメント資産営業
利益率は15.3％と高い。二輪事業は前期に赤字であったが2.2％とプラスに転
じている。マリン事業他に振り向けられる資産は少ないが，セグメント資産営
業利益率は31.1％と事業の中で最も高い。今後，収益の柱に育つかどうかが期
待される。

図表 5-5　セグメント資産営業利益率の算定

（単位：百万円）

	セグメント資産			セグメント利益	セグメント資産営業利益率	主要製品及びサービス
	2017年3月期	2018年3月期	期中平均	2018年3月期		
四輪事業	2,205,138	2,446,239	2,325,689	355,027	15.3%	軽自動車，小型自動車，普通自動車
二輪事業	204,159	222,057	213,108	4,606	2.2%	二輪車，バギー
マリン事業他	46,375	47,105	46,740	14,548	31.1%	船外機，電動車いす，住宅
小　計	2,455,673	2,715,402	2,585,538	374,182	14.5%	
調整額	660,311	625,425	642,868			
合　計	3,115,985	3,340,828	3,228,407	374,182	11.6%	

注：連結データはスズキの2018年3月期有価証券報告書（pp.99-100）より入手。期中平均の計算において端数処理を行っている。

 **2分解分析と増減要因分析**

1.　ROA と ROE の分解

　ROA と ROE は，投下した資本あるいは資産でどれだけ効率的に利益をあげているかをみる指標であるが，単独のパフォーマンス指標だけで年度間の増減の要因を推測することは難しい。ROA と ROE の良否を判別するためには，競合他社比較や経年比較を行うことが典型的であるが，より簡単にかつ詳細な分析を行うために指標を分解する方法がある。

　財務諸表分析でよく行われる**ROA の 2 分解**を試みる。分母と分子の両方に売上高を乗じると，ROA の計算式は次のように分解される。

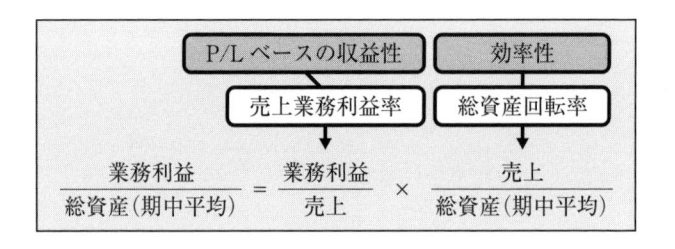

　この計算式から判断されるように，ROAは売上業務利益率と総資産回転率（total asset turnover）を掛け合わせたものに分解される。前者は売上に対する利幅を示す比率であり，高い数値を示すほど収益力が上がっていることになる。後者は，総資産を用いてどれだけ売上を上げたかを示す指標であり，一定期間の売上が総資産の利用によって何回転したかがわかる。総資産回転率の値が高いほど総資産の利用効率がよいことを意味する（第6章参照）。なお，総資産回転率の表示単位は「率」ではなく「回」である。

　上式の分解式を利用しながら当期と前期の差の要因分析を行うことができる（Fairfield and Yohn, 2001）。Δ ROA（ROAの変化）を例にして考えてみよう。変化をギリシャ文字のΔで表すので，以下のΔは当期と前期との差である。tは会計年度を示す。

$$\Delta \mathrm{ROA}_t = \mathrm{ROA}_t - \mathrm{ROA}_{t-1} \qquad (5.1)$$

　(5.1) 式は，t期（当期）のROAと$t-1$期（前期）のROAの差がΔ ROA$_t$であることを表示する。t期のROAと$t-1$期のROAを各期ごとに売上業務利益率（PM）と総資産回転率（TO）の積に分解すると，次ページのような差となる。

　最終的に，(5.2) 式のようにΔ ROA$_t$の増減要因は3つの部分に分解される。(5.2) 式の仕組みを理解しやすいように図表5-6を作成した。縦軸はPM，横軸はTOを示す。ROAの増減は，（A）部分の利益率要因，（B）部分の回転率要因，（C）部分の利益率と回転率の相乗効果要因から構成される。同様の分析はΔ ROEでもΔ ROICでも算定可能である。

$$\Delta \text{ROA}_t = \text{PM}_t \times \text{TO}_t - \text{PM}_{t-1} \times \text{TO}_{t-1}$$

さらに展開していくと以下のようになる。

$$\Delta \text{ROA}_t = (\text{PM}_{t-1} + \Delta \text{PM}_t) \times (\text{TO}_{t-1} + \Delta \text{TO}_t) - \text{PM}_{t-1} \times \text{TO}_{t-1}$$

$$= \text{PM}_{t-1} \times \text{TO}_{t-1} + \text{PM}_{t-1} \times \Delta \text{TO}_t + \Delta \text{PM}_t \times \text{TO}_{t-1} + \Delta \text{PM}_t \times \Delta \text{TO}_t - \text{PM}_{t-1} \times \text{TO}_{t-1}$$

$$= \underset{(A)}{\Delta \text{PM}_t \times \text{TO}_{t-1}} + \underset{(B)}{\Delta \text{TO}_t \times \text{PM}_{t-1}} + \underset{(C)}{\Delta \text{PM}_t \times \Delta \text{TO}_t} \qquad (5.2)$$

図表 5-6　ROAの分解

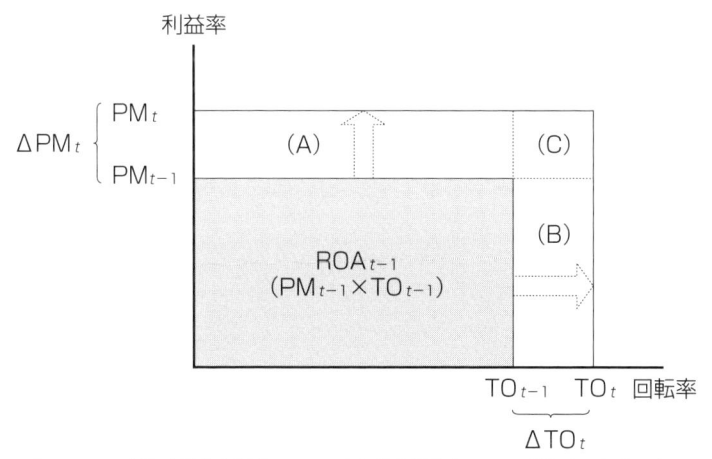

注：ROAは総資産業務利益率，PMは売上業務利益率，TOは総資産回転率である。
　　Δは変化を表す。

　図表5-7に，スズキとクックパッドに関してROAとROEの2期分の2分解の分析結果を示している。スズキについてはΔROAの増減要因の分析も行っている。スズキの分析結果を中心にみていこう。

　図表5-7パネルAによると，2018年3月期のスズキのROAは前期より2.44ポイント上昇している。増減要因分析によると，利益率要因（図表5-6の(A)）が1.66ポイント増 [(10.54％ − 9.02％) × 1.09回] であり，回転率要因（図表5-6の(B)）は0.67ポイント増 [(1.16回 − 1.09回) × 9.02％] である。相乗効果

図表 5-7　ROAとROEの分解の分解結果

パネルA：ROAの分解

スズキ		2017年3月期	2018年3月期		
	業務利益	285,838	395,944		
	総資産（期中平均）	2,908,997	3,228,407		
	売上	3,169,542	3,757,219		
		ROA　=	売上業務利益率	×	総資産回転率
	2017年3月期	9.8%	=　9.02%	×	1.09回
	2018年3月期	12.3%	=　10.54%	×	1.16回
	Δ ROA 2.44%		利益率要因		1.66%
			回転率要因		0.67%
			相乗効果要因		0.11%
			計		2.44%

クックパッド		2016年12月期	2017年12月期		
	業務利益	8,530,643	6,144,793		
	総資産（期中平均）	25,956,845	24,658,761		
	売上	16,845,658	13,408,060		
		ROA　=	売上業務利益率	×	総資産回転率
	2016年12月期	32.87%	=　50.64%	×	0.65回
	2017年12月期	24.92%	=　45.83%	×	0.54回

パネルB：ROEの分解

スズキ		2017年3月期	2018年3月期		
	親会社株主に帰属する当期純利益	159,956	215,730		
	自己資本（期中平均）	1,038,782	1,208,701		
	売上	3,169,542	3,757,219		
		ROE　=	売上純利益率	×	自己資本回転率
	2017年3月期	15.40%	=　5.05%	×	3.05回
	2018年3月期	17.85%	=　5.74%	×	3.11回
	Δ ROE 2.45%		利益率要因		2.12%
			回転率要因		0.29%
			相乗効果要因		0.04%
			計		2.45%

クックパッド		2016年12月期	2017年12月期		
	親会社の所有者に帰属する当期利益	933,310	3,491,476		
	自己資本（期中平均）	21,009,917	22,230,754		
	売上	16,845,658	13,408,060		
		ROE　=	売上当期利益率	×	自己資本回転率
	2016年12月期	4.44%	=　5.54%	×	0.802回
	2017年12月期	15.70%	=　26.04%	×	0.603回

注：スズキの単位は百万円，クックパッドの単位は千円である。連結データは両社の有価証券報告書から入手。期中平均（比率）については，小数点以下第1(5)位を四捨五入。Δは変化を表す。

要因（図表5-6の（C））はプラスの要因同士の掛け算 ［(10.54% − 9.02%)×(1.16回 − 1.09回)］ であり，0.11ポイントのプラスとなっている。これらの合計がROAの増加分となっている。スズキのROAの上昇は利益率要因がプラスに大きく影響を及ぼしている。

クックパッドでは，現金及び現金同等物の積み増しに対して総資産回転率が上がらず，2017年12月期に0.54回と落ち込んでいる。回転率要因（計算上△5.33%）がROAの減少の主要因となっている。

ROEの2分解は，売上親会社株主に帰属する当期純利益率（図表5-7では売上純利益率）に自己資本回転率を乗じたものである。図表5-7パネルBにあるように，2018年3月期のスズキのROEは前期よりも2.45ポイント改善している。自己資本回転率がプラスに上昇し，売上純利益率も前期水準を越えている。増減要因分析によっても，回転率要因が0.29ポイントのアップでROE向上に貢献している。利益率要因も2.12ポイントのアップで，2要因のプラスの貢献度が顕著であることがわかる。

クックパッドではROEが11.26ポイント上がっているが，売上親会社の所有者に帰属する当期利益率（図表5-7では売上当期利益率）の大幅増が際立っている。

2. 業種別のROAの2分解

図表5-8は，業種別にROAの2分解をグラフ化したものである。総資産回転率を縦軸に，売上業務利益率を横軸としている[4]。最終的なサンプルは2,305社である。日経中分類による各業種の中央値がプロットされている。

ROAが5％となるラインを図表5-8に示している。この目安となるラインのどこに位置してもROAが5％となる。たとえば，総資産回転率が1回（あるいは0.5回や2回）であれば，売上事業利益率は5％（あるいは10％や2.5％）となっている。ROAが5％より向上するほど，ラインは右上の方向へ上がっていく。ROAを一定とすれば，総資産回転率が高い会社では売上業務利益率が低くなり，総資産回転率が低い会社では売上業務利益率が高くなる。

図表5-8では，業種ごとにROAは幅広く分布しており，ROAの分解要因に

特徴のあることが確認できる。ゴム業や医薬品業は回転率がさほど高いわけではないが，利益率が他業種より相対的に高い。これらはいずれも5％ラインの上方に位置している。逆に小売業や商社は回転率が他業種よりも高くなっているが，利益率は低くなっている。小売業は5％ラインの右側にあり，商社は5％ラインの左側に位置する。その他，自動車業や建設業は5％ラインの右側にある。造船業は図表の最も左側に位置し。回転率も利益率も低い。

　なお，Soliman（2008）は，将来の Δ RNOA（正味営業資産利益率；Appendix 5-1参照）を予測するモデルにおいて，さまざまな変数をコントロールしたあとで，利益率のレベルではなく回転率のレベルのほうが予測の際に影響力が大きいという実証的証拠を提示している。同様に，回転率の変化も統計的に有意にプラスであった。将来の Δ RNOA を予測する場合，当期の回転率が上がっているか，あるいは下がっているかは貴重な情報である。

図表 5-8　利益率と回転率の関係

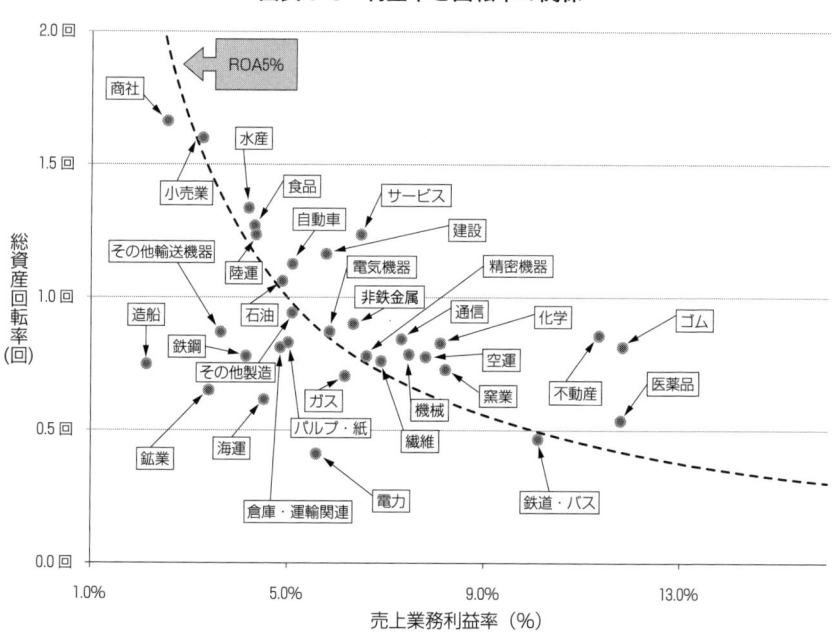

注：連結データは，Nikkei NEEDS-Financial QUEST から入手。2017年の業種別の利益率と回転率の中央値を算出。

3. ROEの３分解

　ROEについて，売上と総資産を介在させることによって，2分解から3分解に展開することが可能である。**ROEの3分解**はデュポン・システム（Dupont System）と呼ばれている。日本基準の場合，次式のように表されるが，親会社株主に帰属する当期純利益は単に当期純利益と表記している。

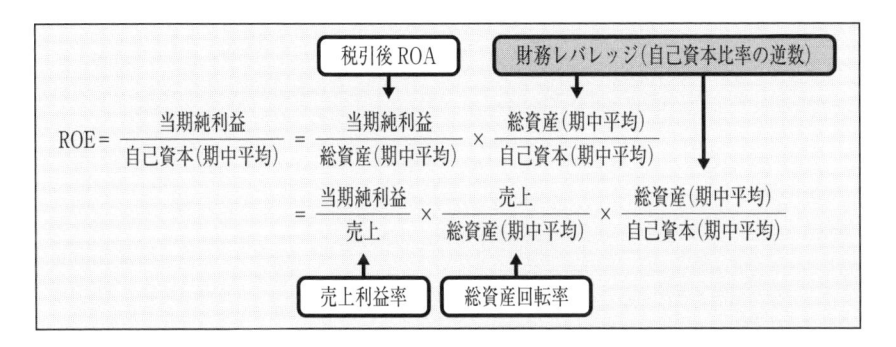

　上式から，ROEは売上当期（純）利益率，総資産回転率，および**財務レバレッジ**（financial leverage）の相乗効果を包含する。財務レバレッジは2分解と3分解の式の第2項と第3項の部分で自己資本比率（第3章参照）の逆数となっている。さらに言えば，（負債＋自己資本）／自己資本であるので，1＋負債／自己資本と置き換えることができる。これは，負債資本倍率が高まるほど，ROEが押し上げられることを示唆する。ROEが低迷している場合，負債の有効利用が期待される局面もあろう。

第４節　ROAとROEの関係

　ROEを分解することによって，ROEの押し上げに財務レバレッジが重要な役割を果たしていることがわかった。財務レバレッジの役割は，ROAとROEの間の関係にも如実に表れる。つまり，財務レバレッジの影響によって，ROEがROAよりもなぜ大きくなるかが鮮明となる。

税引後の純利益（以下，NI）は，税引前の純利益（以下，EBT）に1から税率（τ）を引いたものを乗じたものに等しいとする。NIを自己資本（以下，EQ）で除したROEは次のように展開される。

$$\text{ROE} = \frac{\text{NI}}{\text{EQ}} = \frac{\text{EBT} \times (1 - \tau)}{\text{EQ}}$$

　金融損益以外の営業外損益項目や特別損益項目がないとすれば，税引前利益は業務利益（営業利益＋金融収益；以下，EBIT）から負債利子，つまり支払利息（以下，I）を差し引いて算定されるので，以下のようになる。

$$\text{ROE} = \frac{\text{EBIT} - \text{I}}{\text{EQ}} \times (1 - \tau)$$

　また，ROAは業務利益÷総資産（以下，A）であるので，次のような式となる。

$$\text{ROE} = \frac{\text{ROA} \times \text{A} - \text{I}}{\text{EQ}} \times (1 - \tau)$$

　加えて，総資産は負債（以下，LEV）と自己資本を足して計算され，負債利子は負債に**負債利子率**（以下，r）を乗じて計算されるとすると，ROEの式はさらに下記のように展開される。

$$
\begin{aligned}
&= \frac{\text{ROA} \times (\text{LEV} + \text{EQ}) - \text{LEV} \times r}{\text{EQ}} \times (1 - \tau) \\[2mm]
&= \frac{\text{ROA} \times \text{EQ} + \text{LEV} \times (\text{ROA} - r)}{\text{EQ}} \times (1 - \tau) \\[2mm]
&= \left\{ \text{ROA} + (\text{ROA} - r) \times \frac{\text{LEV}}{\text{EQ}} \right\} \times (1 - \tau) \tag{5.3}
\end{aligned}
$$

スプレッド　　　負債資本倍率

財務レバレッジ効果

　最終式より，自己資本100％で資金調達すれば，LEV＝0であるので，ROE

＝税引後ROA（＝ROA×(1－τ)）と等しくなる。しかし，負債を利用することはごく一般的であり，ROEがROAよりも高くなるか低くなるかは，(ROA－負債利子率)×負債資本倍率の部分に依存することになる。この部分に注目すると，ROAと負債利子率の広がり（spread）がプラスである限り，ROEはROAよりも好転し高くなる。

　負債資本倍率（負債／自己資本）もROAとROEの関係に影響を与える。負債資本倍率が高くなるほど，(ROA－負債利子率)を起点としてROEの変動幅は大きくなる。前節で示したように，負債の活用によってROEは向上するのである。この作用は**財務レバレッジ効果**と呼ばれている。ただし，負債依存度の高い会社が財務レバレッジ効果を発揮させるためには，つねにROAを高く維持させておかなければならない。スプレッドがマイナスとなれば，ROEはマイナスに増幅して大きくなってしまうからである。

　自己資本100％の場合，その会社は財務レバレッジ効果を効かせてROEを上昇させることはできない。負債の有効活用はROEを上昇させる要因とはなるが，負債資本倍率を引き上げることになり，デフォルトリスクや倒産リスクを高めてしまう。安全性の低い会社ほど収益性が高くなるというパラドックスが存在するかもしれず，負債への依存度が高すぎる会社の収益性分析には安全性の側面にも注意を払うことが求められる。

　最後にまとめると，ROEの水準を理解するためには，(5.3)式のように①ROA，②スプレッド，および③財務レバレッジの3要因を深く分析することが必要である。ROAについては，2分解の分析によって利益率と回転率の関係を探るとよい。利益率に関しては各段階の利益率や売上に対する費用率（第4章参照）に大きな変動がないかを確認するとよい。スプレッドに関しては，有利子負債利率（第3章参照）が高まっていないかどうかを調べてみよう。

【Appendix 5-1】 RNOA (return on net operating assets; 正味営業資産税引後営業利益率)

　海外の財務諸表分析の教科書では貸借対照表を組み替えて分析を行うことがある。資産側は営業資産（OA）と金融資産（FA）とに分けられ，負債・資

本側は営業負債（OL），金融負債（FO），および株主資本（CSE）に分けられる。この場合，営業資産から営業負債を差し引いた正味営業資産（NOA = OA − OL）を税引後営業利益で除した指標が**RNOA**と呼ばれる。RNOAはレバレッジの水準に依存しない事業の収益性を示す。

　なお，金融負債から金融資産を差し引いたものが正味金融負債（NFO = FO − FA）となるので，株主資本は正味営業資産から正味金融負債を差し引いたものと等しくなる。

[Appendix 5-2] ROE の予測

　ROEの予測能力は利益の構成要素を分解することによって改善される。Fairfield, Sweeney and Yohn（1996）は，純利益を営業利益，非営業利益，法人税等，特別項目，異常損益，事業中止による損益に分解していくことが，分解しないROEよりも次期ROEに対する予測能力を有意に高めることを明らかにする。

　日本の上場会社に適用した場合も，利益の構成要素を細分化させていくほど，自由度調整済決定係数は増加していくことが示されている（ハーマン・井上・トーマス，2009，第2章）。つまり，利益の構成要素が次期のROEを説明する能力を改善していく。利益の構成要素をどこまで細分化するかという課題は残るが，財務諸表利用者にとっては，利益の構成要素を分類した財務報告の形式が有用であるといえる。

《練習問題》

1.　次の条件のもとで，ROEはいくらになるかを計算しなさい。

売上当期純利益率　8%

総資産回転率　　　2回

自己資本比率　　　64%

2.　ROA 8%，ROE 7%，負債資本倍率 1.5倍，税率 50%という条件の下で，負債利子率はいくらになるかを求めなさい。

3. 　本章で取り上げたスズキについて，同業種で売上規模の近いマツダ（7261）の ROE を分解することによって，収益性の異同点を述べなさい。クックパッドについては，IFRS 適用ではないが，総合ポータル運営のオールアバウト（2454）と収益性の比較分析を行いなさい。

4. 　東映アニメーション（4816）と創通（3711）について収益性分析を行い，両社の業績の動向とその経営の特徴を述べなさい。

5. 　C&I ホールディングスは，2015年6月26日に，電子部品商社の黒田電気（2018年に上場廃止）に対して臨時株主総会の招集請求を行った。株主還元強化と業界再編が主な狙いであるが，次の連結財務諸表データ（2016年3月期）から黒田電気の収益性分析を行い，どのような特徴があるかを調べなさい。なお，収益性指標の分母には期末データを用いなさい。△はマイナスを示す。

〈資料〉
連結貸借対照表　　　　　　　　　　　　　　　　　　　　　　　（単位：百万円）

資産の部	金額	構成比	負債の部	金額	構成比
流動資産	90,381	78.7%	流動負債	35,231	30.7%
現金預金	19,053	16.6%	（うち支払手形・買掛金）	28,257	24.6%
受取手形及び売掛金	53,155	46.3%	（うち短期借入金・リース債務）	837	0.7%
有価証券	0	0.0%	固定負債	2,809	2.4%
棚卸資産	15,379	13.4%	（うちリース債務）	492	0.4%
その他	2,792	2.4%	負債合計	38,040	33.1%
			資本金	10,045	8.7%
固定資産	24,433	21.3%	資本剰余金	10,074	8.8%
有形固定資産	15,497	13.5%	利益剰余金	52,204	45.5%
（うち建設仮勘定）	530	0.5%	その他	1,679	1.5%
無形固定資産	3,244	2.8%	非支配株主持分	2,772	2.4%
投資その他の資産	5,691	5.0%	純資産合計	76,774	66.9%
総資産	114,814	100%	総資産	114,814	100.0%

連結損益計算書　　　　　　　　（単位：百万円）

	金額	構成比
売上高	285,605	100.0%
営業費用	277,497	97.2%
営業利益	8,108	2.8%
営業外収益	404	0.1%
受取利息	136	0.0%
受取配当金	71	0.0%
その他	197	0.1%
営業外費用	793	0.3%
経常利益	7,719	2.7%
特別損益	△1,074	△0.4%
税金等調整前当期純利益	6,645	2.3%
法人税等合計	2,531	0.9%
当期純利益	4,113	1.4%
非支配株主に帰属する当期純利益	242	0.1%
親会社に帰属する当期純利益	3,871	1.4%

6.　　下記の要約貸借対照表と要約損益計算書から，A社からE社のROEを計算し，財務レバレッジ効果を分析しなさい。要約損益計算書については，負債利子率4％を条件にして空欄を埋めなさい。税の影響を無視するので，税率は0％とする。

〈資料〉

要約貸借対照表　　　　　　　　（単位：百万円）

	A	B	C	D	E
総資産	100	100	100	100	100
自己資本	100	75	50	25	10
負　債	0	25	50	75	90

要約損益計算書

	A	B	C	D	E
売上	100	100	100	100	100
利払前費用	80	80	80	80	80
利払前利益	20	20	20	20	20
支払利息	（　　）	（　　）	（　　）	（　　）	（　　）
利払後利益	（　　）	（　　）	（　　）	（　　）	（　　）
法人税等	（　　）	（　　）	（　　）	（　　）	（　　）
税引後利益	（　　）	（　　）	（　　）	（　　）	（　　）

7.　日本経済新聞のウェブサイトに表示されるROEランキングの上位5社に関して，ROEの高さの要因を探りなさい《http://www.nikkei.com/markets/ranking/keiei/roe.aspx》。

[注] ●━━━━━━━━━━━━━━━━━━━━━━━━━━━━━━━━━

1 ）なお，優先株式がある場合，普通株主に対するリターンを求めるために，分子から優先配当を差し引き，分母から優先株式を差し引く必要がある。この指標はROCE（return on common stockholders' equity）と呼ばれる。

2 ）ROE は投資者が利用する指標としても役立つが，野村グループの資産運用会社である野村アセットマネジメントのように，株主総会の議決権行使基準にROE を利用することがある。たとえば，直近 3 期連続して ROE が 5 ％未満かつ業界の中央値未満で，経営改善努力が認められない場合は，直近 3 期以上在任した代表取締役（指名委員会等設置会社の場合は，代表執行役）の取締役再任に原則として反対することを取り決めている。また，株主価値を大きく毀損する行為が認められた場合，または 3 期連続して ROE が 5 ％未満の場合は，納得のいく説明が得られない限り，役員報酬額の増額に原則として反対することを示している。

3 ）現預金を営業資産と金融資産のどちらに振り分けるかは悩ましい問題である。現金保有に関して，Lee and Powell（2011）は，現金保有が一時的に超過する会社は現金保有が慢性的に超過する会社よりも有意に高い株式リターンを獲得することを明らかにする。

4 ）サンプルは 2017 年に日本基準を適用する上場会社（金融・その他金融・保険・保険業は除く），算定に必要なデータが揃う決算月が 12 カ月のものである。業種分類は日経中分類による。

第6章

効率性分析

要　　旨

　前章の ROA の 2 分解で導き出されたように，資本活用の効率性，つまり，回転率の指標は会社の業績の良否を決定する重要な要因となっていることがわかった。本章では，投下された資産と売上との間の関係を分析することに焦点を合わせ，事業活動上の効率性について理解できるようにする。また，運転資本の効率性を測定する回転期間についても説明する。

前章のROAの2分解で導き出したように，売上業務利益率と並んで，**総資産回転率**がROAの高低を決定づける要因の1つとなっている。総資産回転率は**効率性分析**を行うための財務指標で，総資産全体がどの程度売上につながるかの活用度を示す。回転率（単位は「回」で表す）が高いほど，投下した資産が効率的に活用され売上につながっているといえる。セグメント別の資産が判明すれば，セグメント別売上との比でセグメント別回転率が計算できる。

参考値として，2017年の総資産回転率を棒グラフで示し，前年の2016年の回転率を線グラフにしたものを図表6-1に表示している。2017年の各業種の中央値が表示されていて，回転率の高い業種順に並んでいる。2年間で業種のランキングが大幅に入れ替わることはない。僅差であるが，2017年の回転率が32業種中26業種で2016年より低下している。

図表 6-1　業種別総資産回転率

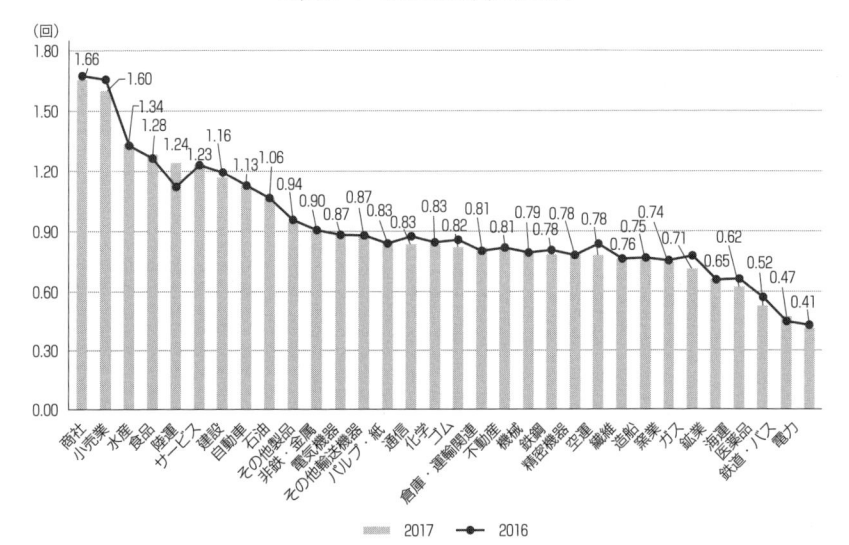

注：連結データは，Nikkei NEEDS Financial-QUESTから入手。サンプルは2016年と2017年に日本基準を適用する上場会社（金融・その他金融・保険・保険業は除く）であり，算定に必要な連結データが揃う決算月数が12カ月のものである。数値は2017年の回転率。

　図表6-1において，商社と小売業の回転率は2017年にそれぞれ1.66回と1.60回で他業種よりも高い。商社と小売業の回転率は時系列的に高いところに位置しているが，薄利多売を回転率でカバーしている可能性がある。鉄鋼，精密機械，空輸業の回転率は0.78回で，固定資産が重しとなっていることがわかる。

　製造業では食品業の回転率が1回を超え，比較的安定した動きをしている。自動車業の回転率は1.13回となっている。一般的に，大規模な設備投資が必要となるために固定資産の規模が大きい鉄道・バス業や電力業では回転率は低くなる。図表6-1からは，回転率の高低には業種ごとの特色があることが理解できよう。回転率の分析を行う場合，同業他社との比較でその優劣を評価することが有益である。

◆第2節◆ 総資産回転率の細分化

　総資産回転率の分母は総資産である。これを売上債権，棚卸資産，有形固定資産などに細分化していけば，下記のように総資産回転率の内容をより詳しく分析することができる。

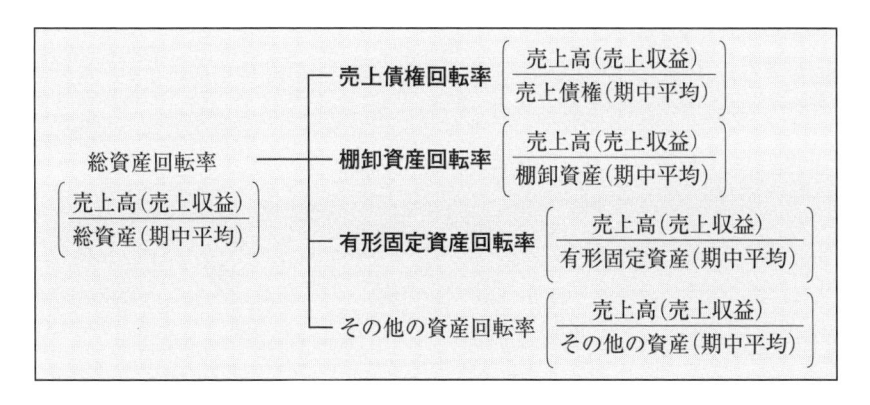

　まず売上債権回転率（receivable turnover ratio）であるが，これは売上が売上債権残高の何倍であったかを示す。回転率が高いほど，現金販売の割合が高いか，あるいは債権回収までの期間が短いと推察される。資金回収が効率的に

行われているかどうかを調べることができるので，経営の安全性の指標としても代替利用できる。なお，会計年度の末日が金融機関の休日である場合に，期末日満期の債権（・債務）が膨れあがることがある。期末日満期手形について，手形交換日をもって決済処理するか，あるいは手形記載日をもってみなし決済処理するかは財務諸表の注記事項で確認することができる。

棚卸資産回転率（inventory turnover ratio）は，商品・製品などの在庫の回転効率を見る指標である。回転率が高ければ高いほど在庫が効率的にさばかれていることを示す。ただ，円滑に販売していくためには，適正な在庫を保有していることも大切である。経営者の立場からすると，売れ筋商品や販売戦略に沿った在庫の確保が経営上の重要な判断となる。環境変化の先読みをミスすると，不良在庫を抱えたり，あるいは逆に，在庫切れで販売機会を逃したりするおそれがでてくる。

在庫の過多・陳腐化は棚卸資産回転率の悪化を引き起こす上に，評価減リスクを高める。在庫が増えればその分が支払超過となり，資金繰りが圧迫される。また，金利や保管費・人件費などのコスト増は利益率の減少を招く。財務諸表分析において，在庫の滞留期間や不良在庫の存在は棚卸資産回転率でチェックするとよい。加えて言うと，総資産回転率の細分化という観点から棚卸資産回転率の分子に売上を用いているが，単独の指標として使用する場合，会計年度期間中販売された在庫の金額，つまり売上原価を分子に用いたほうが対応関係は適切である。

有形固定資産回転率（PPE turnover ratio）は，有形固定資産に投資された金額が売上にどの程度効率的に結びついているかを表す指標である。有形固定資産は土地，建物，機械装置，備品などから構成され，これらが効率的に稼働していれば，それだけ製品・商品の販売量が増えていくはずである。回転率の増加と同時に，代金回収も順調に行われていれば資金の循環が好転することになる。ただし，有望分野への市場参加や有望な生産拠点への多額の設備投資を行った場合，有形固定資産回転率は一時的に悪化することがある。過去からの投資プロジェクトが時系列的に好ましいトレンドに向いているか否かを吟味する必要がある。

　また，有形固定資産は投資の回収が長期に及ぶために，会社はしばしば不良資産を抱え込みがちとなる。遊休資産や非効率な資産を切りつめないと有形固定資産回転率は上向かない。不採算事業からの早期撤退や縮小は，株主利益に貢献するものとして株式市場からポジティブな評価を得ることがある。経営者にとっては抜本的な経営戦略が求められる状況がある。

　なお，総資産回転率の逆数を計算する場合，次のように売上を分母とした形式に変換できる。これは次節で説明する各種回転期間の総計となる。

$$\frac{1}{\text{総資産回転率}} = \frac{\text{手元流動性}}{\text{売上}} + \frac{\text{売上債権}}{\text{売上}} + \frac{\text{棚卸資産}}{\text{売上}} + \frac{\text{有形固定資産}}{\text{売上}} + \frac{\text{その他の資産}}{\text{売上}}$$

　左辺の表示単位は回転年数である。それゆえに，回転年数に12カ月を乗じれば回転月数となり，回転年数に365日を乗じれば回転日数となる。上記の手元流動性（現金及び預金（現金同等物）と有価証券）は非常に短期の支払いに利用可能な資産として分類される。手元流動性を売上高で除した指標は，特に，**手元流動性比率**（short-term liquidity ratio）という名で知られている。手元流動性比率の高さは財務的な安全性の高さを示すが，浮き沈みが激しい業種においては，将来の経営危機に備えて手元流動性を厚くする傾向がみられる。

　ROEやROICを売上利益率と回転率に分解する場合，回転率の分母は総資本ではなく自己資本とか自己資本と有利子負債を合計したものである。それぞれは，自己資本回転率と投下資本回転率という財務指標となる。

第3節　回転期間の分析

1. 回転期間の算定

　資金的な効率性を測定するために，販売から代金回収までの回収期間，在庫の手許保有期間，仕入から代金支払いまでの返済期間を計算することがある。

運転資本項目に注目することによって，次のような**売上債権回転期間**（average days to collect receivables），**棚卸資産回転期間**（average days to sell inventory），および**仕入債務回転期間**（average days to pay payables）という財務指標を利用することができる。

$$
売上債権回転期間(日) = \frac{365日}{売上債権回転率} = \frac{売上債権(期中平均)}{売上} \times 365日
$$

$$
棚卸資産回転期間(日) = \frac{365日}{棚卸資産回転率} = \frac{棚卸資産(期中平均)}{売上(あるいは売上原価)} \times 365日
$$

$$
仕入債務回転期間(日) = \frac{365日}{仕入債務回転率} = \frac{仕入債務(期中平均)}{仕入高} \times 365日
$$

いずれも365日（1カ月を30日とすれば360日）を売上債権回転率，棚卸資産回転率，および仕入債務回転率で除すと，各運転資本項目が1回転するのに必要な平均日数が判明する。回転期間は回転率の逆数であるので，回転率×回転期間＝365日の関係が成立する。回転率と回転期間の関係は反比例であり，運用効率の点からみれば，回転率は高く，回転期間は短いほうがよい。

売上債権回転期間は，売上債権が売上の何日分残っているか，つまり売上代金の滞留期間を表す。回転期間が短いほど，資金の流動性が高く，貸倒れのリスクが小さくなる。架空売上や売上の前倒し計上が行われた場合，売上債権残高は前例のない不自然な増加をもたらすことになりやすい。売上債権回転期間が唐突に長期化している場合には，売上に関する粉飾の疑いがもたれる[1]。

棚卸資産回転期間は売上の何日分の在庫をもっているかを示し，保有期間が短いほど，在庫が順調に回転しているシグナルとなる。逆の場合，商品劣化の危険性，在庫管理コストの増大，資金の固定化などの問題があると推測される。売上の伸びと比較して在庫残高が異常に増加してくれば，不良在庫などの経営上の問題だけではなく，架空在庫による粉飾の可能性も生まれる。例外的には，B to B（会社間の取引）型の受注生産会社では，回転期間の長期化（受注[2]による在庫増）がビジネス環境の好転を表すことがある。なお，棚卸資産を仕入れてから実際に販売されるまでの平均的な日数を知りたい場合は棚卸資産回

転期間の計算に売上原価を用いるほうがよいと考えられるが，ここでは計算の便宜上売上を用いている。

　売上債権回転期間と対比して，会社間の信用供与の状態を評価するためは仕入債務回転期間を観察することが好ましい。仕入債務の決済期間があまりに長引く場合，運転資本の不足によって代金支払いが猶予されているという判断がなされる危険性がある。仕入債務回転期間の計算には期間中に支払われた仕入債務を把握するために仕入高（purchases）を使用する（Lundholm and Sloan, 2013）。これは「売上原価＋期末棚卸資産－期首棚卸資産」で計算される。

2．キャッシュ・コンバージョン・サイクル

　売上債権回転期間，棚卸資産回転期間，および仕入債務回転期間を同時に考えることによって，**キャッシュ・コンバージョン・サイクル**（cash conversion cycle；以下，**CCC**），つまり現金の流入と流出のサイクルをつかむことができる。図表6-2に例示するように，仕入から販売まで30日かかり，そこから販売代金の回収に60日かかるとしよう。通例，仕入代金の支払いは販売代金の入金よりも早いので，仕入代金の支払日を40日後としよう。そうした場合，現金の支出と現金の回収の間に50日の日数差が生じる。一般に，この現金サイクルの日数差をCCCと呼んでいる。

　CCCを回転期間の式で表せば，

図表6-2　キャッシュ・コンバージョン・サイクル

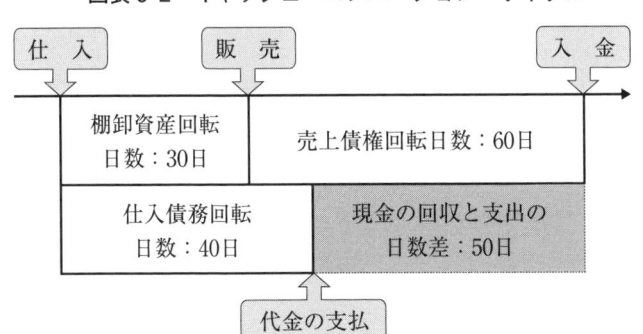

$$CCC = 棚卸資産回転期間 + 売上債権回転期間 - 仕入債務回転期間$$

となる。この式の答えがプラスに大きくなれば，それだけ会社にとって必要な運転資本額は増加するので，キャッシュ化速度は鈍ることを意味する。現金取引の多い小売業の場合，売上債権が少なくなるので，CCCは短くなる傾向にある。単純に考えると，CCCを圧縮するためには，売掛金の回収サイトの短縮，在庫の縮減・適正化，買掛金の支払サイトの延長が必要である。

Chan, Chan, Jegadeesh, and Lakonishok（2006）は，棚卸資産の変化について十分位ポートフォリオを作成し，第1十分位ポートフォリオ（棚卸資産の変化が最小）から第10十分位ポートフォリオ（棚卸資産の変化が最大）の規模調整済超過株式リターンの差が7.2%であることを明らかにする。この結果は，売上債権の変化による3.1%や仕入債務の変化による5.7%よりも高い。運転資本の中では特に棚卸資産の変化（在庫の縮減）が株式リターンと関連性が強く，その関連性に着目した投資戦略は良好な結果を引き寄せる可能性がある。

第4節　増加運転資本

不良在庫の発生や売掛金の回収の遅れなどから増加する運転資本のことを**増加運転資本**という。図表6-3に増加運転資本の簡単な例をあげてみた。売上高3,400百万円と売上原価1,800百万円は前期と当期で一定とする。

前期の運転資本（＝売上債権＋棚卸資産－仕入債務）は350百万円（＝300＋500－450）で，当期の運転資本は600百万円（500＋700－600）である。したがって，その差額である増加運転資本は図表6-3の右側のように250百万円となる。売上が横ばいであると仮定している状態において，売上債権と棚卸資産が増えているのは売上増によるものではない。資産の水ぶくれが起こっているかもしれず，なによりも運転資本が前期よりも余分に250百万円必要となっている。

図表6-3の回転期間の計算からもこのことは判明する。売上債権回転月数と棚卸資産回転月数がそれぞれ1カ月延び，仕入債務回転期間が0.6カ月延びて

図表 6-3　増加運転資本

（金額単位：百万円）

	前期	当期	増減
現金・預金	200	200	0
売上債権　(a)	300	500	200
棚卸資産　(b)	500	700	200
仕入債務　(c)	450	600	150
売上　(d)	2,400	2,400	0
仕入高　(e)	1,800	2,000	200
売上債権回転月数 （= a/d × 12）	1.5	2.5	1.0
棚卸資産回転月数 （= b/d × 12）	2.5	3.5	1.0
仕入債務回転月数 （= c/e × 12）	3.0	3.6	0.6
CCC（月）	1.0	2.4	1.4

増加売上債権 200	増加仕入債務 150
増加棚卸資産 200	増加運転資本 250

注：回転期間の計算の分子には期末データを用いている。

いる。この結果，CCCは1.4カ月延びている。現金及び預金は200百万円存在するが，これを使用すると資金繰りが一気に悪化することになりかねない。そのような場合，短期借入金等で新規に資金を補充する必要性がでてくる。

　売上債権や棚卸資産の拡大が仕入債務の拡大より加速すると運転資本がプラスに膨れてくる。すなわち，売上債権と棚卸資産の変化が仕入債務の変化より多いと，その差額だけ運転資本は足りなくなる。逆に，仕入債務の変化が売上債権と棚卸資産の変化より大きくなる場合に，資金的余裕が生まれる。現金販売・掛仕入が可能な業態（たとえば，小売業）では，余分な在庫をもたないようにすれば，運転資本はゼロに近づくことになる。

【Appendix 6-1】交差（交叉）比率

　小売業では目標とする経営指標として**交差比率**を導入している会社がある。この指標は粗利益（売上高総利益）を平均商品在庫で除したもので，商品在庫投資の効率性を測定する役割を果たす。

交差比率＝売上総利益÷平均商品在庫

= （売上総利益÷売上高）×（売上高÷平均商品在庫）

商品在庫が少なく，粗利益が高いほど商品在庫の投資効率は良好であると評価できる。交差比率は売上総利益率と商品回転率の積でもあり，商品回転率が5.6回，粗利率が25%の場合，交差比率は1.4となる。つまり，在庫1円当たり1.4円の粗利益が稼ぎ出されるとみることができる。蔦屋書店を展開するトップカルチャー（証券コード：7640）は交差比率の継続的な改善を目標としている（「平成30年（2018年）10月期第2四半期決算補足資料」，2018年6月7日）。

《練習問題》

1. 仕入債務回転期間が延びることは会社にとって歓迎すべきことかどうかを述べなさい。

2. 棚卸資産回転率と棚卸資産回転期間に関する記述について，誤っているものは次のうちどれか。

　①棚卸資産回転率が5回の場合，棚卸資産回転月数は2.4カ月で，棚卸資産回転日数は73日である。

　②棚卸資産回転期間が3カ月であれば，棚卸資産回転率は2回である。

　③棚卸資産回転期間の長期化に伴って，棚卸資産回転率は低下する。

　④不良在庫が発生すると，棚卸資産回転期間は長期化してくる。

　⑤他を一定として，当座資産が増加すると，棚卸資産回転率は高まる。

3. 次の資料から増加運転資本の額を求めなさい。

〈資料〉

	前期	当期
売上（百万円）	3,000	3,600
仕入高（百万円）	2,400	2,700
売上債権回転期間（月）	3.8	4.2
棚卸資産回転期間（月）	1.1	1.4
仕入債務回転期間（月）	3.2	3.6

4. 下記の資料は，クックパッド（2193, 2017年12月期, IFRS適用），パナソニック（6752, 2018年3月期），三菱地所（8802, 2018年3月期），ライフコーポレーション（8194, 2017年12月期）に関する回転期間関連の指標である。それぞれの会社がA～Dのどの記号に当てはまるかを類推しなさい。

〈資料〉

	A	B	C	D
売上債権回転日数	43.1	13.5	1.0	66.4
棚卸資産回転日数	41.0	128.8	12.6	0.3
仕入債務回転日数	65.9	23.3	29.1	48.6
CCC（日）	18.2	119.0	△15.5	18.1

注：連結データは各社の有価証券報告書から入手し，各指標を計算。
△はマイナスを示す。

5. CCCの圧縮を経営目標の指標として採用する会社が増えている。どのような数値目標を設定しているかを調べなさい。

[注]

1）2012年に沖電気工業（6703）のスペイン現地子会社において押込販売などの不正取引が発覚した。未回収の売上債権が一時的に大幅に増加したが，売上債権の長期滞留化を隠す巧妙な手口の存在があり，売上債権回転期間の指標による不正発見が難しい場合もある。

2）受注生産では注文を受けてから生産・出荷を行うので，余剰在庫は生まれにくいという特徴がある。

第7章

キャッシュ・フロー・データによる分析

要　旨

　連結キャッシュ・フロー計算書は，連結貸借対照表と連結損益計算書との連係が深く財務諸表分析の主要な体系に組み込まれている。本章では，連結キャッシュ・フロー計算書における活動区分別のキャッシュ・フロー情報の読み方を理解できるようにする。そして，連結キャッシュ・フロー計算書のデータを用いた財務指標を紹介する。また，経営手腕を評価するうえでフリーキャッシュ・フローは重要な概念であるので，この指標の測定方法についても説明を加える。

期中におけるキャッシュの増減高と会計利益が一致しないことは珍しいことではない。信用取引を行う場合，製品等を販売する時点と代金を回収する時点に時間的なズレが生じるからである。現行の企業会計では，実現原則・発生原則および対応原則に基づいて期間損益を計算することが要請されているので，収益と費用の計上がそのままその期の収入や支出に直結するとは限らない。

前章で説明したように，たとえ売上が増加したとしても，売上債権（売掛金及び受取手形）の残高が膨れ上がってくると手許にはキャッシュがない状況が生まれる。収益と収入の間にタイムラグが生じるために，たとえ連結損益計算書上に利益が出ていても，代金回収が滞り，キャッシュが不足するという事態が生まれることは起こりうる。もちろん収益状況が良好な方向に向かうのであれば，突発的な資金ショートの可能性で金融機関から見放されることはないであろう。健全な経営状態にある状況で，いわゆる**黒字倒産**が起こることは考えにくいが，利益の大きさにキャッシュの裏付けが伴っているかどうかを確認することは欠かせない。

連結キャッシュ・フロー計算書（以下，CF/S）の長所は，短期的には実際のキャッシュ・フローの数値そのものが支払能力を示すことである。これは利益だけでは読み取ることが難しい情報である。その上，不良在庫の発生や売掛金の回収の遅れなどが起こっている場合に，静的（ストック）指標である流動比率や当座比率の高さが必ずしも会社の安全性を保証しないケースがある（本章練習問題3参照）。キャッシュ・フロー情報はこのような静的分析では測定できない資金繰りの状況を浮き彫りにする役割を果たす。

さらに，キャッシュ・フローの算出はキャッシュの流出入という事実に基づくので，キャッシュ・フロー情報は経営状況を捉えるための高い客観性を有していると考えられている。一方で，会計利益の算出には，合理的な期間損益計算を行うための会計ルールの適用によって経営者の恣意性が入り込む余地がある。会計利益と比べてキャッシュ・フローがかなり少ない場合，資金的裏付け

がないものとして利益の質は低下すると推知される。

　CF/Sには，連結損益計算書と同様にフロー・データが含まれていて，期首
の連結貸借対照表のキャッシュと期末の連結貸借対照表のキャッシュの増減額
を説明する役割がある[1]。キャッシュの増減額は，主要な活動区分別に「営業
活動によるキャッシュ・フロー」（以下，営業CF），「投資活動によるキャッシュ・
フロー」（以下，投資CF），および「財務活動によるキャッシュ・フロー」（以下，
財務CF）に区分される。CF/Sでは，次のように，キャッシュの増減額にキャッ
シュの期首残高を合算したものがキャッシュの期末残高となる。

項　　　目	金額
営業CF	①
投資CF	②
財務CF	③
キャッシュの増減額（①＋②＋③）	④
キャッシュの期首残高（C_{t-1}）	⑤
キャッシュの期末残高（C_t）	④＋⑤

　CF/Sの仕組みを連結貸借対照表との関連性から考えてみよう。説明を簡潔
にするために，次のような貸借対照表があるとしよう。

キャッシュ（C） ＋）その他の流動資産（OCA） ＋）固定（非流動）資産（NCA） 総資産（TA）	＝	流動負債（CL） ＋）固定（非流動）負債（NCL） ＋）株主資本（EQ） 負債（LEV）＋株主資本（EQ）

左側にキャッシュだけを残すと，次のようになる。

キャッシュ（C）	＝	流動負債（CL） ＋）固定（非流動）負債（NCL） ＋）株主資本（EQ） －）その他の流動資産（OCA） －）固定（非流動）資産（NCA）

　前期から当期への貸借対照表の変化で表すとしても上記の等式は成立する。
変化をギリシャ文字のΔで表すと，Xの$t-1$期からt期への変化は$\Delta X = X_t -$

X_{t-1} と示すことができる。したがって,

$$\Delta C = \Delta CL + \Delta NCL + \Delta EQ - \Delta OCA - \Delta NCA \qquad (7.1)$$

となる。ここで, $\Delta EQ =$ 純利益 (NI) − 配当 (DIV) となっていることを前提とする。また, NCAに有形固定資産だけが存在し, 新規の設備投資だけで売却がないと仮定すれば, 正味の有形固定資産の変化である $\Delta NCA =$ 新規設備投資額 (CAPEX) − 減価償却費 (DEP) となる。これらを (7.1) 式に組み入れると次のようになる。

$$\Delta C = \Delta CL + \Delta NCL + (NI - DIV) - \Delta OCA - (CAPEX - DEP) \qquad (7.2)$$

さらに, CF/Sの様式に合わせて並べ替えを行うと次のようになる。

$$
\begin{aligned}
C_t - C_{t-1} &= NI + DEP - \Delta OCA + \Delta CL &\text{[営業CF]} \quad (7.3)\\
&\quad - CAPEX &\text{[投資CF]} \quad (7.4)\\
&\quad + \Delta NCL - DIV &\text{[財務CF]} \quad (7.5)
\end{aligned}
$$

結果的に, $C_t =$ キャッシュの増減(活動区分別のキャッシュ・フローの合計, 上表の④)$+ C_{t-1}$(上表の⑤)となる。以下, 各活動区分のキャッシュ・フローの情報内容について, 実際の会社の有価証券報告書等を参考にしてみていく。

 **活動区分別キャッシュ・フロー**

1. 営業活動によるキャッシュ・フロー

　営業CFが潤沢であれば, 新規更新・設備維持のための追加投資をそれでまかなうことができる。あるいは外部からの資金調達なしで借入金の返済や株主への配当に回す原資が得られる。利益と比べて営業CFが大きく下回る場合には, 資金繰りがうまくいっていない可能性がある。

　本章では東海旅客鉄道（証券コード：9022，以下，JR東海）と減量ジムやゴルフレッスンの『ライザップ』を運営するRIZAPグループ（2928，IFRS適用，以下，ライザップ）を取り上げ，それらの2018年3月期の営業CFの部を図表7-1に示す。なお，ライザップは札幌証券取引所のアンビシャス市場に上場している。

　さて，営業CFの部の表示形式は間接法によるものであり，税金等調整前当期純利益あるいは税引前当期利益（以下，2つを税引前利益と呼ぶ）を始点として，利益とキャッシュ・フローのズレのある項目が修正されていく。この過程において，連結損益計算書の非キャッシュ損益項目や連結貸借対照表の事業活動にかかわる資産と負債の増減額を調整する。

　非キャッシュ損益項目の中で，金額的に大きな部分を占めるのが減価償却費である。減価償却費は，過去に支出した設備投資の代金を使用期間に計算上按分して費用化しているだけで，実際にキャッシュを支出しているわけではない。税引前利益の計算段階ではすでに差し引かれている減価償却費分だけキャッシュは多く残るので，(7.3) 式の通り，CF/Sではその額が税引前利益に足し戻される。引当金の増減額（繰入は加算，戻入・取崩は減算）も同様の手続きがとられる。日本基準では，従来の引当金に未認識数理計算上の差異等を加えた退職給付に係る負債の増減額は引当金と同じ扱いである。ライザップでは，ソフトウェアの償却額や減損損失はキャッシュの支出となっていない項目であり，税引前利益に加え戻されている。

　税引前利益には，事業活動と関係のない金融損益の項目が含まれる。営業CFの部の小計までは，事業活動に関連するものを求めるために，連結損益計算書の税引前利益に加算された金融収益はいったん控除され，税引前利益から控除される金融費用は加算される。固定資産売却損益のような特別損益項目も売却益は引き戻し，売却損は足し戻すという調整がなされる。

　運転資本の増減も利益とキャッシュ・フローにズレを生む項目である。連結損益計算上の売上の伸びは純利益を増加させるが，売上債権の増加にも結びつきやすい。その場合，実際のキャッシュの流入は収益の計上時点よりも遅れがちとなる。税引前利益から営業CFを求めるためには，(7.3)式の「－ΔOCA」

から明らかなように，売上債権の増加または減少は税引前利益から減算またはそれに加算しなければならないことになる。棚卸資産の増減も同様に扱われる。

　仕入債務の増加は仕入高の増加に起因し，税引前利益を減少させる。だが，実際にはまだキャッシュが流出していない。その場合，税引前利益から営業CFを求めるために，(7.3) 式の「＋ΔCL」が示すように，仕入債務の増加または減少は，税引前利益に加算またはそこから減算することになる[2]。

　営業活動CFの部の小計の下にある金融収益・金融費用の表示区分に関しては，利息及び配当金の受取額と利息の支払額は営業CFの部に記載し，配当金の支払額を財務CFの部に記載する方法が利用されている（第2章第4節参照）。営業CFの部に表れる最後の調整項目は法人税等の支払額である。これは実際に支払われた納税額であるので，連結損益計算書に記載される法人税等合計や法人所得税費用と合致することは少ない。

　図表7-1(1)のJR東海において，税金等調整前当期純利益（561,852百万円）と営業CF（609,595百万円）に47,743百万円の差異がある。この差異は，非キャッシュ損益項目の加算（179,067百万円），金融損益及び特別損益（72,055百万円），営業資産・負債の増減額（10,478百万円），その他（13,968百万円），金融収支（△71,362百万円），および法人税等の支払額（△159,463百万円）によって調整される。

　図表7-1(2)のライザップにおいて，12,047,579千円ある税引前当期利益が87,602千円の営業CF合計まで縮小している。その差は△11,959百万円で，非キャッシュ損益項目の加算（2,833百万円），金融損益（610百万円），営業資産・営業負債の増減額（△6,392百万円），その他（△7,620百万円），金融収支（△645百万円），および法人所得税の支払額と法人税の還付額（△745百万円）によって生じている。急成長の会社では棚卸資産や営業債権が増えてくるので，営業CFは小さくなりがちである。だが，ライザップでは，IFRSのため営業利益段階前のその他の収益として**負ののれん発生益**（端的に言えば，割安会社の買収によって生まれる利益）8,791百万円が含まれており[3]，これが利益と営業CFとの大きな差の一因としてあげられる。

図表7-1　営業CFの部

(1) JR東海のケース

科目	金額
営業活動によるキャッシュ・フロー	
税金等調整前当期純利益	561,852
減価償却費	213,027
新幹線鉄道大規模改修引当金の増減額（△は減少）	△35,000
退職給付に係る負債の増減額（△は減少）	1,040
受取利息及び受取配当金	△3,314
支払利息	78,722
持分法による投資損益（△は益）	△603
工事負担金等受入額	△9,981
固定資産圧縮損	10,222
固定資産除却損	8,746
固定資産売却損益（△は益）	△11,737
売上債権の増減額（△は増加）	△7,244
たな卸資産の増減額（△は減少）	△971
仕入債務の増減額（△は減少）	7,100
未払金の増減額（△は減少）	10,575
前受金の増減額（△は減少）	1,018
その他	13,968
小計	840,421
利息及び配当金の受取額	2,878
利息の支払額	△159,463
法人税等の支払額	
営業活動によるキャッシュ・フロー	609,595

非キャッシュ損益項目の加算、ならびに金融損益及び特別損益項目の調整

営業資産・負債の増減額の調整

金融収支・税控除前営業CF

金融収支

法人税等の支払額

(2) リザップのケース

科目	金額
営業活動によるキャッシュ・フロー	
税引前当期純利益	12,047,579
減価償却費及び償却費	2,533,712
減損損失	300,038
金融収益及び金融費用	610,853
棚卸資産及びその他の債権の増減	△1,493,279
営業債権及びその他の債務の増減	△4,595,172
営業債務及びその他の負債の増減	226,371
退職給付に係る負債の増減	△520,433
引当金の増減	△10,147
その他	△7,620,553
小計	1,478,969
利息及び配当金の受取額	16,863
利息の支払額	△662,487
法人所得税の支払額	△1,195,625
法人税の還付額	449,882
営業活動によるキャッシュ・フロー	87,602

注：連結キャッシュ・フロー計算書データは両社の有価証券報告書から入手。JR東海の単位は百万円。リザップの単位は千円である。△はマイナスを示す。

149

2. 投資活動によるキャッシュ・フロー

　投資CFの部は，設備更新や有価証券の売買などの投資活動に対するキャッシュの流れが示される。主要な取引ごとにどの投資にどれほどのキャッシュを使用しているかを総額で表す。投資活動では，多額のキャッシュアウト・フローが生じるので，通常，投資CFの合計金額はマイナスとなる。

　2018年3月期のJR東海の投資CFの部を図表7-2(1)に表示している。投資CFの合計額は△1,676,489百万円とマイナスである。ここでは，有形固定資産に加えて無形固定資産への投資額も設備投資に含める。有形固定資産の取得による支出には，在来線駅橋上化，東海道新幹線土木建造物の大規模改修，新幹線車両の新製等が充てられている。JR東海の無形固定資産には施設利用権やソフトウェアが含まれている。工事負担金等受入は高架化工事等にともない工事負担の軽減を得るために地方公共団体等より収受したものである。したがって，正味の設備投資（capital expenditure；CAPEX）は「有形固定資産の取得による支出」と「無形固定資産の取得による支出」と「工事負担金等受入による収入」を合算したものとする。JR東海の場合，正味設備投資の額は△305,730百万円となっている。**正味設備投資**は，事業活動のための資産の主要な増減を示すが，将来的な会社の成長・発展のために必要なことであろう。

　図表7-2(2)にライザップの投資CFの部が表示されている。関連事業の新店舗出店などにより正味設備投資は△4,020百万円とマイナスとなっている。（連結の範囲の変更を伴う）子会社の取得による収入が4,434百万円と大きい。営業施設への出店時に，敷金・保証金として資金の差入れが行われているものがあり，その支出額が1,155百万円となっている。他社からのスポーツ事業の譲受による支出額は1,792百万円のマイナスである。

　投資活動については支出の側面に注意が向けられやすいが，不要設備や遊休資産の売却収入，有価証券の売却収入，他社への貸付金の回収による収入などが投資CFの部に多く含まれることがある。キャッシュイン・フローが多額であれば，投資CFがプラスになる年度がでてくることもある。ただし，プラスの投資CFが長期にわたって続くようであれば将来の成長期待は損なわれるで

図表 7-2　投資CFの部

(1) JR東海のケース

科　目	金　額
投資活動によるキャッシュ・フロー	
定期預金の預入による支出	－
定期預金の払戻による収入	－
中央新幹線建設資金管理信託の設定による支出	△1,500,000
中央新幹線建設資金管理信託の解約による収入	131,810
有価証券の取得による支出	－
有価証券の償還による収入	138,700
有形固定資産の取得による支出	△280,424
工事負担金等受入による収入	3,130
無形固定資産の取得による支出	△28,436
投資有価証券の取得による支出	△142,004
投資有価証券の売却による収入	423
その他	311
投資活動によるキャッシュ・フロー	△1,676,489

正味設備投資 △305,730

(2) ライザップのケース

科　目	金　額
投資活動によるキャッシュ・フロー	
定期預金の預入による支出	△206,087
定期預金の払戻による収入	219,408
有形固定資産の取得による支出	△4,424,399
有形固定資産の売却による収入	403,914
子会社の取得による支出	△1,280,392
子会社の取得による収入	4,434,285
敷金及び保証金の差入れによる支出	△1,155,738
敷金及び保証金の回収による収入	616,727
事業譲受による支出	△1,792,300
その他	△310,684
投資活動によるキャッシュ・フロー	△3,495,265

正味設備投資 △4,020,485

注：連結キャッシュ・フロー計算書データは両社の有価証券報告書から入手。JR東海の単位は百万円，ライザップの単位は千円である。
　　△はマイナスを示す。金額欄の「－」は前期には金額が入っていたが，今期には存在しないものである。

あろう。

3. 財務活動によるキャッシュ・フロー

　財務CFの部は，負債に関する財務活動，資本に関する財務活動，および配当金の支払額に分かれる。投資CFの部と同様に，主要な取引ごとにキャッシュ・フローが総額で表示される。財務CFの部では，事業活動や投資活動によって生じたキャッシュ・フローの過不足をいかに調節しているかが焦点となる。財務CFがプラスであれば，借入金による収入や株式の発行による収入で増えている状況であり，資金調達活動に積極的に取り組んでいることが判明する。反面で，マイナスの財務CFは，債務の返済に重きを置いていることや配当金の支払・自己株式の取得による株主還元に積極的であることが明らかとなる。財務CFの構成内容は，営業CFと投資CFにおいてどの程度の余剰が生まれるかによって変わってくる可能性がある。

　JR東海の財務CFの部を図表7-3(1)に表示している。営業CFの額が投資CFの額を下回っていることもあり，財務CFの全体では1,434,788百万円とプラスとなっている。長期借入金の返済による支出もあるが，中央新幹線建設長期借入金による収入が15,000億円と莫大である。これは超伝導リニアによる新幹線の建設のためのものであり，総額3兆円（予定）の財政投融資を活用した長期借入の申請を鉄道・運輸機構に対して行い，同機構から借り入れたものである。品川・名古屋間は2027年開業を目指して工事が進められている。配当金の支払額は27,580百万円で，当事業年度に属する1株当たり配当額は140円で前期の135円からの増配となっている。

　図表7-3(2)にライザップの財務CFの部が示されている。営業CFの額が投資CFの額を下回っていることもあり，JR東海と同様に財務CFはプラスである。長期借入れによる収入が24,987百万円で，社債の発行による収入とその償還による支出はほぼ同額である。非支配持分からの払込みによる収入が8,982百万円ある。これはマルコ（9980），ジーンズメイト（7448），ぱど（4833）のような上場子会社の増資によるもので，該当する子会社で用いられるキャッシュと

図表 7-3　財務CFの部

(1)　JR東海のケース

科　　　目	金　額
財務活動によるキャッシュ・フロー	
短期借入金の純増減額（△は減少）	1,946
長期借入れによる収入	75,277
長期借入金の返済による支出	△119,748
中央新幹線建設長期借入金による収入	1,500,000
社債の発行による収入	20,000
社債の償還による支出	△9,992
鉄道施設購入長期未払金の支出による支出	△4,829
自己株式の取得による支出	△21,365
自己株式の売却による収入	3,056
配当金の支払額	△27,580
非支配株主への配当金の支払額	△79
その他	18,103
財務活動によるキャッシュ・フロー	1,434,788

(2)　ライザップのケース

科　　　目	金　額
財務活動によるキャッシュ・フロー	
短期借入金の純増減額	2,738,308
長期借入れによる収入	24,937,605
長期借入金の返済による支出	△11,385,801
社債の発行による収入	2,790,043
社債の償還による支出	△2,557,080
リース債務の返済による支出	△714,029
非支配持分からの払込みによる収入	8,982,449
配当金の支払額	△1,540,007
非支配持分への配当金の支払額	△29,711
その他	△496,525
財務活動によるキャッシュ・フロー	22,725,250

注：連結キャッシュ・フロー計算書データは両社の有価証券報告書から入手。
　　JR東海の単位は百万円，ライザップの単位は千円である。△はマイナスを示す。

なろう。株主配当の支払額は1,540百万円である。当事業年度に属する1株当たり配当金は7.30円で，前期の12.10円から減配となっている。

4. 活動区分別キャッシュ・フローの関係

CF/Sを用いた分析の基本は，どの活動からプラスのキャッシュ・フローが生み出され，どの活動からマイナスのキャッシュ・フローが生じているかである。3つの区分のキャッシュ・フローを個別に観察する前に，それぞれの活動区分のプラス・マイナス関係や大小関係を評価することが重要である。CF/Sからは，営業CF，投資CFおよび財務CFのそれぞれによるプラス（＋）とマイナス（△）の結果しかないので，すべての組み合わせは2^3で8通りとなる。それらの経営パターンを，Dickinson（2011）による会社のライフサイクルに合わせて図表7-4に示している[4]。

新規に市場に参入してきた成長会社では①の経営パターンとなることが多い。事業活動としての成果はまだ出ていないが,新規投資活動を意欲的に行い,資金調達活動も前向きに行っていることが示されている。営業CFと投資CFがマイナスで，財務CFがプラスとなるので，活動区分別CFの経営パターンは（△△＋）で表される。

次に，②の事業拡大型の経営パターンにおいて，営業CFがプラスで，投資CFがマイナスである。②の経営パターン（＋△＋）は,新規投資を積極的に行っている成長フェーズにある会社によくみられる。営業CFがプラスでも金額的に少額であれば，投資資金の不足額を資金調達で補わなければならない。それ

図表7-4　CF/Sからみる経営パターン

	①	②	③	④	⑤	⑥	⑦	⑧
	導入期	成長期	成熟期	淘汰期			衰退期	
営業CF	△	＋	＋	△	＋	＋	△	△
投資CF	△	△	△	△	＋	＋	△	＋
財務CF	＋	＋	△	△	＋	△	＋	△

注：符号は活動区分別のCF残高がプラスかマイナスかを示す。①から⑧はDickinson（2011）に基づいて，導入期，成長期，淘汰期，および衰退期という会社のライフサイクルに分割している。△はマイナスを示す。

ゆえに，財務CFはプラスとなる。

　③の経営パターン（＋△△）では，営業CFがプラスで，投資CFがマイナスである。事業活動が順調であり，十分な営業CFが得られていれば，それを新規投資に振り向けることができる。このことは将来の営業CFを増加させる手だてとなろう。②の経営パターンと異なり，財務CFがマイナスであるが，余った資金で有利子負債の圧縮など財務体質の改善を図ることができる。成熟期に振り分けているが，最も望ましい経営パターンであると考えられる。

　④の経営パターン（△△△）はどの活動からもキャッシュが流出しておりジリ貧状態といえる。逆に，⑤の経営パターン（＋＋＋）はキャッシュが過剰に残っている可能性がある。新規投資がなく，株主還元にも消極的であるかもしれない。⑥の経営パターン（＋＋△）では業容は順調であるが，新規の投資がなく，将来へのエネルギーが薄いと考えられる。資金提供者へのキャッシュアウト・フローはある。

　最後に，⑦の衰退期の経営パターン（△＋＋）では，営業CFがマイナスで，本業での活動でキャッシュが創出されていない。営業CFのマイナスを埋め合わせるために，投資活動（固定資産の売却等）で得たキャッシュ・フローや財務活動（増資や借入）で得たキャッシュ・フローを充てなければならない。このパターンが継続して観察されるならば，成長の鈍化による倒産の危険性が高まる。⑧の経営パターン（△＋△）も同様に危険信号の症状で，投資CFが財務CFに振り向けられている可能性がある。

　JR東海とライザップのCF/Sから実際の経営パターンを観察してみよう。図表7-5(1)と同図表(2)に，2014年3月期から2018年3月期の5期分の活動区分別キャッシュ・フローの推移をグラフにしている。棒グラフは現金及び現金同等物の期末残高を示し，営業CF，投資CF，および財務CFはそれぞれ線グラフで表示している。

　図表7-5(1)によると，JR東日本の投資CFと財務CFの変化は2017年3月期から大きい。中央新幹線建設資金管理信託の設定による支出と中央新幹線建設長期借入金による収入は15,000億円で同額であり，この収支の影響がでている。営業CFは少し上向きである。現金及び現金同等物は2014年3月期の754億円

図表 7-5　活動区分別CFと現金及び現金同等物の期末残高の推移

(1) JR東海のケース

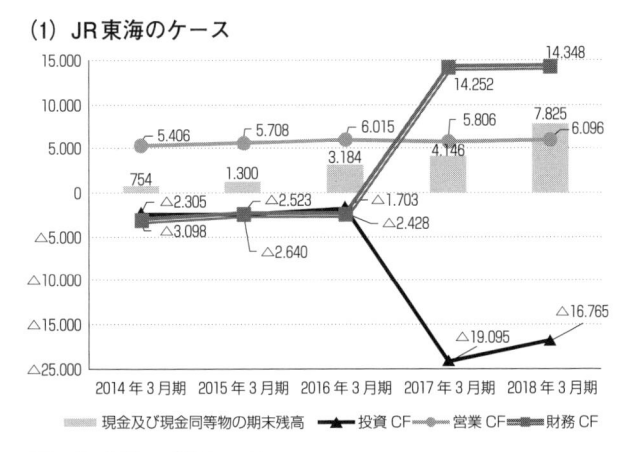

(2) ライザップのケース

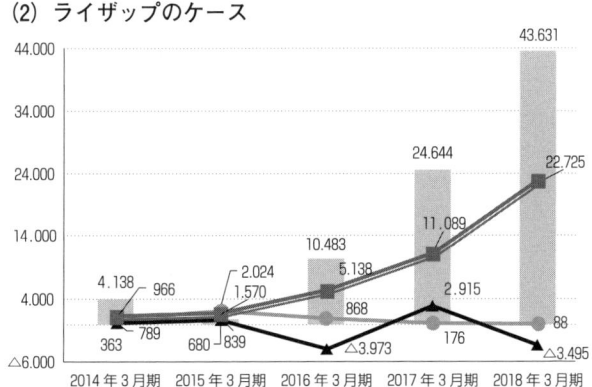

注：連結データは両社の有価証券報告書から入手。JR東海の単位は億円，ライザップの単位は百万円である。ライザップは2016年3月期からIFRSによる数値。△はマイナスを示す。

から着実に増え，2018年3月期に7,825億円となっている。経営パターンで見ると，図表7-4の③成熟期（＋△△）の状況が続いていたが，2017年3月期から②成長期（＋△＋）に入っている。

　一方，図表7-5(2)のライザップであるが，2016年3月期からIFRS移行の数値を用いている。経営パターンは図表7-4の⑤淘汰期（＋＋＋）と②成長期（＋△＋）を繰り返している状況である。営業CFは2015年3月期に2,024百万円

であるが，その後，プラスを保持しつつも868百万円，178百万円，88百万円と低迷している。売上収益は6期連続増収で，営業利益も5期連続増益であるが，本業でキャッシュを稼ぐ力はまだ弱いといえる。2017年3月期は有形固定資産の売却による収入が大きく投資CFがプラスであるが，2016年3月期と2018年3月期はマイナスとなっている。積極的な投資姿勢はあるが，財務CFが年々増加し，2018年3月期に22,725百万円となっている。それにともなって，現金及び現金同等物の期末残高が積み上がっている。しかし，総資産に占める有利子負債額（有利子負債依存度）は43.1％あり，財務基盤に不安が残る。

第3節 キャッシュ・フロー・データによる財務分析

本節では，CF/Sのデータを用いた財務諸表分析の指標をみていく。特に，収益性分析，安全性分析，および設備投資分析の観点からキャッシュ・フロー・データの利用方法を説明する。

1. キャッシュ・フロー版の収益性分析

収益性分析に関して，売上に対する営業CFの割合である**売上営業CF比率**がある。この割合は売上税引後利益率のキャッシュ・フロー版に相当し，以下のように計算される。

$$売上営業CF比率(\%) = \frac{営業CF}{売上} \times 100$$

売上営業CF比率は営業CFマージンと呼ばれることもあるが，売上からどの程度効率的に営業CFを生み出しているかを示す。営業CFには，金融収支・税控除前の営業CF（小計の欄）を使用するのもよい。

ROEのキャッシュ・フロー版として自己資本営業CF比率がある。**自己資本営業CF比率**は以下のように算定されるが，これは自己資本から営業CFがど

れだけ獲得されたかを示す。

$$自己資本営業CF比率(\%) = \frac{営業CF}{自己資本(期中平均)} \times 100$$

2. キャッシュ・フロー版の安全性分析

キャッシュ・フロー・データを用いた安全性分析について考察する。ストック・データを基礎とする当座比率（第3章参照）に類似したものとして，以下のようなキャッシュ・フロー版当座比率がある。

$$キャッシュ・フロー版当座比率(\%) = \frac{営業CF}{流動負債(期中平均)} \times 100$$

現金創出能力を評価する指標として営業CFを利用することは，会社の安全性を測定する場合に有益である。この指標で，流動負債がどの程度営業CFでカバーされているかを検討する。キャッシュ・フロー版当座比率が高いほど，支払能力が十分に備わっていると判断される。

営業CFに対して期末に残っている有利子負債がいくら残っているかを測る指標として，以下のような**営業CF対有利子負債倍率**(倍)がある。有利子負債を完済するまでに何年かかるかも測定できるので，債務償還年数(単位：年)とも名付けられている。当然ながら，倍数(年数)が低い(短い)ほど財務安全性は高いと判断される。

$$営業CF対有利子負債倍率(倍) = \frac{有利子負債(期末)}{営業CF}$$

有利子負債に対する金利返済能力が備わっているかどうかは，キャッシュ・フロー版インタレストカバレッジレシオで分析される。これは連結損益計算書データを基礎とする**インタレストカバレッジレシオ**（以下，ICR）のキャッシュ・フロー版に当たり，比率の値が高いほど，金利返済に対して余裕があるといえ

る。利息の支払額はCF/Sに表示されているものが利用される。

$$
\text{キャッシュ・フロー版 ICR（倍）} = \frac{\text{金融収支・税控除前営業CF＋金融収入}}{\text{利息の支払額}}
$$

CF/Sでは法人税等の支払額と利息の支払額はマイナス値である。

3. 設備投資分析

設備投資分析に関する比率を説明しておこう。**設備投資比率**は，次のように設備投資額をどの程度本業で得られた営業CFによってカバーできるかを示す。

$$
\text{設備投資比率（％）} = \frac{\text{営業CF}}{\text{正味設備投資額}} \times 100
$$

設備投資額は，投資CFの部に示される「有形固定資産及び無形固定資産の取得のための支出」額から「有形固定資産及び無形固定資産の売却による収入」額を控除した正味設備投資額を利用する。設備投資比率が100％を下回ると，無理な投資活動が行われている可能性がある。

JR東海とライザップについて，キャッシュ・フロー・データ用いた分析指標を図表7-6に提示している。すでに説明したことと重複する部分もあるので簡単に述べておく。図表7-6パネルAのJR東海について，売上営業CF比率は3期とも30％を超えていて，図表にはないが売上経常利益率と同程度である。キャッシュ・フロー版当座比率は，2018年3月期に100％を超え改善が見受けられる。

営業CF対有利子負債倍率は年々上昇し，キャッシュ・フロー版ICRは高い水準であるが，10倍を割り込んでいる。有利子負債の負担が重くなっていることがわかる。利益版ICR（業務利益／支払利息）で計算すると，2017年3月期には27.3倍，2018年3月期には15.5倍である。安全性のチェックという観点からはキャッシュ・フロー版ICRの算出も必要である。設備投資比率は3期と

も100％を下回っているので，営業CF内に収まるように設備投資は行われている。

図表7-6　キャッシュ・フロー・データによる財務分析

パネルA：JR東海	2015年3月期	2016年3月期	2017年3月期	2018年3月期
a.金融収支・税控除前営業CF		797,670	821,103	840,421
b.　利息及び配当金の受取額		2,581	1,837	2,878
c.　利息の支払額		△65,636	△58,812	△74,240
d.　法人税等の支払額		△133,119	△183,562	△159,463
e.営業CF		601,495	580,565	609,595
f.営業収益		1,738,409	1,756,980	1,822,039
流動負債	658,868	639,269	555,352	602,823
g.流動負債（期中平均）		649,069	597,311	579,088
h.正味設備投資額		△235,704	△310,175	△305,730
i.有利子負債		1,327,558	2,700,208	4,172,923
売上営業CF比率（e/f）		34.6%	33.0%	33.5%
CF版当座比率（e/g）		92.7%	97.2%	105.3%
営業CF対有利子負債倍率（i/e）		2.2倍	4.7倍	6.8倍
CF版インタレストカバレッジレシオ（(a+b)/|c|）		12.2倍	14.0倍	11.4倍
設備投資比率（e/|h|）		255.2%	187.2%	199.4%
パネルB：ライザップ	2015年3月期	2016年3月期	2017年3月期	2018年3月期
a.金融収支・税控除前営業CF		1,821,805	3,176,216	1,438,969
b.　利息及び配当金の受取額		8,286	12,812	16,863
c.　利息の支払額		△289,251	△390,797	△622,487
d.　法人所得税の支払額		△713,746	△2,671,358	△1,195,625
e.　法人所得税の還付額		40,947	48,673	449,882
f.営業CF		868,041	175,546	87,602
g.売上収益		53,937,706	95,299,855	136,201,528
流動負債	19,898,787	27,296,452	43,636,996	80,579,527
h.流動負債（期中平均）		23,597,620	35,466,724	62,108,262
i.正味設備投資額		△1,936,619	928,178	△4,020,485
j.有利子負債		23,767,613	41,200,688	76,785,105
売上営業CF比率（f/g）		1.6%	0.2%	0.1%
CF版当座比率（f/h）		3.7%	0.5%	0.1%
営業CF対有利子負債倍率（j/f）		27.4倍	234.7倍	876.5倍
CF版インタレストカバレッジレシオ（(a+b)/|c|）		6.3倍	8.2倍	2.3倍
設備投資比率（f/|i|）		44.8%	—	2.2%

注：連結データは両社の有価証券報告書から入手し，指標を算定。JR東海の単位は百万円，ライザップの単位は千円である。△はマイナスを示す。期中平均の計算において端数処理を行っている。

　図表7-6パネルBのライザップであるが，営業CFが縮小しているため，ど
の指標も悪化傾向にある。売上営業CF比率は2018年3月期に0.1％と低迷して
いる。流動負債の有利子負債も非流動負債の有利子負債も増加傾向にあり，そ
れに伴ってキャッシュ・フロー版当座比率，営業CF対有利子負債倍率および
キャッシュ・フロー版ICRは相対的に低下傾向にある。設備投資比率も営業
CFが小さいことが影響し，数値は芳しいものではない。

　参考値として，図表7-7に業種別のCF版とBS版（貸借対照表ベース）の当
座比率を示しておく[5]。棒グラフがBS版の当座比率で，医薬品業の229.8％か
ら鉄道・バス業の30.6％まで高い業種順に並んでいる。32業種中23業種が
100％を上回っており，短期的な財務の安全性は保持されているように見える。

　しかし，フロー・データである営業CF版当座比率を算出すると（線グラフ
で表示），どの業種もかなり低くなる。鉱業が54.8％で業種のなかで最も高く，
続いてガス業の53.0％となり，医薬品業は45.1％である。造船業ではCF版当
座比率がマイナスとなっている。鉄道・バス業のように両者に差が小さい場合
もあるが，両指標の差を観察することによって，短期的な財務の安全性にどの
ような影響があるかを分析する意味はある。

図表 7-7　業種別CF版とBS版の当座比率

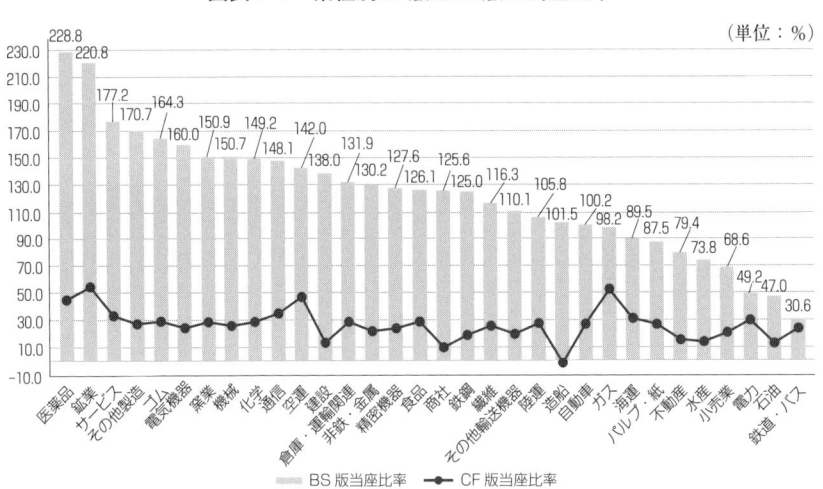

注：連結データは，Nikkei NEEDS Financial-QUESTから入手。数値はBS版当座比率。

◆第4節 フリーキャッシュ・フローの算定

　キャッシュ・フローを重視した経営を目指す場合，その主目的はキャッシュを生み出す力を最大化させることである。キャッシュを生み出す力とは，**フリーキャッシュ・フロー**（free cash flow：以下，**FCF**）がどれだけ創り出されるかを意味する。FCFは，本業で得た正味キャッシュイン・フローから法人税等と事業維持に必要なキャッシュアウト・フローを引いたもので，企業価値評価にも使用される重要な財務指標である（第11章参照）。

　FCFは，経営者の判断により自由に分配することができるキャッシュ・フロー（distributable cash flow）である。たとえば，株主への還元として配当や自社株式の取得に充てたり，借入金の返済に充てたり，あるいは将来の事業拡大や新事業を行うための蓄えに回したりすることができる。自由裁量で使途を決めることができるがゆえに，キャッシュの効率的な運用を怠った経営者には会社を運営する能力が低いという評価が下されかねない。経営者が戦略的な事業展開を行っているかどうかを判別する指標としてFCFは役立つ。

　FCFを求める最も単純な方法は，営業CFと投資CF（通例はマイナス）を合計することである。この計算方法によるFCFは会社の決算説明会資料にもよく出てくる。しかし，資金調達の形態にとらわれない事業活動から生み出されるFCF，つまり，あたかも負債を保有しない（unlevered）会社が生み出すFCFを算定するためには，金融収支項目を控除する前の営業CFの金額を用いる必要がある。投資CFも事業投資に関連するキャッシュ・フローに特定するほうがよい。

　CF/SからFCFを算出するために，FCFには営業CFの部の「利息及び配当金の受取額」と「利息の支払額」を含めない。金融収支項目を営業CFの部に含めてCF/Sが作成される場合，営業CFの部の小計が金融収支・税控除前の営業CFとなる。この小計から「法人税等の支払額」を控除したものを税引後のFCFを算定するベースとする。事業投資に関連するキャッシュ・フローには正味設備投資額を用いる。正味設備投資額には有形固定資産に加え無形固定

162

資産への投資額も含んでいる。

　JR東海とライザップの2017年3月期のキャッシュ・フロー・データ（図表7-1と図表7-2）を利用してFCFを算定してみよう（金額の単位は百万円で統一）。なお，△はマイナスを示す。

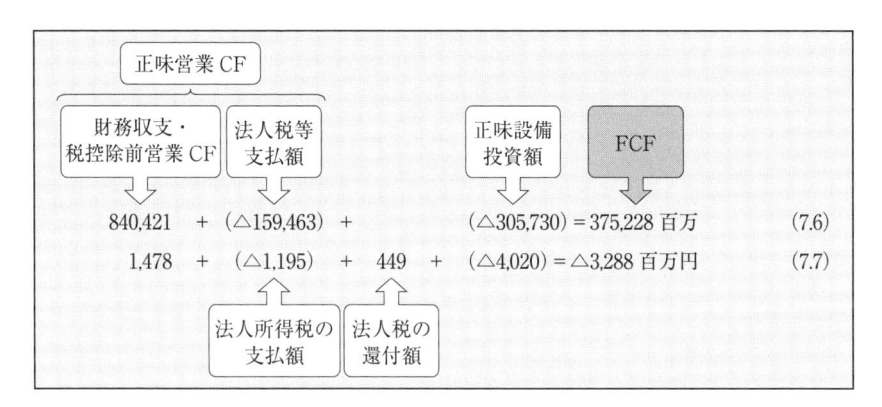

　FCFは，営業CFの部の小計から法人税等の支払額と正味設備投資額を引いたものに相当する。JR東海の2018年3月期のFCFは（7.6)式のように375,228百万円とプラスである。逆に，ライザップの場合，（7.7)式のFCFは3,288百万円のマイナスであった。前期では有形固定資産の売却による収入が大きく，FCFはプラスである。FCFが長期にわたってマイナスとなれば，外部からの資金調達に過度に依存せざるを得ないようになる。その場合，積極的な事業活動を行う余裕がなくなってくる可能性がある。

　上記のFCFの求め方は簡単であるが，CF/Sの税引前利益からスタートして正味営業CFが算出されることに問題が残る。税引前利益には営業要素と非営業要素の両方が含まれる。株式価値評価や企業価値評価を行う場合，節税効果のある支払利息のような非営業項目に関しては，［支払利息×（法定）実効税率］を税費用に足し戻すことによって営業活動による税費用（tax on operating income）を増加させる手続きをとる必要がある。

　さらに，正味営業CFには非継続事業からのキャッシュ・フローが含まれるおそれがある。Easton, McAnally, Sommers, and Zhang（2018）は，事業活動にのみ焦点を合わせるために，NOPAT（net operating profit after tax）と正味

営業資産（NOA）を用いて次のようにFCFを求めている。

$$\underbrace{FCF = \overbrace{(税引前営業上の利益 - 営業上の利益に対する税額)}^{税引後営業利益(NOPAT)} - NOA の増加} \tag{7.8}$$

税費用 + （税引前正味非営業費用 × 実効税率）

　上記の式の導出についてはAppendix7.3で示しておく。プラスのFCFは，負債の返済，配当，あるいは自己株式の取得のように債権者と株主に分配可能な資金が残っていることを意味する。マイナスのFCFの場合，事業活動を維持するために，新規借入や増資によって債権者や株主から追加資金の調達を行わなければならない。

　実際には，営業利益に対応する税額を営業利益に実効税率を乗じた金額で計算する方法が用いられることが多い。事業活動から生まれる税控除後のキャッシュ・フローは，以下のように求めることができる。

$$FCF = \overbrace{EBIT \times (1 - \tau)}^{みなし税引後営業利益(NOPLAT)} + DP - (CAPEX + \Delta WC) \tag{7.9}$$

減価償却費　正味設備投資額　増加運転資本

　EBITは金利・税控除前利益で，τは実効税率を示す。NOPATはEBIT−T（税額）である。これに類似するものとして，みなし税引後営業利益（net operating profit less adjusted taxes；**NOPLAT**）という指標がある。NOPLAT＝NOPAT−τIと表される。τは実効税率で，Iは支払利息（上記の非営業費用）である。NOPLATは，支払利息の損金算入によって得られる税の節税額（τI）を控除しているので，負債発行のメリットの有無を考慮せずに済む。ここで，T＝（EBIT−I）×τであるので，NOPLAT＝EBIT−（EBIT−I）×τ−τIとなる。整理すると，NOPLAT＝EBIT×（1−τ）と表される。よって，金利・税控除

前利益からそれに対応するみなし税額が差し引かれることになる。

　(7.8) 式のNOAの増加では，営業資産への新規投資から減価償却（日本基準ではのれんの償却も含まれる）や除去により減少した資産が差し引かれるので，(7.9) 式では，みなし税引後営業利益に減価償却費（とのれん償却額）が足し戻される。そこから正味設備投資額と事業活動に直接必要な増加運転資本額を合計した投資のキャッシュアウト・フローが控除される。FCFを予測しようとする場合に，(7.9) 式の測定方法は便利である。

【Appendix 7-1】季節的変動

　取り扱う商品やサービスによって業績に**季節的変動**が生まれることがある。経費の計上だけが先行し，これに対応する大量受注の売上の計上がずれ込むケースがある。年賀状印刷で首位の総合商研（7850）は，「第47期第3四半期報告書」（p.3）の定性的情報で第2四半期（11月から翌1月）の利益比重が高いことを次のように述べている。

> 「当社グループの利益は，第1四半期連結会計期間は年賀状印刷の資材・販売促進費等の先行支出により低下，第2四半期連結会計期間は年賀状印刷の集中及び商業印刷の年末商戦の折込広告の受注により売上が拡大することに伴い増加，第3四半期連結会計期間・第4四半期連結会計期間は年賀状印刷の売上がなく固定費のみが発生することにより，売上高に対する経費割合が高くなり利益が低下するという季節的変動があります」

　第2四半期に作成される四半期連結キャッシュ・フロー計算書を見ると，売上の拡大に伴い売上債権が増加し，それが資金減の要因となっている。

　上記以外にも四半期決算において，空調メーカーにおけるエアコンの夏季の需要，建設業の工事着工・進捗の遅れ，不動産業の竣工時期の遅れによる営業機会の延期，ソフトウェア業の案件の大型化傾向によって業績の変動が発生することがある。このことは，財務諸表利用者の判断を誤らせてしまうかもしれないが，著しい影響がある場合は四半期報告書に注記が開示される。

　売上や費用が本来計上すべき期間よりも誤って繰り上げ，または繰り下げられて計上されることがないではない。この事象を**期ズレ**（期間帰属の差異）と

いう。

　ユニ・チャーム（8113）は過年度の費用の期間帰属等の適正性を確認するため社内調査委員会を設置し，その調査結果を報告している（「社内調査委員会の調査結果に関するお知らせ」（2017年9月13日））。そこで，中国子会社において販促費期ズレ（先送り）があったことを明らかにしている。販促促進費の先送りより当該期間の計上不足（漏れ）が起こるが，管理会計上の利益の達成及び未達幅を縮小することが1つの目的としてあると指摘されている。なお，過年度における金額的重要性は乏しいと判断され，過年度の決算の訂正は行われていない。

【Appendix 7-2】 CF/S による経営パターンの識別

　上記で述べたように，活動区分別CFの符号の組み合わせは8通りある。それらが毎年どのパターンとして表れるかを図表Appx7-1にまとめてみた。最終サンプルは36,477会社・年である。

図表Appx 7-1　経営パターンの年度別社数

年	社数	① (△△+)	② (+△+)	③ (+△△)	④ (△△△)	⑤ (+++)	⑥ (++△)	⑦ (△++)	⑧ (△+△)
2006	1,947	131	415	1,063	46	20	179	45	48
2007	2,003	160	466	1,071	52	5	157	29	63
2008	2,035	145	455	1,099	78	16	157	32	53
2009	2,061	173	563	1,022	56	11	165	29	42
2010	2,077	84	322	1,350	41	17	195	23	45
2011	2,124	102	336	1,337	62	18	191	32	46
2012	2,177	129	403	1,302	87	14	173	25	44
2013	2,240	121	462	1,330	48	22	193	26	38
2014	2,320	161	527	1,290	78	28	180	18	38
2015	2,353	167	485	1,368	61	33	172	32	35
2016	2,377	134	476	1,432	59	17	191	25	43
2017	2,388	135	501	1,422	52	19	201	25	33
合計	36,477	2,261	7,236	20,851	981	286	3,527	499	836
割合	−	6.2%	19.8%	57.2%	2.7%	0.8%	9.7%	1.4%	2.3%

注：①〜⑧は図表7-3による。データは，Nikkei NEEDS-Financial QUEST から入手。割合は総合計に対する各パターンの割合。サンプルは，2006年から2017年に日本基準を適用する上場会社（金融・その他金融・保険・保険業は除く）で，必要な連結データが揃う決算月数が12カ月のものである。最終サンプルは36,477会社・年である。

　最も多いパターンは③（＋△△）の成熟期で，2006年から2017年までで20,851会社・年存在し，全体で57.2％を占める。次に多いのが②（＋△＋）の成長期のパターンで，全体の19.8％となっている。淘汰期の④（△△△）と⑤（＋＋＋）の経営パターンはそれぞれ全体で2.7％と0.8％しかない。衰退期の⑦（△＋＋）と⑧（△＋△）の経営パターンはそれぞれ全体の1.4％と2.3％とサンプルは多くない。

　2006年と2012年をスタートに，同じ経営サイクルがどこまで継続するのかを調査してみた。次ページの図表Appx7-2にその結果が示されている。サンプルの大きいパネルCの成熟期において，2006年に1,063社，2012年に1,302社存在するが，1期後(t_1)に689社と890社に減少している。2期後(t_2)には487社と619社にまで減少し，最初の半分は残っていない。5期後(t_1)にはまだ187社と304社が残っており，パターン③を5期連続継続している会社は20.8％あった。

　パネルBの成長期では，t_0からt_1で100％から37.3％に減少し，その後，17.2％，8.2％，3.3％，1.3％へ減っていく。パターン②から別のパターンに変化することが多いといえる。パネルAの成長期とパネルDの淘汰期でも同様で，そのパターンが継続することはほぼなくなる。パネルEの衰退期では，1期後に80％以上が別のパターンに移行し，5期後にそのパターンは消える。衰退期を抜け出すために営業CFをプラスとする手立てが行われるであろう。

図表Appx 7-2 　経営パターンの継続性

パネルＡ：導入期（パターン①）					
スタート年	$t0$	$t1$	$t2$	$t3$	$t4$	$t5$
2006	131	41	16	1	1	0
2012	129	24	9	3	1	1
計	260	65	25	4	2	1
$t0$計に対する割合	100.0%	25.0%	9.6%	1.5%	0.8%	0.4%

パネルＢ：成長期（パターン②）					
スタート年	$t0$	$t1$	$t2$	$t3$	$t4$	$t5$
2006	415	163	75	30	13	6
2012	403	142	66	37	14	5
計	818	305	141	67	27	11
$t0$計に対する割合	100.0%	37.3%	17.2%	8.2%	3.3%	1.3%

パネルＣ：成熟期（パターン③）					
スタート年	$t0$	$t1$	$t2$	$t3$	$t4$	$t5$
2006	1,063	689	487	305	235	187
2012	1,302	890	619	481	375	304
計	2,365	1,579	1,106	786	610	491
$t0$計に対する割合	100.0%	66.8%	46.8%	33.2%	25.8%	20.8%

パネルＤ：淘汰期（パターン④～⑥）					
スタート年	$t0$	$t1$	$t2$	$t3$	$t4$	$t5$
2006	245	50	18	5	2	1
2012	274	57	23	5	3	1
計	519	107	41	10	5	2
$t0$計に対する割合	100.0%	20.6%	7.9%	1.9%	1.0%	0.4%

パネルＥ：衰退期（パターン⑦⑧）					
スタート年	$t0$	$t1$	$t2$	$t3$	$t4$	$t5$
2006	93	19	6	3	1	0
2012	69	10	2	2	1	0
計	162	29	8	5	2	0
$t0$計に対する割合	100.0%	17.9%	4.9%	3.1%	1.2%	0.0%

注：連結データは，Nikkei NEEDS-Financial QUEST から入手。

【Appendix 7-3】FCF の導出

　(7.9)式のFCFの導出を提示しておく（Easton et al. 2018, pp.13-18）。次ページのような営業項目と非営業項目に分割した貸借対照表を作成したとしよう。

ここで，（A）－（B）＝正味営業資産（NOA）

　　　　（D）－（C）＝正味非営業負債（NNO）

　　　NOA－NNO＝株主資本（EQ）

貸借対照表

資　産		負　債	
短期営業資産		短期営業負債	
長期営業資産		長期営業負債	
総営業資産（A）		総営業負債（B）	
		短期非営業負債	
短期非営業資産		長期非営業負債	
長期非流動資産		総非営業負債（D）	
総非営業資産（C）		資　本	
		株主資本（EQ）	

NOA＝NNO＋EQとなるので，変化式（Δで表す）に変換すると，ΔNOA＝ΔNNO＋ΔEQとなる。ΔEQ＝ΔCC＋税引後利益−配当（DIV）と置くと，

$$\Delta NOA = \Delta NNO + \Delta CC + 税引後利益 − 配当（DIV）$$

となる。ΔCC（contributed capital）は，払込資本や自己株式の変化である。また，NOPATから正味非営業費用（net nonoperating expense；NNE）を引いたものを税引後利益に代入する。

$$\Delta NOA − \Delta NNO + \Delta CC + (NOPAT − NNE) − DIV$$

さらに，

$$−NOPAT + \Delta NOA = \Delta NNO + \Delta CC − NNE − DIV$$

と並べ替え，両辺に-1を乗じると，

$$NOPAT − \Delta NOA = NNE − \Delta NNO − \Delta CC + DIV$$

となる。左辺がFCFのことで，右辺が正味非営業負債の保有者と株式の保有者に対する純額の支払額となる。NNEと−ΔNNOはそれぞれ債権者に帰属するFCFで，支払利息と主に元本返済の合計を表す。−ΔCCとDIVはそれぞれ自己株式の取得や配当の分配のような株主への還元額を示す。

《練習問題》

1. 下記の資料から，日本基準による営業活動によるキュッシュ・フローの額を計算しなさい。支払利息は，営業活動によるキャッシュ・フローの部に記載する方法を用いる。なお，支払利息と利息の支払額は同額であるとする。

△をマイナスとして表記すること。

〈資料〉

税金等調整前当期純利益 200　減価償却費 55　売上債権の増加額 18

法人税等の支払額　　　　90　支払利息　　20　棚卸資産の減少額 10

仕入債務の増加額　　　　14

2.　本章で取り上げたJR東海について，鉄道最大手である東日本旅客鉄道（9020）と営業CF，投資CF，および財務CFの動きを時系列に比較したうえで，キャッシュ・フロー・データを用いた財務分析の結果の異同点を述べなさい。IFRS適用のライザップについては，比較対象会社としてどこが適当であるかを考えなさい。

3.　下の資料は2015年5月1日に民事再生手続開始の決定を受けた江守グループホールディングスの主要財務データである。中国への事業拡大を果たし好調な売上を公表してきたが，倒産に至ることを予期する指標として何があるかを考えなさい。相互関係比の計算においては，期中平均値ではなく期末データを用いなさい。

〈資料〉

（単位：百万円）

	2012年 3月期	2013年 3月期	2014年 3月期	2015年 3月期
売上	116,701	144,675	219,187	224,619
仕入高	110,909	136,840	195,229	212,086
当期純利益	1,690	1,919	3,324	△53,620
有利子負債	30,620	36,558	51,758	73,700
短期	21,259	25,610	36,775	52,388
長期	9,361	10,948	14,982	21,312
自己資本	10,237	13,648	22,533	△34,301
流動資産	62,436	92,208	92,208	44,396
売上債権	33,738	43,282	68,370	27,277
棚卸資産	6,307	7,030	5,964	6,301
流動負債	36,231	45,055	62,497	67,989
支払債務	13,468	17,237	22,276	12,722
使用総資本	57,353	71,664	102,152	56,630
現金及び現金同等物	6,675	7,407	15,115	8,709
営業CF	△6,916	△2,671	△5,198	△21,624
投資CF	△632	△976	△331	△572
財務CF	8,876	3,511	12,038	15,226
配当金の支払額	357	367	467	777

注：連結データは，江守グループホールディングスの有価証券報告書から入手。2014年4月1日から持株会社体制へ移行。△はマイナスを示す。

4.　当期純損失を計上しているが，営業CFがプラスである事例を取り上げ，

その原因を分析しなさい。

5. FCFを悪化させる要因について説明しなさい。

6. 次の資料からFCFを求めなさい。

〈資料〉

売上	3,000
（−）費用［減価償却費と支払利息は除く］	1,600
（−）減価償却費	750
営業利益	?
事業活動に関連する法人税等（税率40%）	?
増加運転資本	100
正味設備投資	800

7. キャッシュ・フロー計算書（CF/S）に基づくFCFと（7.9）式のFCFとの同等性を考えなさい。

（前提条件） 以下の間接法によるCF/Sにおいて，支払利息以外の営業外損益はなく，特別損益もないと仮定する。また，運転資本以外の貸借対照表上の増減はゼロとする。さらに，損益計算書に記載される法人税等と税額の支払額は同じで，投資活動は設備への支出のみとする。

CF/Sに基づくFCF

	NI
（＋）	DP・AM
（−）	ΔWC
（＋）	I
（小計）	
（−）	τI
	営業CF
（−）	CAPEX
	FCF

NI：税引後利益　DP：減価償却費　AM：のれん償却額
I：支払利息　τ：税率　ΔWC：増加運転資本　CAPEX：（正味）設備投資額

1）キャッシュの範囲は現金及び現金同等物と定義されており，日本基準の貸借対照表の現金及び預金の額とは必ずしも一致しないことがある。IFRS では連結貸借対照表に現金及び現金同等物が記載されている。

2）連結範囲の変更や為替などの影響で，貸借対照表から計算される増加運転資本と CF/S から計算される増加運転資本は異なることがある。

3）負ののれん発生益は営業 CF の部の「その他」に含まれている。

4）図表 7-4 は CF の視点から会社のライフサイクルを表しているが，必ずしも図表 7-4 の①から⑧をどの会社も順に経過するわけではない点に注意を要する。

5）数値は 2017 年のもので，業種別の中央値である。サンプルは 2017 年に日本基準を適用する上場会社（金融・その他金融・保険・保険業は除く）で，算定に必要なデータが揃う決算月数が 12 カ月のものである。最終的に，2,314 社残った。

第8章

損益分岐点分析

要　旨

　会社の採算性をみる有効な方法として損益分岐点分析がある。損益分岐点分析では，利益を生み出すために売上がいくら必要になるかを算出する。具体的には，本章の分析によって，(連結)損益計算書の費用項目を変動費と固定費に分類し，それらを合計した総費用を超える売上がどの水準まであがればよいかを導き出す。また，コスト構造の違いによって売上に応じて利益がどのように変化するかについても説明する。

　損益分岐点分析は，利益を生み出すために必要な売上（売上高や売上収益を単に売上と呼ぶ）がいくらであればよいかを明らかにするものである。**損益分岐点**（break-even point）とは，文字通り，損益が分岐する点であり，売上と総費用とが一致する点である。売上が総費用を下回ると損失が発生し，売上が総費用を上回ると利益が発生する。要するに，損益分岐点に位置する売上は採算がちょうどとれるかどうかの境目である。

　事業の採算を考える場合に，経営者にとって損益分岐点となる売上を把握することは欠かせない。損益分岐点となる売上を知ることなしには，経営計画を策定する手がかりが得られないばかりか，部門あるいは製品ごとの利益計画を立案・策定することができないからである。

　損益分岐点は，社内の者にだけ重要ではなく，財務諸表分析を行う社外の利用者にも注意を払っておく価値がある。以下の第4節で示すように，コスト構造が売上に応じた利益の変化に影響を及ぼすので，損益分岐点分析を実践することによって会社の収益力の特質がより把握しやすくなるであろう。

　損益分岐点分析において理解しておかなければならないのは，売上に対して費用の発生態様が異なるということである。すなわち，費用を固定費（fixed cost）と変動費（variable cost）に区分けすることが必須となる。固定費とは，売上（あるいは操業度）の増減に関係なく一定金額が発生する費用のことを指す。変動費は，売上（あるいは操業度）の増減に比例して発生する費用のことを指す。実際には，固定費と変動費の両方の性質をもつ準変動費や準固定費に分類される費用もあるので，単純に固定費と変動費に分類することが難しいケースも存在する。

　公表される（連結）損益計算書には，固定費と変動費に分類して費用項目が表示されることはなく，費用項目が発生源泉別に売上原価や販売費及び一般管理費として記載されている。損益計算書のどの項目が固定費で，どの項目が変動費かを決めるには，われわれが何らかの基準を設けて振り分ける手間をかけ

なければならない。固定費と変動費の分類方法については以下の第5節で説明する。

第2節 限界利益と損益分岐点

　損益分岐点分析では，**限界利益**（marginal profit）という経済学の分野で登場する名称がよく用いられる。限界利益という用語は，製品や商品の売上を1単位だけ増加させた場合に生まれる利益のことを意味するが，ここでは売上から変動費を控除した部分を限界利益と定義しておく。図表8-1に限界利益，変動費，および固定費の関係を提示しているので，それを説明のために利用する。

　図表8-1によると，売上から変動費を差し引いたものが限界利益となっている。限界利益は売上と変動費以外の要素である固定費と営業利益（変動費と固定費の範囲が売上原価と販売費及び一般管理費の場合）から構成される。固定費は売上の増減と関連せずに発生するので，売上の増減は変動費と営業利益の増減に影響を与える。採算を考えるポイントとなるのは，限界利益の部分によって固定費分を回収することができるか否かである。営業利益を獲得するには少なくとも限界利益が固定費を上回っていなければならない。

　損益分岐点において，営業利益がゼロ（売上＝総費用）であるので，売上＝変動費＋固定費が成り立つ。この場合，限界利益（＝売上－変動費）は固定費と等しくなっている（限界利益＝固定費）。したがって，限界利益が固定費を

図表 8-1　限界利益と固定費

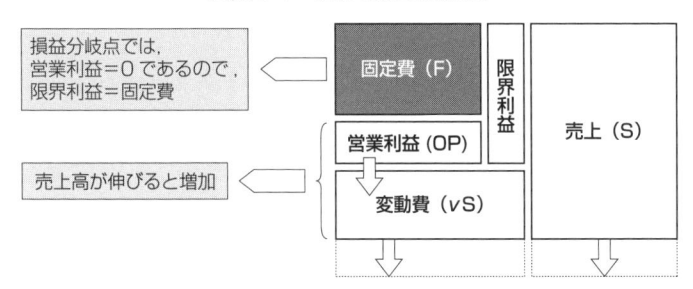

超過すると利益が生まれ，逆に，限界利益が固定費分を下回ると損失が生まれることになる。売価の下落や原材料費の高騰によって限界利益がマイナスということになれば，売れば売るほど損がでる状態に陥る。そのような場合は，早急に該当する製品の取り扱いを停止することが得策となる。

売上に占める限界利益の割合を**限界利益率**（$=\dfrac{限界利益}{売上}$）という。損益分岐点における固定費は限界利益と等しく，限界利益率を組み込んで考えると，次のような関係が成り立つ。

$$固定費 = 限界利益率 \times 売上$$

売上を左辺にもってくると，回収すべき固定費を限界利益率で除すという式が導き出される。

$$売上 = \frac{固定費}{限界利益率} = \frac{固定費}{\dfrac{限界利益}{売上}} = \frac{固定費}{\dfrac{売上 - 変動費}{売上}} = \frac{固定費}{1 - \dfrac{変動費}{売上}} \qquad (8.1)$$

（8.1）式によって計算された売上は，利益がマイナスとはならないようにするための最低限必要なものであり，この額が**損益分岐点売上**（break-even sales）を示す。

収益性を高めるために売上の増大を図ることは重要である。その点で，限界利益率の低い製品グループではなく，限界利益率の高い製品グループの売上を増大させる戦略を練ることが効果的である。限界利益率が高いほど，（8.1）式の分母が大きくなり，より少ない売上で固定費をカバーすることができる。

上記のことを知るために，売上営業利益率という指標を取り上げて考えてみよう。式の横にある上下の矢印は売上営業利益率を高めるための指標の方向性を示す。

$$
\begin{aligned}
売上営業利益率\uparrow &= \frac{営業利益\quad\uparrow}{売上} \\[2mm]
&= \frac{売上-変動費\downarrow-固定費\downarrow}{売上} \\[2mm]
&= (1-変動費率\downarrow)-固定費率\downarrow \\[2mm]
&= 限界利益率\uparrow-固定費率\downarrow \qquad\qquad (8.2)
\end{aligned}
$$

(8.2) 式から，固定費を削減することが売上営業利益率を高めることに直結することが理解できる。また，固定費率を所与とすれば，限界利益率を高めるほど，売上営業利益率が高くなることがわかる。限界利益率を上向きにするためには，資材の調達方法や調達先の見直し，変動費（仕入）単価の引き下げ，不良品の削減などによって変動費率を引き下げることが必要である。逆に，変動費率を所与とすれば，人件費・宣伝広告費等の固定費の削減や自社物流部門を全面的に廃止し外部委託（アウトソーシング）を行うなど固定費の変動費化を実施することにも注力しなければならない。

第3節　利　益　図　表

　損益分岐点の様子は，グラフに図示してみると視覚的に把握しやすい。図表8-2は限界利益を示した**利益図表**（profit chart）である。

　利益図表は売上・費用を縦軸に，売上を横軸にとる。原点0を通る線の1つが売上線で，縦軸の金額と横軸の金額は一致している。加えて，原点から変動費率（変動費÷売上）を傾きとする直線が引かれている。この直線が変動費線である。変動費線に平行している線は，売上に関係なく一定額が発生する固定費分を加算したもので，総費用線を示す。図表8-2によって，固定費が回収されてはじめて利益が生み出されることが理解されよう。

　売上線と総費用線の交点が損益分岐点である。そこから真下に向かって線を引いて，横軸との接点となる地点が損益分岐点売上（売上＝総費用）の額を示す。損益分岐点売上より右側（売上＞総費用）では利益が生じ，左側（売上＜

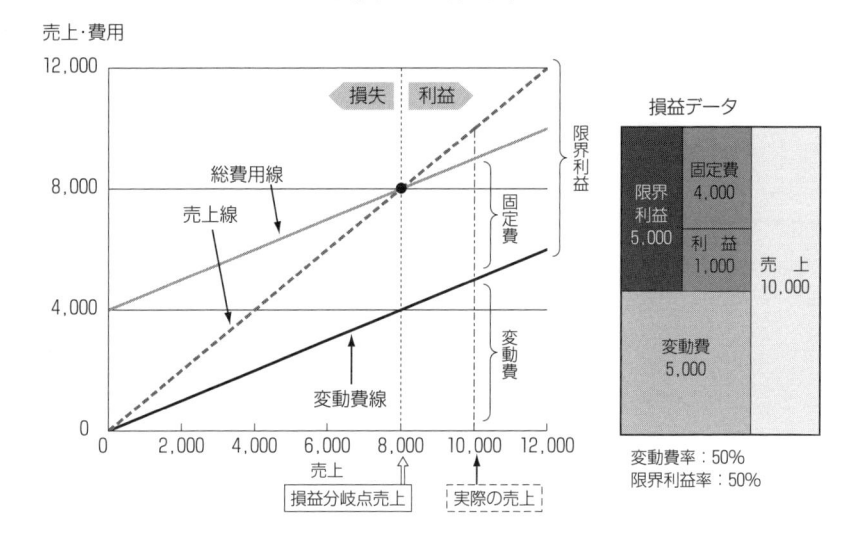

図表 8-2　利益図表

総費用）では逆に損失が生じる。

　図表8-2のグラフの右に損益データの数値例を掲示している。この数値例によると，損益分岐点となる売上は次のように計算される。

$$損益分岐点売上 = \frac{固定費}{1 - \dfrac{変動費}{売上}} = \frac{4,000}{1 - \dfrac{5,000}{10,000}} = 8,000$$

　損益分岐点分析では，目標利益を設定し，それを達成するための売上を算定することも可能である。損益分岐点売上の公式は，固定費を全額回収するために必要な売上を求めるためのものであった。そこで，次式のように，固定費と目標利益をカバーする算式に書き直せば，目標利益を達成するための売上が算出できる。

$$目標利益達成点売上 = \frac{固定費 + 目標利益}{1 - \dfrac{変動費}{売上}}$$

　必要とすべき損益分岐点売上がわかれば，次に，損益分岐点売上が実際の売上に対して何％の位置にあるかを知りたい。下記の損益分岐点比率は会社の採算性を測る有益な指標である。

$$損益分岐点比率（\%）= \frac{損益分岐点売上}{実際の売上} \times 100$$

　図表8-2に示すように実際の売上が10,000であるとすると，損益分岐点比率は8,000／10,000×100＝80％となる。損益分岐点比率が低いほど損失に陥る可能性が低いことを示す。損益分岐点比率の低い会社あるいは業種ほど不況時の抵抗力が強いと判定される。製造業に比べて小売業や流通業のような固定費の低い変動費負担型のビジネス（図表8-2の総費用線が下がる）は赤字には転落しにくいが，売上に連動する変動費（変動費線の傾きが大きい）をうまく抑制しなければ，損益分析点売上は上昇してくる。コスト構造は会社によって多様であるが，その構造は利益成長の差につながる。

　現実の売上が損益分岐点をどれくらい上回っているかという観点から，収益の安全性を測定してみる。下式のように，実際の売上を100％とし，それと損益分岐点比率との差異を求めれば，**安全余裕率**（margin of safety）という分析指標になる。

$$安全余裕率（\%）= \frac{実際の売上 - 損益分岐点売上}{実際の売上} \times 100$$
$$= 100\% - 損益分岐点比率$$

　安全余裕率の値は損益分岐点比率と逆に大きい方がよい。損益分岐点比率と安全余裕率は対極の関係で，計算式からも明らかなように，これら2つの指標の合計は100％となる。図表8-2の例では，安全余裕率は20％となる。

第4節 営業レバレッジ

損益分岐点売上が低ければ低いほど，収益性を確保しやすい収益体質であるといえる。固定費が上がったり，変動費率が高まったりすると，損益分岐点売上の位置は図表8-2で言えば右側に向かうことになる。次に，営業利益が変動するリスクは会社のコスト構造によって変わってくることを考察する。将来の会社の業績を予測する場合に，コスト構造を理解しておくことは重要である。

以下の（8.3）式は，売上が1%変化したとき営業利益が何%変化するかを示す。なお，Δは変化額を示す。

$$\text{営業レバレッジ係数（DOL）} = \frac{\Delta \text{営業利益}}{\text{営業利益}} \div \frac{\Delta \text{売上}}{\text{売上}} \qquad (8.3)$$

この指標は**営業レバレッジ係数**（degree of operating leverage；DOL）といわれ，（8.3）式は次のような関係式として表すことができる。利益の変動リスクを検討する場合に役立つ指標である。

$$\frac{\Delta \text{営業利益}}{\text{営業利益}} = \text{DOL} \times \frac{\Delta \text{売上}}{\text{売上}} \qquad (8.4)$$

（8.4）式からわかることは，売上の変化率を一定とすると，営業レバレッジ係数が高いほど営業利益の変化率は大きくなることである。営業レバレッジ係数は売上の変化率に対する営業利益の変動リスクを表す感応度として機能している。

営業レバレッジ係数の意味をもう少しわかりやすくするために，式を展開することにする。以下では，図表8-1と同じく，売上をS，固定費をF，変動費率（変動費／売上）をv，営業利益をOPとする。これらの記号を用いると，OPは次のように表される。

$$\text{OP} = \text{S} - v\text{S} - \text{F} = (1-v)\text{S} - \text{F} \qquad (8.5)$$

売上の変化額を ΔS，OPの変化額を ΔOP とすれば，(8.5) 式の変化は次のようになる。

$$\Delta OP = (1-v)\Delta S \qquad (8.6)$$

固定費は一定で，その変化額はゼロとなるので ΔF は消滅している。(8.6) 式を (8.3) 式の営業レバレッジ係数の式に代入してみよう。

$$DOL = \frac{\dfrac{\Delta OP}{OP}}{\dfrac{\Delta S}{S}} = \frac{\dfrac{(1-v)\Delta S}{(1-v)S-F}}{\dfrac{\Delta S}{S}}$$

分母と分子を整理すると，次のように営業利益に対する限界利益の比となる。

$$DOL = \frac{(1-v)S}{(1-v)S-F} \qquad (8.7)$$

$$= \frac{S-vS}{OP} = \frac{F+OP}{OP}$$

$$= 1 + \frac{F}{OP} \qquad (8.8)$$

(8.8) 式は，総費用に占める固定費の割合が大きいほど，営業レバレッジ係数が大きくなることを意味する。売上の変化率を一定とすると，固定費の割合が高いほど営業利益の変化率は大きくなる。なお，(8.7) 式の $\dfrac{(1-v)S}{(1-v)S-F}$ の分母と分子を $(1-v)$ で除し，さらにSで除すと，$\dfrac{1}{1-損益分岐点比率}$ という損益分岐点比率を用いた営業レバレッジ係数となる。これは安全余裕率の逆数であり，損益分岐点比率が高い（つまり，安全余裕率が低い）ほど，営業レバレッジ係数が高まってくることを示す。

図表8-3は，営業レバレッジ係数と損益分岐点比率の関係を示している。①から⑤まで売上と総費用の額は一定であるが，総費用のなかの固定費と変動費

<table>
<thead>
<tr><td colspan="2">図表 8-3　営業レバレッジ係数と損益分岐点比率</td></tr>
</thead>
</table>

		①	②	③	④	⑤
a	売上	120	120	120	120	120
b	固定費	10	30	50	70	90
c	変動費	90	70	50	30	10
d	総費用	100	100	100	100	100
e	営業利益	20	20	20	20	20
f	営業レバレッジ係数 $(1+b/e)$	1.5	2.5	3.5	4.5	5.5
g	損益分岐点売上 $(b/(1-c/a))$	40.0	72.0	85.7	93.3	98.2
h	損益分岐点比率 (g/a)	33.3%	60.0%	71.4%	77.8%	81.8%

の割合が変化している。①から⑤にかけて総費用に占める固定費の割合を徐々に増加させている。その結果，⑤の固定費の割合が最も高い場合，それ以外の①から④の固定費の割合が低くなっている場合よりも営業レバレッジ係数が高く，損益分岐点比率が上昇することがわかる。換言すると，総費用に占める固定費が高まるほど営業利益の変動リスクは大きくなり，利益がゼロに落ち込むリスクが高くなると解釈される。

　売上が落ち込む状況下では，営業レバレッジ係数が高いほど固定費が重荷（てこ）となって，営業利益は大幅に低下することがある。逆に，総費用に対する固定費の割合が低いほど，売上変化による利益の変化は小さく，業績は比較的安定する。財務諸表分析を行う場合，食品スーパーのような変動費負担型ビジネスであるのか，あるいは鉄鋼業のような固定費負担型ビジネスであるのかによって利益を生み出す体質が異なることを知っておくと便利である。

　業績の変動を最小限に抑制するために，固定費を削減することは重要である。ところが，Anderson, Banker and Janakirman（2003）は**コストの下方硬直性**（stickiness）を指摘し，売上の増加に伴なうコスト（変動費）の増加ほど売上の減少に伴なうコストの削減が行われないことを実証的に示している。変動費が固定費化するために，需要が落ち込んだ時に，余分な資源を削除することが需要増を調整するための資源の拡充より難しいことが明らかにされている[1]。

第5節 変動費と固定費の分解

1. 勘定科目法

　損益計算書には**変動費**と**固定費**の区別が明記されていない。損益分岐点を求めるためには財務諸表分析の利用者自らが変動費と固定費を分解しなければならない。最も実践的な方法は，該当する会社の勘定科目から費用の性格を分類する勘定科目法（個別費用法）を用いることである。

　図表8-4に，勘定科目による変動費と固定費を勘定科目の一般的な性格にしたがって分類している。その際，準固定費は固定費に含め，準変動費は変動費

図表 8-4　勘定科目の分類例

製造費用				
	変	固		
材料費	○			
労務費		○		
経費　減価償却費		○		
その他の経費	○	○		

販売費及び一般管理費					
	変	固		変	固
荷造運送費	○		地代・家賃・保険料		○
広告宣伝費		○	福利厚生費		○
販売手数料	○		交際費		○
事務用消耗品費	○		通信・旅費・交通費		○
修理保証費		○	水道光熱費		○
製品保証引当金繰入額	○		租税公課		○
貸倒引当金繰入額	○		修繕費		○
役員報酬		○	販売促進費	○	
給料手当		○	減価償却費		○
賞与引当金繰入額		○	退職給付費用		○
研究開発費		○			

　注：変は（準）変動費，固は（準）固定費を示す。

に含めている[2]。広告宣伝費と研究開発費は経営能力を一定に維持するための費用として固定費に分類している。同じ名称の勘定科目であっても，会社の取引態様や生産状況によって，変動費と固定費の分類が変わるかもしれない。社外の者には判断のつかないことが少なくないことに留意されたい。

卸売業や小売業のように外部から商品を仕入れて販売する業種では，売上原価は変動費として扱われる。製造業の場合，売上原価の中に固定費（労務費や経費の多く）が含まれているので，それらを除外したものが変動費となる。個別財務諸表のみを作成する会社では製造原価に関する情報を省略することができないが，連結財務諸表作成会社がセグメント情報を開示している場合に個別開示の簡素化のために製造原価報告書の開示が免除されている。販売費及び一般管理費に関しては，製造業でも非製造業でも荷造運送費や販売手数料は変動費となるが，広告宣伝費，給料手当，水道光熱費，減価償却費など多くが固定費として扱われる。

2. 総費用法

勘定科目法よりも簡便な方法として**総費用法**がある。総費用法とは，固定費が売上に関係なく毎期一定額発生することに着目する方法である。2期分の売上と総費用を用意すれば簡単に算出できる。洋菓子の老舗であるモロゾフ（証券コード：2217）の個別損益計算書データから，図表8-5に損益分岐点分析に必要な2期分の売上と総費用を取り出した。総費用は売上原価と販売費及び一般管理費を加算したものである。なお，モロゾフは，子会社が存在するが，企

図表8-5　総費用法に用いるデータ

（単位：千円）

	2017年1月期	2018年1月期	変化額
売上	29,167,273	29,600,498	433,225
売上原価	15,120,054	15,083,085	
販売費及び一般管理費	12,037,066	12,111,645	
総費用	27,157,120	27,194,730	37,610

注：データはモロゾフの個別損益計算書より入手。

業集団の財政状態，経営成績及びキャッシュ・フローの状況に関して合理的な判断を誤らせない程度に重要性が乏しいとして連結財務諸表を作成していない。

図表8-5において，2017年1月期から2018年1月期に売上が433,225千円増額し，総費用が37,610千円増額している。総費用の増額分がすべて変動費の増加分であると仮定すれば，前期からの総費用の増額分を前期からの売上の増額分で除した比率が変動費率となる。

$$変動費率（\%）= \frac{総費用の変化額}{売上の変化額} \times 100 = \frac{37,610}{433,225} \times 100 = 8.7\%$$

売上に上記の変動費率を乗じたものが変動費（2,575,243千円＝29,600,498千円×8.7％）となる。さらに，総費用からその変動費を控除して固定費（24,619,487千円）が算出される。総費用法ではモロゾフの費用構成はほとんどが固定費となる。総費用法を用いる場合，変動費率や固定費に大きな変化がない，また異常な費用の発生がないという暗黙の前提が置かれている。総費用法では，売上の変化額より総費用の変化額が大きい場合，変動費率が100％を超えてしまう。

3. 最小2乗法

費用を分解する別の方法として，総費用線（図表8-2参照）を推定するために最小2乗法が用いられる。数式で表すと，総費用線は次のようになる。

$$総費用（y）= 固定費（a）+ 変動費率（b）\times 売上（x） \qquad (8.9)$$

変動費率(b)は総費用線の傾きを示す。売上がゼロの場合，総費用(y)＝固定費(a)となり，固定費が売上に関係なく発生することがわかる。

最小2乗法では，実際の総費用と (8.9)式で推定される総費用の推定値との誤差の2乗和が最小となるように，aとbの係数が計算される。総費用を変動費と固定費に分解する場合に，時系列データが利用される。

時系列データが与えられた場合に，総費用をy，固定費をa，変動費率をb,

売上を x，総和を Σ，データの年数を nとすると，総費用は次のような数式で表される。

$$\Sigma y = na + b\Sigma x \qquad (8.10)$$

aとbを数学的に求めるために，連立方程式を作る。(8.9)式の両辺にxを掛け，それの総和を求めると以下のようになる。

$$\Sigma xy = a\Sigma x + b\Sigma x^2 \qquad (8.11)$$

(8.10) 式と (8.11) 式の連立方程式を解いていくことにする。(8.10) 式に (1/n) Σxを乗じ，(8.11) 式から差し引けば，

$$\left\{ \sum x^2 - \frac{1}{n}\left(\sum x\right)^2 \right\} b = \sum xy - \frac{1}{n}\sum x \sum y$$

となるので，bは次のようになる。

$$b = \frac{\sum xy - \dfrac{1}{n}\sum x \sum y}{\sum x^2 - \dfrac{1}{n}\left(\sum x\right)^2} \qquad (8.12)$$

一方，aは (8.10) 式から次のように求められる。

$$a = \frac{\sum y - b\sum x}{n} \qquad (8.13)$$

得られた (8.12) 式と (8.13) 式がそれぞれ最小2乗法による固定費と変動費率の計算式ということになる。

モロゾフの個別ベースの時系列データ（売上と総費用）を図表8-6に用意したので，上式の公式にデータを当てはめてみよう。Σx, Σy, Σxy, Σx^2は，あらかじめ図表8-6で計算されているので，必要な数値を変動費率の計算式である (8.12) 式に代入する。

図表 8-6 売上と総費用の時系列データ

（単位：億円）

	売上（x）	売上原価	販管費	総費用（y）	xy	x^2
2009年1月期	279.3	153.6	120.5	274.1	76,556.1	78,008.5
2010年1月期	273.4	154.4	120.2	274.6	75,075.6	74,747.6
2011年1月期	266.4	148.7	113.7	262.4	69,903.4	70,969.0
2012年1月期	263.4	143.9	111.5	255.4	67,272.4	69,379.6
2013年1月期	273.3	148.8	116.0	264.8	72,369.8	74,692.9
2014年1月期	279.2	152.2	119.0	271.2	75,719.0	77,952.6
2015年1月期	277.3	150.5	119.5	270.0	74,871.0	76,895.3
2016年1月期	286.7	154.0	120.3	274.3	78,641.8	82,196.9
2017年1月期	291.7	151.2	120.4	271.6	79,225.7	85,088.9
2018年1月期	296.0	150.8	121.1	271.9	80,482.4	87,616.0
Σ	2,786.7	1,508.1	1,182.2	2,690.3	750,117.2	777,547.3

注：データはモロゾフの個別損益計算書より入手。計算過程において，少数点以下第2位を四捨五入
している。

$$b = \frac{750{,}117.2 - 1/10 \times 2{,}786.7 \times 2{,}690.3}{777{,}547.3 - 1/10 \times 2{,}786.7^2}$$

$$= \frac{411.30}{977.61}$$

$$= 0.420$$

　算出された数値を固定費の計算式である（8.13）式に代入すると，以下のようになる。

$$a = \frac{2{,}690.3 - 0.420 \times 2{,}786.7}{10}$$

$$= 151.99億円$$

　変動費率は0.420となり，結果は総費用法と異なるものとなっている。最小2乗法が意義のある計算方法であるとしても，時として変動費率が1よりも大きく，加えて固定費がマイナスとなってしまうことがある。そのような結果は経済的な意味の解釈を不可能にする。総費用法と同様に，変動費率に変化がない，固定費に変化がない等の前提がある限り，長期的なデータ（年次データの時系列）を用いた分析では，コストの構造的な変化を十分に把握することは困難である。1つの解決法は四半期データを利用することであろう（本章練習問題5参照）。

【Appendix 8-1】 営業レバレッジ係数の根幹

（8.8）式より，

$$DOL = 1 + \frac{F}{OP}$$

である。OPを売上（S）で除したものをOPMと表すと，

$$= 1 + \frac{F/S}{OPM}$$

となる。さらに分解すると，

$$= 1 + \frac{\dfrac{F}{F+v\mathrm{S}} \times \dfrac{F+v\mathrm{S}}{\mathrm{S}}}{OPM}$$

となる。$F+v\mathrm{S}=\mathrm{S}-OP$であるので，

$$= 1 + \frac{\dfrac{F}{F+v\mathrm{S}} \times (1-OPM)}{OPM}$$

$\dfrac{F}{F+v\mathrm{S}}$は営業レバレッジ係数の根幹であり，OLと置き換えて表すと，DOLは次のようになる（Li, Nissim, and Penman 2014 ; 椎葉, 2016）。

$$DOL = 1 + \frac{OL \times (1-OPM)}{OPM} = 1 - OL + \frac{OL}{OPM} \qquad (8.13)$$

DOLはOLとOPMの両方で決定され，一般的に1より大きくなるといえる。極端な場合，固定費がゼロであれば，DOL＝1となる。変動費がゼロの場合，DOLはOPMによってのみ決定される。黒字を前提に0＜OPM＜1の場合，固定費の存在によってDOL＞1となる。総費用に占める固定費の割合を示すOL

を営業レバレッジと定義する文献もあり，営業レバレッジ係数の重要な要素と位置づけられる。

なお，DOLを (8.13) 式の右辺のOLで微分した形で表すと，$\dfrac{\delta\,\mathrm{DOL}}{\delta\,\mathrm{OL}} = \dfrac{1}{\mathrm{OPM}} - 1 > 0$ となり，黒字を前提に，固定費の割合が高い場合に営業レバレッジ係数は高くなる。また，OLを所与としてDOLをOPMで商の微分を行うと，DOLはOPMとは逆方向に動くことがわかる。

《練習問題》

1. 下記の資料に基づいて，各問に答えなさい。

〈資料〉

(単位：百万円)

売上					6,000
費用		変動費	固定費	合　計	
	売上原価	2,000	1,200	3,200	
	販売費及び一般管理費	600	1,500	2,100	
	合　計	2,600	2,700		5,300
営業利益					700

1) 損益分岐点売上を求めなさい。

2) 損益分岐点比率と安全余裕率を求めなさい。

3) 次期計画を以下のように立てた場合，営業利益と損益分岐点比率はいくらになるかを計算しなさい。

　　ア）変動費の10%上昇を見込む

　　イ）固定費の5%上昇を見込む

　　ウ）販売価格の2%上昇を見込む

2. 次のようなコスト構造のA社とB社が存在するとしよう。売上が上下10%変化した場合に，営業利益にどのような変化が起こるかを説明しなさい。

〈資料〉

A　　社		B　　社	
売上	100	売上	100
変動費（70%）	70	変動費（20%）	20
固定費	20	固定費	70
営業利益	10	営業利益	10

3. R社の当期の売上5,000百万円，営業利益300百万円で，限界利益1,500百万円，変動費3,500百万円であった。この場合，営業レバレッジ係数はいくらになるかを計算しなさい。

4. 次のモロゾフの個別財務諸表データ（2018年3月期）から，勘定科目法によって変動費と固定費の分類を行い，損益分岐点売上を求めなさい。売上は

29,600,498千円である。

〈資料〉

(単位：千円)

科　目　等			金　額
仕入原価	製品期首棚卸高＋当期製品仕入高－他勘定振替高－製品期末棚卸高		971,141
売上原価	当期製品製造原価		14,111,943
		原材料費	9,379,136
		労務費	1,946,273
		経費	2,778,239
		（内減価償却費，水道光熱費）	708,706
		（内外注加工費，運賃及び荷造費）	1,581,007
		その他	488,526
		期首仕掛品棚卸高	305,411
		他勘定振替高	17,513
		期末仕掛品棚卸高	279,603
	売上原価合計		15,083,084
販売費及び一般管理費	運賃及び荷造費		1,568,397
	広告宣伝費		770,619
	賃借料		424,547
	貸倒引当金繰入額		600
	役員報酬		149,565
	給与手当及び賞与		5,052,017
	賞与引当金繰入額		156,716
	退職給付費用		242,268
	福利厚生費		737,818
	旅費交通費及び通信費		151,572
	消耗品費		943,880
	租税公課		174,951
	減価償却費		223,636
	水道光熱費		143,779
	研究開発費		399,093
	その他の経費		972,181
	販売費及び一般管理費合計		12,111,639
総費用合計			27,194,723

注：データはモロゾフの個別損益計算書より入手。

5.　次のモロゾフの四半期データを基礎に，最小2乗法によって変動費率と固定費を求めなさい。ここでは3年度分12四半期のデータを用いる。

<資料〉

（単位：億円）

	売上 (x)	売上原価	販管費	総費用(y)	xy	x^2
2015年第1四半期	76.5	40.9	30.1	71.0	5,431.5	5,852.3
2015年第2四半期	58.2	31.0	28.2	59.2	3,445.4	3,387.2
2015年第3四半期	48.5	26.3	28.3	54.6	2,648.1	2,352.3
2015年第4四半期	103.4	55.8	57.8	113.6	11,746.2	10,691.6
2016年第1四半期	81.1	41.7	30.1	71.8	5,823.0	6,577.2
2016年第2四半期	57.9	29.7	27.9	57.6	3,335.0	3,352.4
2016年第3四半期	48.8	25.5	28.5	54.0	2,635.2	2,381.4
2016年第4四半期	103.9	54.3	33.9	88.2	9,164.0	10,795.2
2017年第1四半期	82.4	41.5	30.4	71.9	5,924.6	6,789.8
2017年第2四半期	59.2	29.8	27.3	57.1	3,380.3	3,504.6
2017年第3四半期	48.5	25.2	28.5	53.7	2,604.5	2,352.3
2017年第4四半期	106.0	54.3	35.0	89.3	9,465.8	11,236.0
Σ	874.4	456.0	386.0	842.0	65,603.6	69,272.3

注：データはモロゾフの四半期決算短信より入手。

[注]

1）Banker and Chen（2006）は，コストの下方硬直性を考慮することが，次期の ROE の予測能力を上昇させることにつながることを示唆する。

2）準固定費は階段状に増加するコストで，ある範囲内の操業度の変化でコストは固定であるが，その範囲を超えると急増し，再び固定化する。準変動費では，操業度がゼロの場合にも一定額のコストが発生するが，その後に操業度の増加に応じて比例的にコストが増加する。

第9章

成長性分析

要　旨

　会社の将来性を予測するには，その会社がどのような成長過程にあるのかを把握する必要がある。今後も順調に伸びていくのか，それとも衰退の経緯をたどっていくのかを読み取るために，過去のデータを利用し，業績の推移を分析しなければならない。収益性分析や安全性分析と同様に，**成長性分析**による結果は財務諸表の利用者にとって重要性の高いものである。

◆第1節 業績の推移

　財務諸表分析の目的の1つは会社の将来性を予測することである。特に投資者にとっては会社が今後どのように伸びていくかどうかに強い関心があろう。将来の成長性を把握する場合に，過去のデータからでも十分な情報内容を得ることができると考えられる。過去の成長状況を測定する場合，最も一般的な方法は**前期比**と**趨勢比**を求めることである。どちらも成長性を示す指標であり，計算式は以下の通りである。

$$前期比(\%) = \frac{当期実績値 - 前期実績値}{前期実績値} \times 100$$

$$趨勢比(\%) = \frac{当期実績値 - ベース年度実績値}{ベース年度実績値} \times 100$$

　前期比と趨勢比は，当期の実績値が1期前あるいは数期前の過去の実績値と比べてどれだけ変化したかを示す成長率である。さらに，成長率を測定する指標としては，下記のような**年平均成長率**（compound annual growth rate; CAGR）が用いられることがある。

$$年平均成長率(\%) = \left(\sqrt[年数]{\frac{当期実績値}{ベース年度実績値}} - 1 \right) \times 100$$

　たとえば，各期の売上をS_t，成長率をg_tとすると，5年間の年平均成長率$CAGR$は次のようになる。

$$(1+CAGR)^5 = (1+g_1)(1+g_2)(1+g_3)(1+g_4)(1+g_5)$$
$$= \frac{S_1}{S_0} \times \frac{S_2}{S_1} \times \frac{S_3}{S_2} \times \frac{S_4}{S_3} \times \frac{S_5}{S_4} = \frac{S_5}{S_0}$$

したがって，$CAGR = \left(\frac{S_5}{S_0} \right)^{\frac{1}{5}} - 1 = \sqrt[5]{\frac{S_5}{S_0}} - 1$となる。当期の売上が2,000万円で

ベース年度（5期前）の実績値が1,000万円であるとしよう。$\sqrt[5]{\dfrac{2,000}{1,000}}-1$は0.1487

となるので，年平均成長率は14.87％となる[1]。年平均成長率は，ベース年度
の実績値が複利計算で当期の実績値となるように利回りが計算される。各期の
リターンが一定である場合に年平均成長率は算術平均成長率と一致するが，各
期のリターンの変動幅が大きくなってくるほど，年平均成長率＜算術平均成長
率の程度は大きくなる。

　本章では，歯磨や歯ブラシでトップシェアを占めるライオン（証券コード：
4912）と球団運営を行いつつゲーム開発に注力するディー・エヌ・エー（2432，
IFRS適用，以下，DeNAと表記）の連結データを用いて成長性分析を行う。図

図表9-1　成長性計算に利用するデータ

（単位：百万円）

パネルA：ライオン	2013年12月期	2014年12月期	2015年12月期	2016年12月期	2017年12月期	5期平均
売上高	352,005	367,396	378,659	395,606	410,484	380,830
総資産	282,098	283,352	282,434	298,510	331,751	295,629
自己資本	118,448	120,635	134,452	149,282	176,559	139,875
営業利益	10,819	12,406	16,374	24,502	27,206	18,261
当期純利益	6,097	7,368	10,680	15,951	19,827	11,985
1株当たり当期純利益(円)	22.72	27.47	39.35	55.13	68.23	43
研究開発費	9,618	9,439	9,808	10,084	10,474	9,885
従業員数（人）	6,162	6,343	6,816	6,895	7,075	6,658
パネルB：ディー・エヌ・エー	2014年3月期	2015年3月期	2016年3月期	2017年3月期	2018年3月期	5期平均
売上収益	181,313	142,419	143,709	143,806	139,390	150,127
総資産	197,325	218,529	254,861	298,260	344,609	262,717
自己資本	140,600	157,210	189,208	229,666	263,285	195,994
営業利益	53,198	24,764	19,816	23,178	27,503	29,692
当期利益	31,661	14,950	11,325	30,826	22,981	22,349
基本的1株当たり当期利益(円)	242.56	115.35	78.76	212.49	158.34	162
研究開発費	5,820	4,047	3,036	2,720	4,387	4,002
従業員数（人）	2,197	2,424	2,435	2,400	2,475	2,386

注：連結データは両社の有価証券報告書から入手。ライオンについては親会社株主
　　に帰属する当期純利益を当期純利益と，DeNAについては親会社の所有者に帰
　　属する当期利益を当期利益と略している（以下同様）。DeNAはIFRSを適用。
　　△はマイナスを示す。

表9-1に成長性計算のために利用するデータを掲載している。成長性を表す代表的なデータとして、売上（売上高や売上収益を単に売上と呼ぶ），総資産，自己資本，会計利益，研究開発費，ならびに従業員数を取り上げる。

　成長性の指標について，過去5期のデータを基礎に，各期の前期比の傾向を探るとともに前期比の平均も計算しておく。また，4期前のデータと比較する趨勢比と年平均成長率も計算を行う。成長性分析の結果は図表9-2に報告されている。両社の有価証券報告書を参考にしながら成長性の内容を検討する。

1. 売上の成長性

　売上成長率（sales growth rate）は売上の伸び率を示しており，増収率と称されることがある。これは成長性判断のうち最も知名度の高い指標である。売

図表 9-2　成長性分析

パネルA：ライオン	前期比				前期比平均	趨勢比	年平均成長率
	2014年12月期	2015年12月期	2016年12月期	2017年12月期			
売上高	4.4%	3.1%	4.5%	3.8%	3.9%	16.6%	3.9%
総資産	0.4%	△0.3%	5.7%	11.1%	4.2%	17.6%	4.1%
自己資本	1.8%	11.5%	11.0%	18.3%	10.7%	49.1%	10.5%
営業利益	14.7%	32.0%	49.6%	11.0%	26.8%	151.5%	25.9%
当期純利益	20.8%	45.0%	49.4%	24.3%	34.9%	225.2%	34.3%
1株当たり当期純利益	20.9%	43.2%	40.1%	23.8%	32.0%	200.3%	31.6%
研究開発費	△1.9%	3.9%	2.8%	3.9%	2.2%	8.9%	2.2%
従業員数（人）	2.9%	7.5%	1.2%	2.6%	3.5%	14.8%	3.5%

パネルB：ディー・エヌ・エー	前期比				前期比平均	趨勢比	年平均成長率
	2015年3月期	2016年3月期	2017年3月期	2018年3月期			
売上収益	△21.5%	0.9%	0.1%	△3.1%	△5.9%	△23.1%	△6.4%
総資産	10.7%	16.6%	17.0%	15.5%	15.0%	74.6%	15.0%
自己資本	11.8%	20.4%	21.4%	14.6%	17.0%	87.3%	17.0%
営業利益	△53.4%	△20.0%	17.0%	18.7%	△9.5%	△48.3%	△15.2%
当期利益	△52.8%	△24.2%	172.2%	△25.4%	17.4%	△27.4%	△7.7%
基本的1株当たり当期利益	△52.4%	△31.7%	169.8%	△25.5%	15.0%	△34.7%	△10.1%
研究開発費	△30.5%	△25.0%	△10.4%	61.3%	△1.1%	△24.6%	△6.8%
従業員数（人）	10.3%	0.5%	△1.4%	3.1%	3.1%	12.7%	3.0%

注：図表9-1の連結データを基礎に計算。△はマイナスを示す。

上成長率は長期にわたって増加していることが望ましい。急激な増収はその後の反落に対する懸念材料ともなるので，増収が製品の大ヒットのせいであるのか，単なる合併や子会社による売上の急増のせいであるのかの判断を要する。ただし，売上の増減は景気変動や為替変動の影響を受けやすい。同業（競合）他社だけではなく，経済指標（GDP，日銀短観，消費者物価指数，鉱工業生産指数など）との突き合わせから成長性を判断することも有益である。

　図表9-2パネルAをみると，ライオンの売上は2013年12月期から2017年12月期まで連続増収となっている。趨勢比（ベース年度は2013年12月期）は16.6％で，年平均成長率が3.9％となっている。ハミガキやデンタルリンスのような一般用消費財の販売が安定して伸びている。2017年12月期には海外事業の売上も主要国でGDP成長率を上回って伸びている。

　図表9-2パネルBのDeNAでは，売上の前期比平均が△5.9％，趨勢比が△23.1％，年平均成長率が△6.4％とマイナス成長となっている。有価証券報告書によると，2018年3月期は前期に比べて，スポーツ関連サービス事業は伸びているが，主力であるモバイル向け関連のサービス事業とeコマース関連のEC事業で伸び悩みがある。今後の成長性を鮮明にさせるために，セグメント情報（第4章第4節参照）によって競争力の高い事業が育成されていないかを確認することは重要である。

　また，会社が発信するIRによって，経営者がどのような明確なビジョン（たとえば，社長メッセージや中期経営計画）をもっているかを検討することも成長性分析の重要な手続きである。ライオンは2018年12月期にIFRS適用会社となるが，決算説明資料（2018年2月9日付）で売上が4,000億円に目減りすることを報告している。

　ところで，有価証券報告書の「事業の状況」の「生産，受注及び販売の状況」を見れば，**受注生産**か見込生産かがわかるので，会社間の取引（B to B）あるいは会社と一般消費者の取引（B to C）かどうかというビジネスモデルを判定できる。有価証券報告書から受注の状況がわかる場合（建設業や機械業など），期中受注高や期末受注残高の伸びを推測することができれば，来期の収益を押し上げそうか否かを予測することが可能である。受注情報は短期的な業績動向

の先行指標として役立つ（本章練習問題5参照）[2]。

2. 総資産と自己資本の成長性

通例,売上が伸びるとともに会社の規模は拡大する。成長性分析を行う場合,売上の伸びに応じて売上以外の指標もバランスよく連動しているかどうかを観察すべきである。総資産は売上と同様に規模を表す指標であり,回転率の視点で言えば,売上成長率が総資本成長率を上回るほど資本効率は良好であると判断される。総資産成長率が売上成長率以上に伸びている場合には,過剰な設備投資や在庫などが原因で回転率が悪化してくる。また,借入金等の無理な資金調達がある場合,負債資本倍率が上昇してしまう。自己資本の増減から財務の安全性をチェックしておくことも望まれる。

図表9-2パネルAによると,ライオンの総資産は2015年12月期にマイナス成長となっているが,売上の伸びと同じく,趨勢比は17.6%,年平均成長率は4.1%とプラス成長である。自己資本の趨勢比は49.1%,年平均成長率は10.5%と高くなっている。利益剰余金が順調に積み上がってきている。

図表9-2パネルBのDeNAの総資産と自己資本の伸びは売上の縮小とは逆に,年平均成長率は15.0%と17.0%でプラスである。DeNAでは現金及び現金同等物が毎期増加しており,2018年3月期には総資産の30.1%を占める。2018年3月期にはその他の包括利益を通じて公正価値で測定する金融資産も増加している。自己資本の主な増加要因は,利益剰余金とその他の資本構成要素（主に資本性金融商品への投資による利得）の増加である。

自己資本が増加すると,自己資本比率が高まり,財務体質の強化が促される。このことは経営の安全性を保持することにつながる。仮に社外流出が配当だけで,増資がなく,かつ自己資本に評価・換算差額等が含まれないとすれば,期末自己資本＝期首自己資本＋当期純利益−配当という関係式が成立する。

期中の自己資本の増加は内部留保（＝当期純利益−配当）となるので,**自己資本成長率**（前期比）は,$\dfrac{\text{当期純利益}-\text{配当}}{\text{期首自己資本}}$ と示される。この指標は,

$\dfrac{\text{当期純利益} \times (1-\text{配当性向})}{\text{期首自己資本}}$ と同じことを意味し，期首自己資本をベースとする

ROE×（1−配当性向）の形で表される。この指標は自己資本の増強なしに会社が維持できる理論上の潜在的成長率を示す。外部から資金調達することなく，内部留保の再投資のみによって得られる自己資本の成長率は**サステイナブル成長率**（sustainable growth rate）と名付けられている。

（1−配当性向）は**内部留保率**（earning retention ratio）のことである。**配当性向**は1株当たり配当額（dividend per share；DPS）を日本基準では1株当たり当期純利益（earnings per share；EPS），IFRSでは基本的1株当たり当期利益で除して求められる。補足的にいえば，サステイナブル成長率を財務レバレッジ効果（第5章第4節参照）と結合させて考えると，次のようになる。

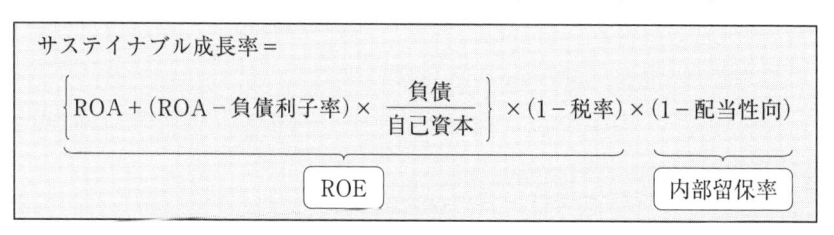

3. 利益の成長性

利益の成長率あるいは増益率は，基本的には，売上の増減と密接にリンクするであろう。増収増益局面では順調な成長をしていることになる。逆に，減収減益が続けば大幅な事業の立て直しに着手しなければならない。海外への事業展開や設備増強などの明確な成長戦略が必要となろう。減収増益や増収減益という状況もありえる。前者の場合は，製造コストの削減等の事業のスリム化が進めば減収でも利益の改善が見込まれる。

一般に，売上の成長性から利益の成長性を判断しがちであるが，自助努力という点では，コスト削減の側面にも目を向けるべきという考え方がある。たとえ費用成長率がプラスでも，それが売上成長率よりも低い場合は利益成長率への影響は少なくてすむ。売上成長率と費用成長率の差を観察することの意義は

あろう。

　ライオンの利益の成長性であるが，図表9-2パネルAによると営業利益も親会社株主に帰属する当期純利益も売上成長以上に拡大している。宣伝費の負担が利益の成長の足かせとなっているが，年平均成長率はそれぞれ25.9％と34.3％でプラス成長である。連結配当性向の30％を目安として配当が行われているので，利益の伸びは株主には関心の高い項目である。

　図表9-2のパネルBのDeNAの営業利益は，2018年3月期にスポーツ事業における業務委託費，ゲーム事業のプロモーションにおける販売促進費及び広告宣伝費が増えたが，のれんの減損損失がなくなり，さらに，過去から蓄積していた為替換算差額を会計基準に従って資本から損益に振り替える処理を行った結果，前期比18.7％増となっている。だが，法人所得税費用の増額によって親会社の所有者に帰属する当期利益はマイナス成長である。売上と同じく，年平均成長率は営業利益も当期利益もマイナスである。

　利益に関して，首藤(2010)は**連続増益会社**[3]（5期以上）とそれ以外の会社との間に株価形成に違いがあるかどうかを検証している。バイ・アンド・ホールド（長期での買い持ち）戦略をとった場合，増益期間が延びるほど（3期以上），連続増益会社のほうがそれ以外の会社よりも高い超過リターンを獲得することが裏付けられている。ただし，連続増益が途絶えた最初の年度に，市場はネガティブに反応し，成長期待の後退から超過リターンは一転して反落するという証拠が提示されている。

　1株当たり当期純利益(EPS)は，日本基準では，普通株式に係る親会社株主に帰属する当期純利益を普通株式の期中平均発行済株式数で除した値である[4]。EPSは，会社の収益力を確認するために株式投資の際によく使われる指標である。普通株主に帰属する利益だけに焦点を合わせるので，普通株主に帰属しない金額（優先株式への配当など）は計算式の分子から控除される。自己株式を保有している場合は，分母から期中平均自己株式数を控除する。新株予約権付社債などの潜在株式が存在する場合，潜在株式による希薄化効果を考慮して，潜在株式調整後EPSが計算される。なお，会計期間中に株式併合や株式分割が行われることがある。株式分割の場合，その影響を遡及修正した数値

を用い，EPSの時系列比較を行う必要がある（Appendix9-2参照）。

なお，EPSを2分解すると，次のようになる。

$$
\frac{当期純利益}{発行済株式数(期中平均)} = \frac{自己資本(期中平均)}{発行済株式数(期中平均)} \times \frac{当期純利益}{自己資本(期中平均)}
$$

これは1株当たり自己資本（BPS）にROEを乗じたものに等しい。したがって，ROEを一定とすれば，1株当たり自己資本が高いほどEPSは高くなる。

4. 研究開発投資等の成長性

研究開発（R&D）に関する投資は，将来の収益性を左右する重要な活動である。新製品・先端的技術の開発や新規分野の開拓にどのように取り組むかは，重要な成長戦略となる。研究開発費は短期的には利益を圧迫する要因となるが，中長期的な収益の拡大や競争力のアップに貢献する可能性が高い。成長が止まり下落に転じるピークアウトの状況であっても研究開発投資を分別なくカットすれば，将来の存続基盤は危うくなるかもしれない。

一般的に，会計利益の余裕が大きいほど，研究開発への投資意欲が増し，また，前期の研究開発投資が多いほど，当期の研究開発に対しても継続して前向きな投資が行われそうである[5]。

製造業では非製造業と比べて研究開発費の負担は重くなる。特に医薬品業では売上に占める研究開発費の比率が高く，国際競争に備えるために持続的な新薬創出に向けて研究開発が進められている。後発品製造の経営戦略を採用するケースでは，研究開発活動に対する投資よりも製造原価の削減に専念することがある。精密機械業，電機機器業，自動車業も研究開発費比率は高いほうである。非製造業では，建設業で技術研究開発が行われている。非製造業の中では，商社と小売業で相対的に研究開発費比率は高い。

図表9-1パネルAから，ライオンの研究開発費は5期平均では98億円である。2016年12月期から平均を超え100億円に達している。オーラルケア，ビューティケア，ファブリックケア，リビングケア，薬品，その他の6事業分野でセグメ

ント別の研究開発が行われている。パネルBのDeNAでは，ゲーム，Eコマース，オートモーティブ，ヘルスケア，スポーツなど幅広い領域で，新しい技術をいかに早く取り入れるかに苦心している。2015年3月期から研究開発投資額は減少していたが，2018年3月期に前期比61.3％増で5期平均水準を超過している。研究開発投資の実施は会社にとって将来の存続・競争力維持の生命線であると考えられる。

ところで，研究開発投資の経済的効果は必ずしも明らかではない。研究開発への投資については，投資者がその正否を判断することが非常に困難な事項であるといえる。IR活動を通じて経営者と投資者との間の情報ギャップを埋めるような情報提供の工夫が期待される。

長期的な展望を探るという点に関していえば，研究開発投資と同様に**設備投資**の動向を考察することが推奨される。成長事業領域にどれだけ重点的にかつ継続的に投資が行われているかを観察することは有益である。人手不足に伴う省力化投資や更新投資も分析の重要な視点である。需給関係を悪化させるような設備投資が行われていないかのチェックも必要である。

設備投資に関する詳しい情報は，有価証券報告書から得られる。「設備の状況」の「設備投資等の概要」において，設備投資総額がわかる。2017年12月期のライオンの設備投資総額は148億円で，主に工場における洗剤製造設備増強や歯磨製造設備増強に関するものである。DeNAの設備投資額は179億円で，主としてゲーム事業におけるサーバーおよびソフトウェアに関するものである。

また，有価証券報告書の「設備の新設，除去等の計画」において，次期の増設・改修・更新等の設備投資額が資金調達方法とともに内訳表示されている。需要動向に対する会社の姿勢を見受けることができるので，投資計画は予測財務諸表を作成する場合の情報源となる。

5.　従業員数の伸び率

従業員数の伸び率は，会社の規模の拡大と比例する可能性が高い。新卒採用に意欲的な経営者は，業績の先行きに自信をもっていると考えられる。ただし，

生産性の向上という観点からいえば（第10章参照），売上成長率以上に従業員数が増加していると，生産性は低下することになる。通例，従業員数の伸び率＜売上成長率＜営業利益成長率の関係が成立する場合，バランスのとれた力強い成長が達成されていると判断できる。

図表9-2パネルAによると，ライオンの従業員数は年平均成長率が3.5％でプラスであり，2017年12月期に7,000人を超えている。単体での従業員数は約2,500人であり，タイバンコクなどの在外子会社の従業員数が多くなっている。DeNAの従業員数は，年平均成長率が3.0％増であり，総資産とともに増加傾向にある。売上成長率との関連性は弱い。なお，有価証券報告書の「従業員の状況」では，平均年齢と平均勤続年数と平均年間給与がわかる。より質の高い人材の確保は成長性の支えとなる。平均勤続年数が短い場合，従業員が定着しない要因に目を向けておくとよい。

第2節　業績予想との比較

第1章で述べたように，わが国の証券取引所は上場会社に対して決算短信と呼ばれる書類の提出を要求している。次ページの図表9-3にライオンの決算短信の1ページ目を掲載している。Ⓐの部分は2016年12月期の連結実績値が前期分も含めて示されている。Ⓑの部分は，親会社株主に帰属する当期純利益が2016年12月期に15,951百万円であることを示す。決算短信は決算期末後45日以内の開示が望ましいとされ，速報性としての役割が期待されている。ライオンは，Ⓒ部分にあるように，決算期末の40日後に開示が行われている。

決算短信で最も注目すべきところは，Ⓓの部分の**業績予想**である。図表9-3には，売上高，営業利益，経常利益，親会社株主に帰属する当期純利益，1株当たり当期純利益の第2四半期予想と通期予想が記載されている。たとえば，Ⓔの部分を見ると，親会社株主に帰属する当期純利益が来期に17,000百万円となることが予想されている。業績予想は**経営者予想**ともいわれ，来期の利益（あるいは売上）の達成見込みが公言されるようなものである。

ライオンの四半期決算データ(四半期スケジュールについてはAppendix9-1参照)をもとに，業績予想とそれに対応する実績値との乖離がどの程度あるかをみてみよう。図表9-4にライオンの2期分の四半期決算の実績親会社株主に帰属する当期純利益（以下，当期純利益と略す）とその業績予想値，並びに当営業日と翌営業日の株価（終値）の数値を表示している。なお，四半期決算短信では，

図表 9-3　ライオンの決算短信

平成28年12月期 決算短信〔日本基準〕(連結)

平成29年2月10日　Ⓒ
上場取引所　東

上場会社名　ライオン株式会社
コード番号　4912　　　URL http://www.lion.co.jp/
代表者　　　（役職名）取締役社長　　　　　　　　　（氏名）濱 逸夫
問合せ先責任者（役職名）経理部長　　　　　　　　（氏名）鎌尾 義明　　　　　TEL 03-3621-6211
定時株主総会開催予定日　平成29年3月30日　　　　配当支払開始予定日　　　平成29年3月2日
有価証券報告書提出予定日　平成29年3月31日
決算補足説明資料作成の有無　　有
決算説明会開催の有無　　　有　（機関投資家、証券アナリスト等向け）

(百万円未満切捨て)

1. 平成28年12月期の連結業績(平成28年1月1日～平成28年12月31日)

(1) 連結経営成績 (%表示は対前期増減率)

	売上高		営業利益		経常利益	Ⓑ	親会社株主に帰属する当期純利益	
	百万円	%	百万円	%	百万円	%	百万円	%
28年12月期	395,606	4.5	24,502	49.6	26,290	45.3	15,951	49.4
27年12月期	378,659	3.1	16,374	32.0	18,099	28.7	10,680	44.9

(注)包括利益　28年12月期　16,292百万円 (71.9%)　27年12月期　9,479百万円 （△21.0%）

	1株当たり当期純利益	潜在株式調整後1株当たり当期純利益	自己資本当期純利益率	総資産経常利益率	売上高営業利益率
	円 銭	円 銭	%	%	%
28年12月期	55.13	55.04	11.2	9.1	6.2
27年12月期	39.35	36.84	8.5	6.4	4.3

Ⓐ　(参考) 持分法投資損益　　28年12月期　725百万円　　27年12月期　752百万円

(2) 連結財政状態

	総資産	純資産	自己資本比率	1株当たり純資産
	百万円	百万円	%	円 銭
28年12月期	298,510	157,879	50.0	513.76
27年12月期	282,434	142,730	47.6	469.05

(参考) 自己資本　28年12月期　149,282百万円　　27年12月期　134,453百万円

(3) 連結キャッシュ・フローの状況

	営業活動によるキャッシュ・フロー	投資活動によるキャッシュ・フロー	財務活動によるキャッシュ・フロー	現金及び現金同等物期末残高
	百万円	百万円	百万円	百万円
28年12月期	32,269	△7,845	△7,437	77,739
27年12月期	35,539	△6,974	△5,062	61,278

2. 配当の状況

	年間配当金					配当金総額(合計)	配当性向(連結)	純資産配当率(連結)
	第1四半期末	第2四半期末	第3四半期末	期末	合計			
	円 銭	円 銭	円 銭	円 銭	円 銭	百万円	%	%
27年12月期	―	5.00	―	5.00	10.00	2,773	25.4	2.2
28年12月期	―	5.00	―	8.00	13.00	3,777	23.6	2.6
29年12月期(予想)	―	7.00	―	8.00	15.00		25.6	

3. 平成29年12月期の連結業績予想(平成29年 1月 1日～平成29年12月31日)

(%表示は、通期は対前期、四半期は対前年同四半期増減率)

Ⓓ	売上高		営業利益		経常利益	Ⓔ	親会社株主に帰属する当期純利益		1株当たり当期純利益
	百万円	%	百万円	%	百万円	%	百万円	%	円 銭
第2四半期(累計)	192,000	2.0	10,500	0.7	11,500	1.4	7,500	4.7	25.81
通期	405,000	2.4	27,000	10.2	28,000	6.5	17,000	6.6	58.50

　注：ライオンの2016年12月期決算短信（1ページ目）より入手。筆者により囲み・網掛け。

図表 9-4　業績予想と実績値の比較

	2015年12月期	2016年12月期				2017年12月期			
	2015年度4Q (ア)	2016年度1Q	2016年度2Q	2016年度3Q	2016年度4Q (イ)	2017年度1Q	2017年度2Q	2017年度3Q	2017年度4Q (ウ)
公表日	2月10日	5月9日	8月3日	11月4日	2月10日	5月9日	8月3日	11月7日	2月9日
実績値	10,680	3,797	7,161	13,043	15,951	4,773	8,272	14,832	19,827
期初第2四半期予想	4,000				7,500				12,500
第2四半期予想の修正		5,000							
期初通期予想	11,000				17,000				25,000
通期予想の修正		11,500	13,000	15,000					
追記			7月29日に修正公表						
当営業日株価（終値）	974	1,368	1,479	1,658	2,096	2,112	2,363	2,164	1,970
翌営業日株価（終値）	1,059	1,548	1,394	1,895	1,936	2,137	2,204	1,963	2,119

注：利益数値は，ライオンの親会社株主に帰属する当期純利益である。業績予想と実績値の連結データはライオンの四半期決算短信から入手。
　　株価の単位は円，それ以外は百万円。

直前に開示された業績予想からの修正の有無について欄外注記がなされる。

　図表9-4の（ア）をみると，ライオンの2015年12月本決算（2015年度4Q）の実績当期純利益は10,680百万円である。その時点で，次期（2016年3月期，2016年12月期）の期初第2四半期予想を4,000百万円，期初通期予想を11,000百万円と設定している。ここでは通期予想を中心に観察するが，期初通期予想は実績値である10,680百万円より強気に設定されている。結果を先に述べると，（イ）の実績利益は15,951百万円で通期通期予想を上回っている（（ア）と（イ）や（イ）と（ウ）の比較についてはAppndix9-4参照）。

　そこに行き着くまでの経過も考察しておこう。2016年度1Qではさっそく第2四半期予想（5,000百万円）と通期予想（11,500百万円）が上方に修正されている。さらに，通期予想は2016年度2Q（13,000百万円）と2016年度3Q（15,000百万円）にも上方に修正されている。それにともなって2015年度4Q公表日の株価974円が2016年度3Q公表日の株価1,658円まで70％上昇している。3Q公表日の翌営業日の株価も14.3％上がっている。2016年度4Qの実績値は期初通期予想だけではなく上方修正された通期予想も超過している[6]。

　また，図表9-3の⑩にあった次期の期初通期予想（図表9-4の（イ））は17,000百万円で，実績値の15,951百万円より1,049百万円高く設定されている。図表9-4の通り，ライオンの2017年12月期において，予想修正は一度も行われていない。2017年度2Qの実績値は8,272百万円で，これは期初第2四半期予想7500百万円を上回っている。

　そして，2017年度3Qの実績値は14,832百万円で，期初通期予想に対する実現度，つまり，業績進捗率は87.2％（14,832/17,000））である。2017年度4Qにおいて，実績値は19,827百万円で期初通期予想に十分達している。IFRSへ移行する2018年12月期は当期純利益が25,000百万円に達する見通しで，3期連続の最高益となることが市場では評価されている。経営者予想は事前市場予想（アナリストのコンセンサス予想）より24％高く（日本経済新聞, 2018年2月10日付, p.17），その影響は株価にも反映されている。

　DeNAは，四半期毎の業績発表時に翌四半期の業績予想を開示する方法をとっている。主力のゲーム事業の国内外の市場動向を予測することが難しいこ

とが期初通期予想を避ける主な理由である。図表にはないが，2018年3月期について，慎重な予想設定であったが，四半期とも予想の未達となっている。

　経営者予想は，主に投資者の証券投資判断情報として重要であり，次期の方向性を読み取るために貴重である。期初にどのような姿勢で予想を設定し，それが実際に達成されるのかどうかを読み取ることは興味深い。また，四半期情報で予想修正の有無が報告されるので，それにも注目をするとよい。

第3節　上場会社の成長性

1.　上場会社の売上成長率の動向

　本節では，1社の成長性の動きだけではなく，上場会社全体の動きを把握することを通じて，過去の経験的な動きを観察してみる。サンプルサイズを大きくすることによって，1社の特殊な動きは排除されるので，上場会社全体の（平均的な）動きが理解できる。まず，売上成長率の時系列的な動きを検討してみる。

　サンプルとして，日本基準を適用する上場会社（金融・その他金融・証券・保険業を除く）を取り上げる。最終的に45,502会社・年の連結データを使用している。図表9-5は，上場会社の売上成長率の時系列の動きを表しているが，次のような手続きで作成されている。

① 　ベース年度(0期)を1992・1997・2002・2007・2012年と設定する。

② 　ベース年度(0期)のサンプルを売上成長率のランクが低い順番に並べ，10のポートフォリオを組成する。業種は考慮していない。最も低い売上成長率のポートフォリオをP1（最下位10％のサンプル），次のポートフォリオをP2とし，最も成長率の高いポートフォリオをP10（最上位10％のサンプル）とする。

③ 　ベース年度の各ポートフォリオについて売上成長率の中央値を求め，さ

らにベース年度以降の5期について各ポートフォリオの中央値を追跡していく。

④　ベース年度の最初は1992年で，5期後（1997年）に再びサンプルが売上成長率順に10のポートフォリオに分割される。そして，中央値をその後の5期まで求める。この手順が2012年のベース年度まで繰り返される。

⑤　5セットの計算後，各ポートフォリオのベース年度とその後5期の経過年度ごとの中央値が平均される。その平均値を線グラフとして表示する。

図表9-5によると，最も売上成長率の高いP10の平均値はベース年度（0期）に24.4％である。1期後（+1期）と2期後（+2期）にはそれぞれ7.4％と0.5％にまで急落するが，3期後（+3期）には3.3％成長となっている。そして，4期後（+4期）には7.5％まで復活し，5期後（+5期）に4.0％成長となっている。次に高いP9でも，ベース年度の成長率は12.4％で，2期後には1.0％のマイナス成長となっている。その後は，0.5％，7.5％，4.5％とプラス成長を維持している。

　一方，売上成長率が最低のポートフォリオであるP1では，ベース年度に

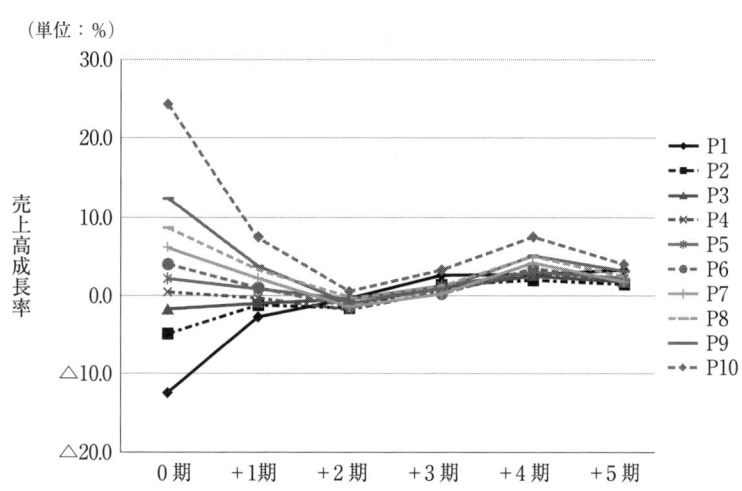

図表9-5　売上成長率の時系列の動き

注：連結データは，Nikkei NEEDS-Financial QUEST から入手。△はマイナスを示す。

12.4％のマイナス成長である。＋2期までマイナス成長が続くが，＋3期から2.5％，2.7％，3.2％とプラスとなっていく。P2では，ベース年度に4.9％のマイナス成長であるが，P1と同様の動きをしながら，最終的に1.5％とプラスになっている。これらの証拠は，当初の成長レベルにさほど関係なく，成長率の高かった会社も低かった会社も5期後に1.5％から4.0％の成長率に落ち着くことを示している。

　大日方（2013）は，利益率（営業利益／期首総資産）が大きいポートフォリオほど翌期（1期後）の利益率の低下が大きく，利益率が小さいポートフォリオほど翌期の利益率の上昇が大きいことを実証的に明らかにしている。

　このような売上の動向は，**平均回帰的**（mean reverting）であると表現される。売上成長率が平均（本書では中央値の平均）以上の会社も売上成長率が平均以下の会社も時系列的に一定の水準（平均）に収斂する傾向がある。簡単な分析からの結果ではあるが，日本の上場会社に平均回帰的な傾向があることが裏づけられた。直近の成長率が高いからといって，継続的にその成長が続くとは分析結果からは考えられない。たとえ急速に成長する業種でも，新規参入の増加にともなう競争の激化が生起する。このことは売上成長率を低下させる要因となろう。

2.　上場会社の ROE の動向

　売上の成長性に続いて，利益がどのような動きをするのかを分析してみよう。赤字が含まれると伸び率（前期比）の計算ができないので，ここでは第5章で紹介したROEの動向を確認しておくことにする。サンプル及びポートフォリオの組成は，上述の売上成長率の手続きと同じである。分析結果を図表9-6に示している。

　ベース年度に最もROEが高いP10のポートフォリオでは，当初18.3％で高水準であるが，年々減少し，＋3期には9.2％，＋5期には依然高いものの8.4％と0期の半減となっている。P9やP8でも同様の動きがみられる。ベース年度に最もROEが低いP1のポートフォリオでは，当初12.3％のマイナスであったが，

ようやく＋2期に0.04％とプラスに転じ，その後＋5期には3.5％となっている。P2もベース年度は，マイナスであるものの＋1期からプラスに転じている。P3からP8においては，ROEが最終的に3.8％から6.8％の間にある。

　図表9-6から判断されるように，利益を独占的に確保することは難しく，異常に高いROEのグループは，高い位置をキープしつつも時系列的に下降する傾向にある。異常に低いROEのグループについては，強い上昇傾向があることが観察された。これらの結果は売上成長率と同様に平均回帰的な動きと一致したものと考えられる。通常の範囲にあると考えられるROEは時系列的には大きな格差のない動きを示しており，前期のROEから当期のROEを予測することは比較的容易であると推察される。利益の時系列が**ランダムウォーク・モデル**（random walk model）に従うならば，前期の実績値がそのまま当期の期待値とみなされるという関係が成り立つ。通常の範囲にあるROEには，ランダムウォーク・モデルの考えが適用されるであろう。

図表 9-6　ROEの時系列の動き

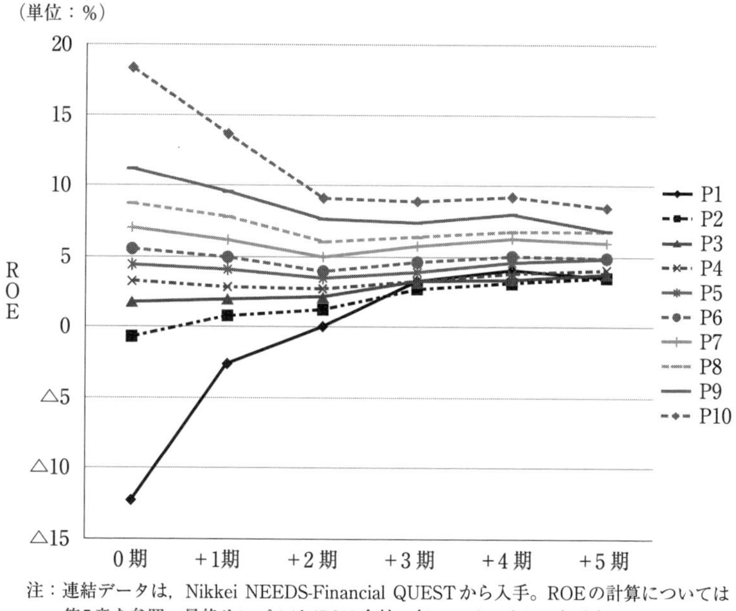

（単位：％）

注：連結データは，Nikkei NEEDS-Financial QUESTから入手。ROEの計算については
　　第5章を参照。最終サンプルは45,311会社・年。△はマイナスを示す。

図表 9-7　売上当期純利益率の時系列の動き

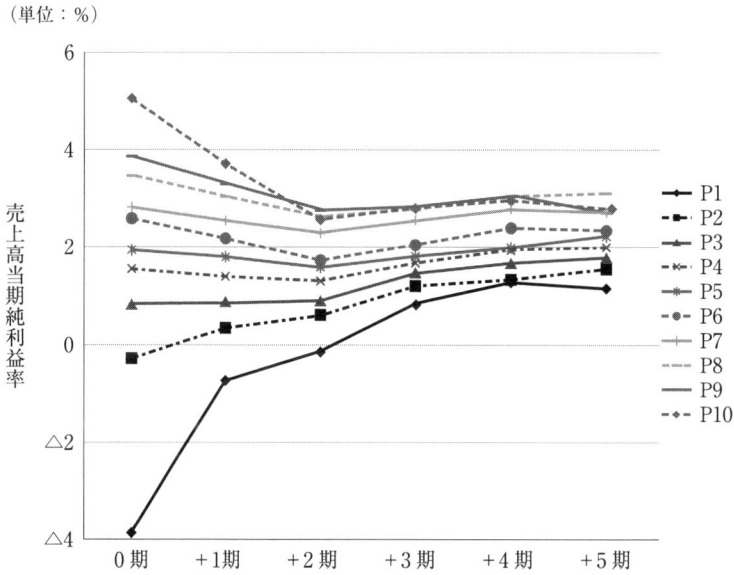

注：連結データは，Nikkei NEEDS-Financial QUEST から入手。利益には親会社株主に
帰属する当期純利益を利用。△はマイナスを示す。

図表 9-8　財務レバレッジの時系列の動き

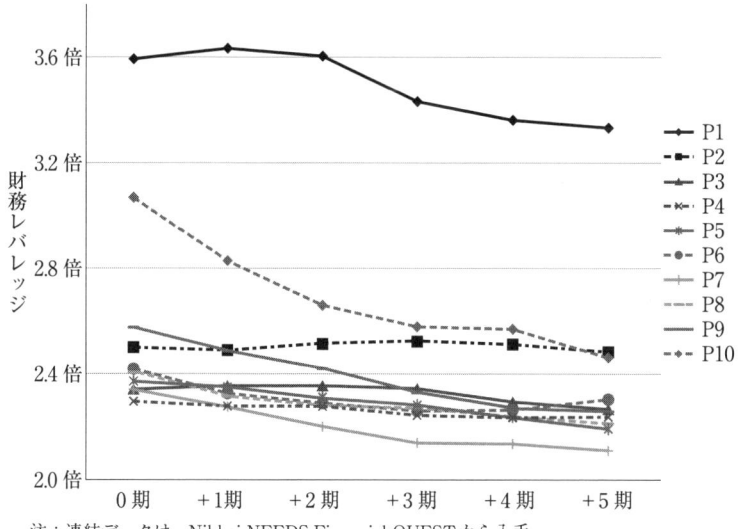

注：連結データは，Nikkei NEEDS-Financial QUEST から入手。

ROEは売上当期純利益率，財務レバレッジ（総資産／自己資本），および総資産回転率に分解できる（第5章第3節参照）。売上当期純利益率と財務レバレッジを取り上げ，これらに関する時系列的動向も観察することにしよう。なお，P1からP10に含まれる分割サンプルはROE（図表9-6）のケースと同じものが利用されている。

　図表9-7の売上当期純利益率に関して，P10のポートフォリオはベース年度の利益率に比べて5期後に半分程度に低下している。P8・P9のポートフォリオでもやや低下している。P1とP2のポートフォリオはマイナスで始まるが，その後プラスに転換し，5期後にそれぞれ1.2％と1.6％となっている。全般的に，売上当期純利益率は図表9-6のROEと同じような経緯をたどり，ROEの高低と深く関連していることがわかる。

　図表9-8において，P1の財務レバレッジは+3期から+5期にやや低下傾向にあるものの，全体としては3倍超の高さがある。P1の0期に関して，売上当期純利益率はマイナス（図表9-7参照）であるので，レバレッジ効果が逆に働き，ROEがマイナスに増幅していることになる。逆に，P10の財務レバレッジは0期に3.1倍と高いが，これはレバレッジ効果が有効に正に働いていることを示す。ただし，P10の財務レバレッジは2.5倍まで低下している。財務体質の改善のために有利子負債の返済などが進んでいると判断される。その他のポートフォリオでは，ベース年度以降財務レバレッジの値はさほど大きく変化することなく推移していることが特徴的である。

【Appendix 9-1】 IR カレンダー

　対前期同四半期比など**四半期データ**を用いた成長性の分析が今後は，さらに利用されるであろう。3月期決算の場合，IRイベントのスケジュールは，典型的には次ページのようになっている（4月始まりで1月から3月は翌年）。

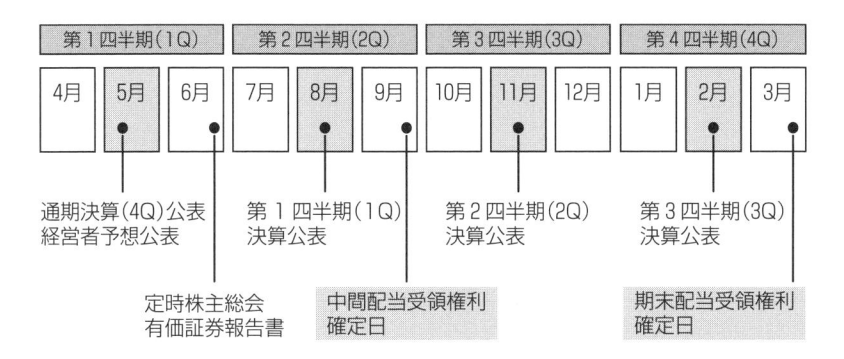

アメリカのSEC（Securities and Exchange Commission;証券取引委員会）は，会社が重要な経営情報をアナリストなど特定人物に提供することを禁じる規則を施行している。選択的情報開示を禁止する規則はレギュレーションFD（Fair Disclosure）と呼ばれているが，日本では決算発表準備期間の決算関連情報の漏洩を防止し，公平性を確保するために，四半期決算発表日前の一定期間に「**沈黙期間**」（quiet period）を設定することがある。

有価証券報告書は定時株主総会前に提出されることもあるが，2017年3月31日決算の上場会社2,403社を対象にした調査結果によると，16社（0.7％）で限定的である。同一日に提出した会社は1,236社（51.4％），翌日に提出した会社は837社（34.8％），2日後に提出した会社は63社（2.6％），3日後に提出した会社は206社（8.6％）となっている（中込佑介（2017年11月8日付）「第1回：定時株主総会前に有価証券報告書を提出している会社」（《https://www.shinnihon.or.jp/corporate-accounting/commentary/presentation-of-financial-statements/2017-11-08-01.html》）。

権利確定日は，配当や株主優待のような株主権利を得ることができる確定日である。株主権利を得るためには，権利確定日の2営業日前（権利付最終日）までに株式を取得し，株主として株主名簿に記載される必要がある。

金融商品取引法（第24条の4の七）において，事業年度が3カ月を超える場合は，当該事業年度の期間を3カ月ごとに区分した各期間に四半期財務諸表を含めた四半期報告書を当該各期間経過後45日以内に金融庁へ届け出なければならない。しかしながら，決算期変更がある場合，会計期間が12カ月を超え

てしまうことがある。17カ月決算となった京王ホールディングスは2015年3月16日に第5四半期報告書を提出している（その後5月29日付で上場廃止）。

【Appendix 9-2】 EPS の遡及修正計算

合併，公募増資，株式分割，自己株式の買戻消却などで株式数に増減が生じる。株式の時価に見合う資金が払い込まれない株式分割は分割比率に応じて保有株式数が増加するだけであるので，EPSの成長性分析を行う場合に修正を行わなければならない。

×1期末から×3期末のEPSの成長性を測定する場合，次のような2回の株式分割が各期末に行われたとしよう。

	発行済株式数 （百万株）	分割比率	純利益 （百万円）	EPS（円）
×1期末	150		2,250	15.00
×2期末	180	1:1.2の株式分割	2,475	13.75
×3期末（当期）	270	1:1.5の株式分割	2,700	10.00
×1期末対×3期末	1.8倍		1.2倍	0.67倍

注：EPSは純利益を期末の発行済株式数で除して求めている。

2回の株式分割で発行済み株式数は×1期末から×3期末に1.8倍増えている。純利益は1.2倍増加しているもののEPSは30％以上減少している。既存株主の株式保有割合は変化しないので，EPSも純利益と同等に伸びているはずである。しかし，この場合，過年度の発行済株式を遡及修正する必要がある。次のように，×2期末の場合，分割前の株式数180百万株に1.5倍して270百万株に修正し，純利益をそれで割ってEPSを計算し直すと9.2円となる。同様に，×1期末は分割前の株式数に1.5倍×1.2倍してからEPSを修正すると8.33円となる。結果的に，8.33円から10円のEPSの成長は1.2倍に修正されている。

	発行済株式数 （百万株）	修正発行済株式数 （百万株）	純利益 （百万円）	修正EPS（円）
×1期末	150	150×1.5×1.2＝270	2,250	8.33
×2期末	180	180×1.5＝270	2,475	9.2
×3期末	270	270	2,700	10.0
×1期末対×3期末	1.8倍		1.2倍	1.2倍

【Appendix 9-3】 予測財務諸表

　予測財務諸表の作成の単純な手順を説明しよう。予測財務諸表を作成するには，過去の売上成長率などを参考に，予測売上を確定することが出発点となる。過去の売上費用率や売上利益率の平均値をもとに，それらに予測売上を乗じれば，予測費用と予測利益を算出することができる。

　また，売上と関連する各種資産回転率から事業資産を予測することができる。有形固定資産については，有価証券報告書の「設備投資の新設，除去等の計画」も参考にするとよい。さらに，過去の財務レバレッジの状況から負債と純資産を判別する必要がある。負債のうち予測される有利子負債から金利費用を推測することも重要である。予測貸借対照表と予測損益計算書が作成されると，それを基礎に予測キャッシュフロー計算書を作成していくという手順となる。

【Appendix 9-4】 経営者予想の達成度

　期初通期予想（経営者予想）の設定とその達成の関係を調べてみる。サンプルは2010年から2017年に日本基準を適用する上場会社（金融・その他金融・証券・保険業を除く）で，（親会社株主に帰属する）当期純利益予想を公表している決算月数が12カ月揃うものである。最終サンプルは17,373社・年である。

　公表時点をもとに予想利益と実績値の関係を簡単に図示しておく。

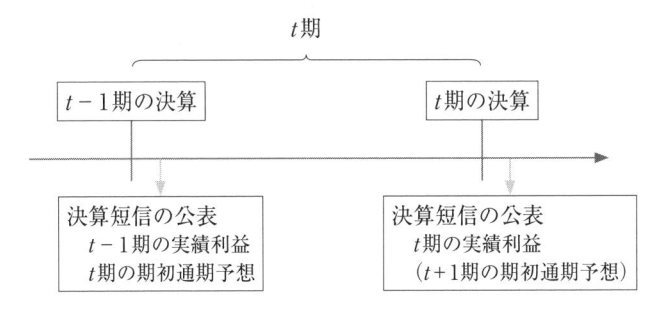

　上の図に示したt期の実績利益からt期の期初通期予想を引いたものが**予想誤差**（MFE）である。したがって，「MFE ≥ 0」は経営者予想の達成を，「MFE < 0」は経営者予想の未達を表す。期初通期予想からその時点で公表された$t-1$期の実績利益を引いたものを**予想イノベーション**（IFI）という。「IFI ≥ 0」

は予想イノベーションがプラスであり，予想設定が強気で楽観的であると判断される。逆に，「IFI＜0」は予想イノベーションがマイナスで，予想設定が弱気で悲観的であると判断される。利益の予想誤差（t期の実績利益－t期の期初予想）がプラスで，かつ予想イノベーション（t期の期初予想－$t-1$期の実績利益）がプラスであれば，計算上，利益の変化（t期の実績利益－$t-1$期の実績利益）はプラスとなり，その組み合わせは増益のケースとなる。

データ集計した図表Appx9-1において，期初通期予想を弱気に設定するケースが11,869件あり，全体の68.3％を占める。予想達成のケースは9,847件であり，全体の56.7％で過半数を超える。「IFI ≥ 0」と「MFE ≥ 0」の組み合わせは3,561件あり，全体の20.5％である。「IFI＜0」と「MFE ≥ 0」の組み合わせは6,286件で，全体の36.2％を占める。控え目の程度は不明であるが，予想を保守的に設定しておいて，その予想を超過させるケースが最も多い。期中で上方修正を行う戦略も存在するかもしれない。

「IFI＜0」と「MFE＜0」の組み合わせのように保守的な設定でも予想が未達となるケースは32.1％ある。「IFI ≥ 0」と「MFE＜0」の組み合わせは少なく，強気な予想が裏目に出るケースは11.2％と多くない。ただし，期中の下方修正がありえるので，最終的には予想の達成がなされているかもしれない。

図表Appx9-1　期初予想設定と予想達成

	IFI ≥ 0	IFI＜0	計
MFE ≥0	3,561 (20.5%)	6,286 (36.2%)	9,847 (56.7%)
MFE＜0	1,943 (11.2%)	5,583 (32.1%)	7,526 (43.3%)
計	5,504 (31.7%)	11,869 (68.3%)	17,373 (100.0%)

注：連結データはNikkei NEEDS Financial QUESTから入手。
　利益には親会社株主に帰属する当期純利益を利用。

《練習問題》

1.　×15年度の実績売上が88,000百万円，純利益が5,000百万円だったとする。売上の成長率が年平均成長率1.8％，売上純利益率が過去5年の平均値5.8％

になると考えられる場合，将来5期分の売上と純利益を予測しなさい。

2. ゲーム業界〔グリー（3632），ネクソン（3659），コロプラ（3668），ガンホー・オンライン・エンターテイメント（3765），セガサミーホールディングス（6460）〕等の売上と営業利益の成長率を計算しなさい。

3. A社の第1期期首の1株当たり自己資本が10,000円で，毎期のROEと配当性向がそれぞれ10％と30％で一定とする。内部留保だけを再投資すると，A社の1株当たり自己資本，1株当たり純利益，及び1株当たり配当は毎期何％で成長するかを求めなさい。

4. 下記の資料からサステイナブル成長率を計算しなさい。

〈資料〉

ROA	6.40％
負債利子率	4.0％
負債資本倍率	2.0倍
配当性向	50％
税率	40％

5. 以下の資料は，工作機械の製造販売を主な事業とする牧野フライス製作所（6135）の受注高，受注残高，販売実績（売上），生産実績のデータである。売上の成長と受注の関係について述べなさい。

〈資料〉

（単位：百万円）

	2014年3月期	2015年3月期	2016年3月期	2017年3月期	2018年3月期
(期中)受注高	132,720	158,139	161,504	153,113	197,965
(期末)受注残高	41,546	50,178	49,703	49,176	65,594
販売実績(連結売上)	123,896	149,506	161,979	153,641	181,547
生産実績	66,822	93,164	94,404	93,206	109,297

注：データは牧野フライス製作所の有価証券報告書より入手。金額はセグメント情報の合計額である。

6. 期初の業績予想の設定と業績予想の達成・未達との関係について一例をあげて述べなさい。

1）表計算ソフトの Excel で累乗根を計算する場合は，Power 関数を用いる。セルに「＝power（2000/1000,1/5）−1」と入力することで計算できる。単純に「＝（2000/1000）^（1/5）−1」としても同じである。

2）半導体業界などでは，出荷額（Billing）に対する受注額（Booking）の割合を示す BB レシオという指標がよく利用される。BB レシオが上昇するほど業界全体の景況感が好転したと判断される。

3）例として，製造，物流，小売りまで一貫して手掛けるニトリホールディングス（9843）は，2018 年 2 月期まで 31 期連続，埼玉県を地盤とする食品スーパーのヤオコー（8279）は，2018 年 3 月期まで 29 連続の増収増益を達成している。また，東京西部地盤のドラッグストアであるサンドラッグ（9989）は，2018 年 3 月期の純利益が 28 期連続で最高を更新している。

4）IFRS では，親会社の普通株主に帰属する当期利益を当該期間の自己株式などを調整した発行済普通株式の加重平均株式数で除して基本的 1 株当たり当期利益が算定される。

5）国際競争力強化などを目的として，研究開発投資を促進する優遇税制が実施されることがある。税制との関連性からも研究開発投資の動向を観察しておかなければならない。

6）日本経済新聞社が 2017 年度までの過去 10 期分を継続比較できる 2,761 社を対象に，業績予想の設定傾向を調べている。純利益について，10 回のうち 7 回以上，実績値が期初予想を超過するケースは 25％存在する。逆に，7 回以上未達のケースは 23％存在した。電気設備工事大手の関電工（1942）は，10 回連続の達成である。外食チェーンのサンマルクホールディングス（3395）や直営美容室チェーンの田谷（4679）は，10 回連続の未達であった（日本経済新聞，2018 年 9 月 29 日，p.15）。

第10章

付加価値分析

要　旨

　本章では，付加価値に関する分析をピックアップして説明する。経営資源である労働力や設備の投入に対して創出された付加価値をどのように計算し，その値を用いた分析をどのように行うかを考察する。さらに，付加価値分析において重要性の高い指標として経済的付加価値を取り上げ，それに付随して考慮しなければならない資本コストについても解説する。

◆第1節◆ 付加価値の意味

　付加価値（value added）は，外部から購入した原材料，部品，サービスをもとにして，経済活動によって新しく生み出された価値である。少ないインプットでどれだけ大きなアウトプットを獲得できるかが付加価値を取り扱うことの重要なポイントとなる。

　付加価値を創出するためには，会社がヒト（労働力），モノ（設備），カネ（資本），情報といった経営資源を効率的に組み合せ，それらを有効に利用していくことが必要となる。付加価値を継続的に生み出す力がなくなってしまった場合，やがて競争市場からの撤退が余儀なくされるであろう。

　付加価値を金額的に示すための算定方法は大別して**控除法**と**加算法**がある。両者の計算方法の相違を図表10-1に示しているが，どちらの方法で算出しても付加価値の額は一致する。

　控除法は，外部から受け入れた購入額（以下，外部購入額）を売上（あるいは生産高）から控除する方法である。外部購入額は，原材料，商品，外注加工費，水道光熱費，広告宣伝費などの外部から購入した財・サービスの金額合計である。購入前の段階の会社が生産し提供した価値の費消部分ということで前給付費用とも呼ばれている。競争の激しい業種において，値引き競争への突入は売上を低くし付加価値を縮小させてしまうかもしれない。工期の短縮や現場

図表 10-1　付加価値の計算方法

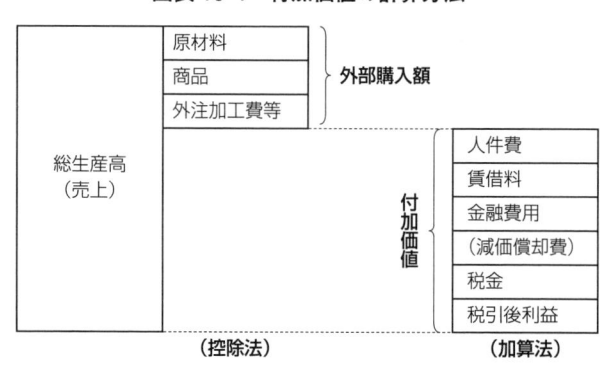

作業の省力化に資する高付加価値製品の提供や付加価値の高いサービスの提供
など，自社の製品を販売する仕組みや企画力がなければ付加価値向上を目指す
経営は難しくなる。

　加算法は，会社内部で生み出された構成要素を集計することによって付加価
値を求める方法である。加算法では，人件費，賃借料，金融費用，減価償却費，
税金，税引後利益は会社が生み出した付加価値の分配であると理解される。人
件費は，付加価値創造に貢献したヒト（従業員）に対する分配である。減価償
却費，賃借料は付加価値創造に活用したモノ（建物，土地）に対しての分配で
ある。また，金融費用（支払利息）は付加価値創造に活用したカネの提供者に
対する分配である。税金は国や地方自治体に対する分配であり，分配後に残っ
た付加価値が税引後の利益である。

　付加価値の計算において，減価償却費の扱いは2通りある。付加価値の計算
に減価償却費を含めたものを**粗付加価値**といい，減価償却費を含めないものを
純付加価値という。減価償却費は，外部から購入した資産価額の期間配分され
たものであるので，外部購入額に含めるべきであるという考えがある。しかし
ながら，付加価値創造のための生産設備の貢献部分を含めた分配状況を把握す
るために，付加価値の計算に減価償却費を含めるケースがある。本書では粗付
加価値方式で計算を行う。

　参考のために，図表10-2に，低価格イタリアン・ファミリーレストランを
直営するサイゼリヤ（証券コード：7581）の粗付加価値額を計算してみた。加
算法によって費用を積み上げていく。人件費・賃借料・減価償却費データは，
連結損益計算書の注記で示されている販売費及び一般管理費の内訳情報から入
手している。その他は連結損益計算書の本体から取り入れている。2017年8月
期の粗付加価値は79,458百万円で，2016年8月期の粗付加価値より4,702百万
円増加している。

図表 10-2　付加価値の計算例

（単位：百万円）

項　目	内　訳　等	2015年 8月期	2016年 8月期	2017年 8月期
人件費	従業員給与・賞与		32,847	34,814
	賞与引当金繰入額		1,410	1,278
	退職給付費用		841	889
	株式給付引当金繰入額		−	84
	福利厚生費		6,667	6,861
	小計		41,765	43,926
賃借料			19,460	19,324
金融費用	支払利息		5	2
減価償却費	（販管費）		4,848	4,897
税金費用	法人税等合計		3,173	3,813
税引後利益	親会社株主に帰属 する当期純利益		5,505	7,496
粗付加価値			74,756	79,458
従業員数	期末（人）	4,391	4,290	4,261
平均従業員数	期中平均（人）		4,341	4,276
平均臨時雇用者	（人）		10,972	12,335
売上			144,961	148,306
有形固定資産	建設仮勘定を除く	40,390	37,645	38,835
平均有形固定資産	期中平均		39,018	38,240

注：連結データはサイゼリヤの有価証券報告書から入手。

第2節　労働生産性の分析

1．労働生産性

　付加価値を生み出す会社の能力を生産性という用語で表すことがある。生産性の分析では，経営資源の投入に対してどれくらいの成果があったのかが算出される。この分析を行うための財務指標として**労働生産性**（productivity of labor）がある。労働生産性は，次のように従業員1人当たり（インプット）に対してどれだけ付加価値（アウトプット）があったかを表す指標である。

$$労働生産性 = \frac{付加価値}{従業員数(期中平均)}$$

　労働生産性の数値が大きいほど従業員1人当たりの付加価値創出額が大きく生み出されていることを意味する。労働生産性は能率の高さを測定するために役立つ指標である。図表10-2のデータを当てはめると，2017年8月期は18.58百万円（79,458百万円／4,276人）であり，2016年8月期の17.22百万円（74,756百万円／4,341人）と比べて労働生産性が1.52百万円上昇している。財務省の年次別法人企業統計調査によると2017年度の全産業の労働生産性は7.39百万円となっており，それを上回っている。ただし，平均臨時雇用者がこの2期で10,000人を超えているので，この部分をどのように労働生産性に反映させるかは課題であろう。

2. 労働生産性の分解

　労働生産性の指標は，さまざまなパターンに分解することができる。第1に，労働生産性の式の分母と分子に売上を掛け合わせることによって，次のような分解式が得られる。

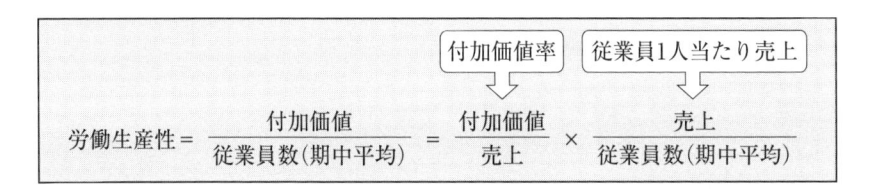

　上式の意味するところであるが，労働生産性が高まっているかどうかは，売上に占める付加価値の割合（**付加価値率**）が高まっているか，**従業員1人当たり売上**が上昇しているか，あるいは両方ともが上がっているか，ということに依存する[1]。サイゼリヤの場合，売上が1,483億円と過去最高を更新しているが，従業員1人当たり売上だけではなく付加価値率も前期より上昇している。

　上記の1人当たり売上を有形固定資産と関連づけて分解すると，労働生産性

の式は次のように展開される。

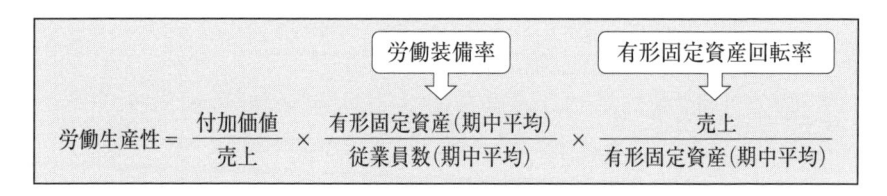

$$労働生産性 = \frac{付加価値}{売上} \times \frac{有形固定資産(期中平均)}{従業員数(期中平均)} \times \frac{売上}{有形固定資産(期中平均)}$$

労働装備率は，従業員1人当たりに対する有形固定資産（期中の生産活動に貢献していない建設仮勘定は控除）の割合であり，自動化・省力化・合理化を推進するための生産設備等の導入がいかにうまく活用されているかを示す。サイゼリヤの2017年8月期の労働装備率は8.94百万円で，前期と同程度である。

付加価値と有形固定資産との関係を示す指標として，次の設備投資効率（あるいは設備生産性）がある。

$$設備投資効率(\%) = \frac{付加価値}{有形固定資産(期中平均)} \times 100$$

設備投資効率は付加価値を有形固定資産によって除して算出される。この指標は現存する生産設備の利用効率を表している。

第3節 労働分配率

前節では，生産の能率を測定する指標をみてきた。ここでは，獲得した付加価値がどのように分配されているのかについて検討してみよう。人件費は付加価値のなかでも中心的存在である。以下に示すように，付加価値に占める人件費の割合を**労働分配率**（labor share）という。

$$労働分配率(\%) = \frac{人件費}{付加価値} \times 100$$

収益力が回復したとしても，賃金の抑制が強められる場合，労働分配率は上

がってこない。世間水準に見合う人件費が支払われていないとすれば，優秀な人材を集めることが困難となったり，生産性の高い従業員の勤労意欲を低下させたりするであろう。図表10-2のサイゼリヤの粗付加価値データを利用すると，2017年8月期の労働分配率は55.3％（43,926／79,458）で，2016年8月期の55.9％（41,765／74,756）と比べて変化は少ない。

　労働分配率を従業員数との関係で考えてみよう。分子と分母を従業員数で割ると，労働分配率は次のように分解される。

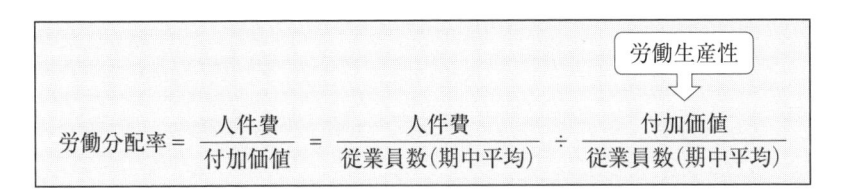

　上式より，労働分配率は1人当たり人件費が労働生産性によって除されたものと同じになる。1人当たり人件費を一定とすれば，労働生産性が高いほど，労働分配率は小さくなる。ただし，労働意欲をそぐことなく，労働生産性と労働分配率のバランスを保つことの意義は高い。

 経済的付加価値

1. 経済的付加価値の意味

　会社が生み出す付加価値を測る指標として**経済的付加価値**（economic value added; EVA[2]）がある。株主重視の経営を判断する場合，経済的付加価値という指標は一定期間にどれだけ企業価値を創造したかを把握するために重要なものである。連結損益計算書の売上から税引後利益にたどり着くまでに，付加価値は株主以外のステイクホルダーに行き渡る。経済的付加価値では，税引後利益からさらに株主が要求する投資収益額を差し引き，なお超過する価値が生み

出されたかどうかが測定される。

　EVAという指標をいち早く採用した代表会社として花王（4452）がある[3]。EVAの動向は統合レポートに公表されている。図表10-3に示されているように，2015年度からIFRSを適用し，花王はEVAの実際の金額を明らかにしている。2015年3月期のEVAは586億円で，2016年度には734億円，2017年度には904億円と上昇し続けている。

　経済的付加価値の計算構造がどのようになっているかを説明していこう。経済的付加価値の基本的な計算式は次のようになっている。

> 経済的付加価値
> ＝税引後営業利益－加重平均資本コスト(%)×期首投下資本　　　　(10.1)

　経済的付加価値は税引後営業利益（NOPAT）から加重平均資本コストに期首投下資本を乗じたもの（要求投資収益額）を控除したもので，金額ベースで測定される。第7章で述べたように，税引後営業利益は事業活動からの損益だけを含む場合の利益を指し，フリーキャッシュ・フローの算出をするための核心となる部分である。

　資本コスト(cost of capital)とは，資金提供者が会社に対して要求する最低限

図表 10-3　花王のEVAの動向

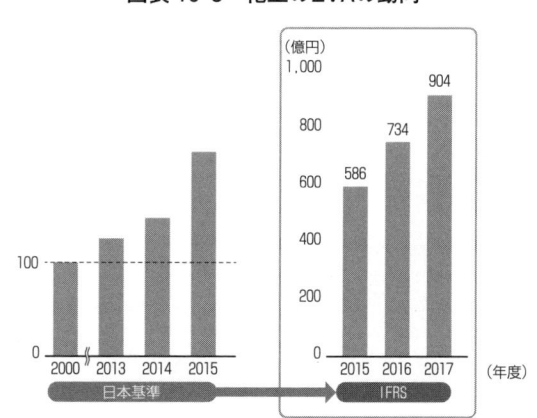

注：「花王統合レポート2018」(p.22)より入手。数値は2000年度を100とするものと，2015年度からはIFRS適用に伴い億円を単位とする金額で表示。

の期待投資リターンのことである[4]。資金提供者に満足が与えられない場合，資金提供者は別の投資先に切り替える行動をとることもあろう。計算上，資本コストは，自己資本に対する自己（株主）資本コストと有利子負債に対する負債資本コストが資本構成比で加重平均される。それゆえに，資本コストの単位は％である。

2. 資本コストに関する設例

　資本コストについて，簡単な例を用いて解説しておこう。5,000万円の事業に投資が行われるとする。資金調達として，銀行から4％で2,000万円を借入れ，株主から3,000万円の出資を受けたとする。期首の貸借対照表（以下，B/S）は図表10-4の左側のようになる。ここで注目すべきことは，資金調達した5,000万円に対してどれくらいの稼ぎが期待されるかである。換言すると，資金提供者が要求する投資収益リターンとその額はいくらかということである。

　初年度に5,000万円を当座預金に預け入れただけで，借入金に対する利払（＝2,000万円×4％）以外の費用が発生していないとすれば，図表10-4の右側にある損益計算書（以下，P/L）では①のような結果となる。P/Lの①において，税引前利益が80万円の赤字で，資金調達の源泉にコストがかかっていることがわかる。資本の有効利用がない限り，このコストをカバーすることはできな

図表10-4　資本コストに関する設例

期首 B/S （単位：万円）

| 投下資本（営業資産）5,000 | 借入金（LEV）2,000 |
| | 自己資本（EQ）3,000 |

P/L （単位：万円）

	①	②	③
売上高	0	−	−
営業費用	0	−	−
営業利益（利払・税引前利益）	0	80	580
支払利息	80	80	80
税引前利益	△80	0	500
法人税等			200
税引後利益			300

注：△はマイナスを示す。

い。税引前純利益をゼロとするためには，営業利益段階で少なくとも80万円を稼ぎ出さなければならない。

　事業へ資産が投入され，当期に80万円の営業利益が生じたと仮定しよう（図表10-4のP/Lの②）。この結果は資金提供者を満足させるであろうか。債権者は支払利息分を優先的に得ることができている。株主も投資に対して一定のリターンを得ることを期待するが，税引前利益がゼロでは思惑とはかけ離れている。3,000万円の投資先を利付国債に変更すれば，株主にとっては，それだけで少なくともリスクなしで国債の利息分を獲得することができる。リスク負担に見合うリターンが獲得できないとすれば投資に対する意義は生まれてこない。

　株主は，投資に対してリスクに見合った最低限のリターンを要求する。リスク，つまり不確実性が大きい会社に対しては，株主はそれに見合うより高いリターンを要求し，リスクが小さい会社に対しては，相対的に低いリターンでも受け入れるであろう。株主が要求する合理的なリターン（自己資本コスト）が10％であるとすれば，図表10-4の例示の状況はどのように変化するかを考えてみる。税率は40％としておく。

　資金提供者が要求するリターンは，資金の調達源泉別の資本コストが資本構成比で加重平均して計算される。**加重平均資本コスト**（weighted average cost of capital; **WACC**）の計算式は以下の通りである。

$$r_W = r_E \times \frac{EQ}{EQ+LEV} + r_L(1-\tau) \times \frac{LEV}{EQ+LEV} \qquad (10.2)$$

r_W：加重平均資本コスト，r_E：自己資本コスト，
r_L：負債資本コスト，EQ：自己資本，LEV：有利子負債
τ：税率

　加重平均の計算に用いられる負債と自己資本は時価ベースである。図表10-4の期首B/Sが時価で表示されているとして，上記の式に数値をそのまま当てはめる。その場合，加重平均資本コストは図表10-5のようにして求められる。

　税引後負債資本コストである$r_L(1-\tau)$は節税効果（tax shield）を考慮したもので，会社の実質的な金利負担は4％×(1−0.4)で求められる。それに

対して，自己資本コストは仮定した10％で，これは税引後のものである。図表10-5の通り，加重平均資本コストは6.96％となる[5]。これは，総資本5,000万円に対して要求される税引後営業利益が348万円（5,000 × 0.0696）であることを示す。営業利益段階としては580万円（348/(1 − 0.4)）が達成されなければ，最終リスク負担者である株主の要求リターンは10％に満たないことになる。

逆算していくと，総資本5,000万円に対して株主を満足させる税引後利益は300万円（3,000 × 10％）である（図表10-4のP/Lの③）。税引前利益は500万円（300/(1 − 0.4)）である。負債提供者が要求するリターンは4％であるので，支払利息が80万円（2,000 × 0.04）となる[6]。それゆえに，要求される営業利益，すなわち利払・税引前利益は580万円と算定される。

経済的付加価値に話を戻そう。上記の例示では，税引後営業利益（NOPAT）と要求投資収益額（5,000 × 0.0696）が等しいので，経済的付加価値はゼロである。営業利益が580万円（税率が40％で一定）を超過すれば，経済的付加価値がプラスとなり，経営者は資金提供者の期待以上の価値を生み出したことになる。逆に，経済的付加価値がマイナスであれば，経営者は少なくとも株主の期待に

図表 10-5　加重平均資本コストの計算

	資本 構成比		税引後 資本コスト		加重平均 資本コスト
自己資本（EQ）	3,000/5,000	×	10%	=	6.00%
有利子負債（LEV）	2,000/5,000	×	2.4%	=	0.96%
					6.96%

応えることができなかったことになる。

　会計上の利益数値を基礎にして計算されるROAやROICは，投下した資本に対してどれだけの利益を生み出したかを示す。株主のような資金提供者が要求（期待）するリターンをコストとして含めていないという点で，会計ベースの収益性指標は経済的付加価値の計算と相違する。

　(10.1) 式は，$\left(\dfrac{税引後営業利益}{期首投下資本} - 加重平均資本コスト\right) \times 期首投下資本$と書き改めることができる。経済的付加価値では，資金提供者の満足する期待投資リターンを超える利益率を上げてはじめて企業価値が創造されることになる。経営者にとっては，資本コストを控除した後に，事業活動を通じてどれほどの付加価値を創造したかが問われる。

【Appendix10-1】 自己資本コストの算定

　自己資本コストの推計には**資本資産評価モデル**（capital asset pricing model；CAPM）に基づく推計モデルによって求められることが多い。自己資本コストをR_{it}（i社のt月におけるもの）とすると，

$$R_{it} = R_{F,t} + \beta_i (R_{M,t} - R_{F,t}) + u_{it}$$

となる。R_Fはリスクフリー・レートで，国債の利回りなどが当てはまる。R_Mはマーケット・ポートフォリオ（たとえば，日経平均採用銘柄）のリターンで，株式市場全体の期待収益率を示す。$(R_M - R_F)$はマーケット・リスクプレミアムと呼ばれ，プラスの値となる。国債の利回りよりも，リターンが得られない場合には投資は行われないであろう。β $\left(= \dfrac{\text{cov}(R_i, R_M)}{\text{var}(R_M)}\right)$ は株式に固有のリスクで，ベータ・リスクといわれ，上記の回帰式によって銘柄別に推計される。これは市場全体の動きに対して個別株式の動きがどの程度連動しているかを表す。βが1の場合，個別会社の株式リターンは株式市場全体のリターンと同じ動きをすることを意味する。βが1より大きい（小さい）場合，株式市場全体よりも当該株式リターンの変動が大きい（小さい）ことになる。

　βは，推計時点から過去の適当な月数（たとえば60カ月）のデータを用い

て回帰分析によって計算することができるが，ロイター（マーケット）のサイト（《https://jp.reuters.com/investing/》）やmsnマネー（マーケット情報）のサイト（《https://www.msn.com/ja-jp/money/markets》）によって各社のβを知ることもできる。なお，自己資本コストの推計モデルには，その他にFama-French3ファクターモデルとCarhart4ファクターモデルが著名であるが，ここでは説明を割愛する。

なお，ベータには2種類あり，その1つがアンレバードβ（unlevered β）である。これは負債のない会社を仮定した場合のβで，事業リスクのみを反映している。もう1つはレバードβと呼ばれ，負債のある会社のβである。資本構成によって生まれるレバレッジリスクの分だけアンレバードβより高くなる。

【Appendix10-2】資本コストを意識した経営

自社の資本コストを的確に把握したうえで，事業計画や資本政策の策定を行うことが強く求められ始めている。

資生堂（4911）は資本効率の向上にむけて，2020年の財務ターゲットとしてROIC（投下資本利益率）を12％と見込んでいるが，その指標だけではなく，対比する加重平均資本コスト（WACC）が4％であることも明らかにしている（「2018-20年度 経営戦略・計画」(2018年5月10日付)）。丸井グループ(8252)は「FACT BOOK」（2018年3月期，2018年11月8日付）の中で，WACCが3.0％と算出されており，ROICが安定的にWACCを上回る収益構造が目指されている。

《練習問題》

1. 以下の資料は，20×1年の実績と20×2年の予算の抜粋である。20×2年における財務比率の変化に関する記述として，最も適切なものを下記の解答群から選びなさい。

〈資料〉

（単位：百万円）

	20×1年 （実績）	20×2年 （予算）
資産合計	1,200	1,400
有形固定資産合計	300	360
売上高	1,250	1,500
付加価値	250	250
うち当期純利益	30	25
支払利息	5	5
人件費	150	160
その他	65	60
従業員数(人)	40	38

〔解答群〕

ア　付加価値率は上昇する。

イ　労働生産性は低下する。

ウ　労働装備率は上昇する。

エ　労働分配率は低下する。

（中小企業診断士科目別1次試験 財務・会計 2018年度 第10問より作成）

2.　次の資料から，レストラン「ロイヤルホスト」を展開するロイヤルホスト
　ホールディングス（8179）の付加価値分析を行いなさい。

〈資料〉

（単位：百万円）

項　目	内　訳	2015年 12月期	2016年 12月期	2017年 12月期
人件費	従業員給料及び賞与		31,234	31,530
	法定福利及び厚生費		4,574	4,735
	小計		35,808	36,265
賃借料			16,872	16,743
金融費用	支払利息		675	677
減価償却費	（販管費）		4,961	4,797
税金費用	法人税等合計		1,898	1,950
税引後利益	親会社株主に帰属する当期純純利益		2,377	3,533
粗付加価値			62,591	63,965
従業員数	期末（人）	2,538	2,617	2,646
平均従業員数	期中平均（人）		2,578	2,632
平均臨時雇用者	（人）		9,848	9,570
売上高			129,732	132,070
有形固定資産	建設仮勘定を除く	46,613	48,935	47,766
平均有形固定資産	期中平均		47,774	48,351

注：連結データはロイヤルホストホールディングスの有価証券報告書より入手。
　　付加価値は加算法による粗付加価値額である。

3.　次の資料からA社のEVAを計算し，A社の企業評価の結果について簡潔に述べなさい（有利子負債は各自で計算せよ）。純資産はすべて自己資本であると仮定する。金額の単位は百万円とする。

〈資料〉
NOPAT　　　　　　　　：　300
自己資本　　　　　　　：4,000
支払利息　　　　　　　：　200
税引前負債資本コスト　：　5%
自己資本コスト　　　　：　6%
税率　　　　　　　　　：40%

4.　次の資料からCAPMにより自己資本コストを求めなさい。

〈資料〉
ベータ：$\beta = 1.8$
株式市場の期待収益率：$E(r_M) = 10\%$

リスクフリー・レート：$r_F = 4\%$

5. 次の資料から，CAPMによる自己資本コストとWACC（加重平均資本コスト）を求めなさい。要約貸借対照表（B/S）の数値は時価によるものとする。また，負債の利子率は3%，税率は40%，リスクフリー・レートは2%，βは1.2，株式市場の期待収益率7%であるとする。

〈資料〉

B/S

資　産	10,000	有利子負債	4,000
		自己資本	6,000
	10,000		10,000

［注］●

1）小売業では，従業員1人当たり売上に加えて店舗の面積（㎡）当たり売上（売場効率）も重視される。たとえば，日本百貨店協会の売上高速報や日本チェーンストア協会の販売統計を参照されたい。

2）EVA ®は Stern Stewart & Co. の登録商標である。

3）ピジョン（7956）は，独自のEVA指標であるPVA（Pigenon Value Added）を重要指標に掲げ，企業価値向上の経営を実践しようとしている。

4）同等のリスクをもつ株式に投資する機会を失うという意味で，資本の機会費用（opportunity cost of capital）と呼ぶこともできよう。なお，資本コストは，会社サイドから言えば，資金提供者に還元しなければならないハードル・レート（hurdle rate）ということになる。

5）借入金で自社株買いを行う事例があるが，この目的の1つは最適資本構成まで自己資本比率を引き下げ，加重平均資本コストを下げることである。ただし，負債のウェイトが限度を超えて高まると，倒産リスクが上がり自己資本コストも負債資本コストも上昇してしまう。

6）資金提供者（株主と債権者）が受け取る資金は80万円と300万円で総額380万円である。負債がなく，利払・税引前利益が580万円（税率40%）とすれば，税控除後利益は348万円となる。つまり，株主が受取る資金は総額348万円である。負債による節税効果（税務上の損金算入）の分だけ，資金提供者が受け取る額が違ってくる。

第11章

倍率指標とキャッシュ・フローに基づく価値評価

要　旨

　株式価値もしくは企業価値，すなわち会社が本来もっている価値を推定しようとするニーズは高まっている。本章では，まず株価そのものと会計数値を組み合わせた倍率指標の利用方法を提示することにする。その後に，より理論的な価値評価モデルである配当割引モデルと割引キャッシュフロー・モデルを説明し，株式価値と企業価値を求めるための計算構造を理解できるようにする。

第1節 ファンダメンタルズ分析

株式市場は効率的であると一般に考えられている。この考えに基づく仮説を**効率的市場仮説**（efficient market hypothesis）と呼ぶが，これはすべての情報が市場で瞬時に織り込まれることを意味する。効率的な市場では，たとえ「ある銘柄が確実に値上がりする」と思われているとしても，その銘柄の情報はすでに株価に織り込まれていて，投資者は超過リターン（市場の平均を上回る投資リターン）を得ることはできない。効率的な市場では，新しく公表される会計情報も一瞬にして株価に反映されているはずである。

したがって，市場メカニズムがうまく機能していれば，株価そのものが株式価値を表すことになる。通常，会社の**株式時価総額**（株価×発行済株式数）が大きければ，それだけ市場からの期待が高く，投資の価値や会社の値段が高いと判定されることになる。株式時価総額が2007年から10年間でどれほど膨らんだかを調査した『会社四季報』（2018年1集, p.10）によると，第1位がRIZAPグループ（証券コード：2928）の238.8倍，第2位が事業者向け工具通販サイトをもつMonotaRO（3064）の44.0倍，第3位が岐阜県に本社がある100円ショップのセリア（2782）の40.9倍となっている。

ところで，効率的市場仮説を支持する証拠が存在する一方で，それに反する証拠も存在する[1]。株式市場にはアノマリー（anomaly）という合理的に説明できない市場の反応があり，新たな情報が完全に株価に反映されるまでに時間がかかる場合も考えられる。実際，投資信託等の実務では**アクティブ運用**の根強い支持がある。短期的な株価の動きに左右されないアクティブ運用では，現実の株価に見合った株式価値があるかどうかを判断するために**ファンダメンタルズ分析**（fundamentals analysis）が実施され，効率的市場仮説を与件としないで市場平均以上の成果を上げることが目標とされる[2]。市場の効率性は程度の問題であり，現実には過大（割高）または過小（割安）に評価された株式が存在するであろう。

比較的長期的な視点に立った投資判断を下そうとする場合にファンダメンタ

ルズ分析は適している。この分析は，会社が本来もっている価値，いわゆる**内在価値**（intrinsic value）を導出する手法として広く認められている。会社の理論上の価値を計測するためには，その会社が有するファンダメンタルズ（基礎的諸条件と訳されることがある）に依拠する必要がある。それゆえに，有価証券報告書をはじめとする公表済みの会計情報の活用が重みを帯びてくる。

　ファンダメンタルズ分析の根底にあるのは，株価が将来の業績を反映する情報によって決まるという考え方である。理論上の価値と現実の株価の間にギャップが存在するとしても，長期的には株価は理論上の価値に近づくと思考される。財務諸表利用者にとっては，業績を反映する情報源として，会計情報システムによって生み出される会計数値に力点を置くことが重要となる。たとえ公表後の情報であるとしても，会社の将来性を読み解くために，財務諸表に含まれる多様な情報を活用するメリットは十分に残っているはずである。

第2節　株式価値評価の簡便法

　株式価値もしくは企業価値（corporate valuation）を評価しようとするニーズは高い[3]。たとえば，新たな成長分野を求めてM&Aの手段を使う会社があるとしよう。TOB（Take Over Bid，株式公開買付け）を成立させる場合[4]，経営者は適切な意思決定を下すために買収対象会社の適正価格がいくらであるかを把握する必要がある。万一不明確な判断が下されるとすれば，市場関係者に対して買収の成否や将来構想の実現性に関して説得力のある説明を行うことは難しいであろう[5]。

　また，投資者やアナリストも会社の価値評価に強い関心を抱いている。会社の価値がある程度客観的に推定できるならば，そのことは株式投資戦略の有効な手段として役立つ。つまり，業績が低迷することが予測されているにもかかわらず株価の評価の高い銘柄群，あるいは逆に，業績が良好になると予測されるにもかかわらず株価の評価の低い銘柄群が発見されるとしよう。将来の株価の値下がりが期待される前者の銘柄群についてショートポジション（売り持ち）

をとり，将来の値上がりが期待される後者の銘柄群についてロングポジション（買い持ち）をとる戦略を選択することができる。このような場合，市場平均以上となる超過リターンを獲得する可能性が高まるであろう。

1. 株価評価のための倍率指標

株式市場の効率性を前提とした場合，株価の相対的な水準を評価するための代表的な指標がある。いずれの指標も株価と財務諸表に表記される数値を基礎とした倍率（**マルチプル**）であり，株式価値評価において利便性の高い指標である。まず，次の4つの指標について解説する。

$$PER（倍） = \frac{P}{EPS}$$

$$PBR（倍） = \frac{P}{BPS}$$

$$PSR（倍） = \frac{P}{S}$$

$$PCFR（倍） = \frac{P}{CF}$$

P：株価
EPS：1株当たり（予想）当期純利益（IFRSでは基本的1株当たり（予想）当期利益）
BPS：1株当たり純資産（資本）
S：1株当たり売上
CF：1株当たり営業活動によるキャッシュ・フロー

PERはprice-earnings ratio（**株価収益率**）の略号であり，株価を1株当たりの利益（EPS）で割って算出される。単位は「倍」である。利益は親会社株主に対する最終利益が用いられ，それが配当に回されるか，あるいは内部に留保される。PERの理論的意味は，1株当たり投資額（＝時価）を1株当たり最終利益によって何年で回収できるかということである。株価は将来の業績を予測して動くので，分子に実績EPSではなく予想EPSを用いることが一般的となってきている[6]。なお，株価＝EPS×PERと変換することができるので，株価は業績に市場の期待（人気度）を乗じたものと捉えることができる。

株価が1,000円で，予想EPSが50円であるならば，PERは20倍となる。将来の利益の20年分を株価が織り込んでいることになる。この数値を用いて株価の高低の基準とすることができるが，この数値の絶対基準はなく，分析対象

会社が属している上場部（東証1部，マザーズなど）や同業他社の水準と比較することが効果的である。ちなみに，2019年2月4日時点の日経平均採用銘柄の（平均）PER は12.04倍である（日本経済新聞，2月5日付，p.18）。

さて，PER を EPS で解くと，

$$EPS = P \times \frac{1}{PER}$$

となる。PER の逆数である $\frac{1}{PER}$ は，**株式益回り**（stock yield）と呼ばれている。PER が20倍（50倍）であれば，株式益回りは5%（2%）となる[7]。株式益回り（= EPS/P）は，ROE（= EPS/BPS）と株価の関連性を見たい場合に次のような分解式の中に含まれる。

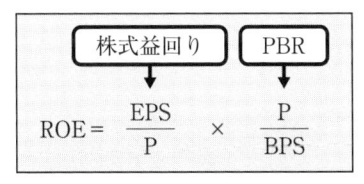

$$ROE = \frac{EPS}{P} \times \frac{P}{BPS}$$

上式にでてくる **PBR** は**株価純資産（資本）倍率**（price-to-book ratio）と呼ばれる指標である。PBR は株価を1株当たり純資産（book-value per share；BPS）で割った倍率であり，BPS の何倍で株価が売買されているのかを測定する。理論上，その会社が解散したと仮定した場合に，その時に残る純資産（自己資本でも計算可）の価値（解散価値）が1株当たりどの程度であるかを表す。PBR が1倍であれば，BPS と株価は同じである。2019年2月4日時点の日経平均採用銘柄の（平均）PBR は1.15倍である（日本経済新聞，2月5日付，p.18）。

上式から，PBR は PER に ROE を乗じたものと等しいので，PER を一定とすると，ROE が上昇（下降）すると，PBR は上が（下が）る。

図表11-1には，業種別の PBR と ROE の中央値を示している[8]。サービス業の PBR は2.44倍と最も高い。続いて，医薬品業，精密機器業，鉄道・バス業など13業種が1倍を超えている。逆に，鉄鋼，造船，鉱業の PBR は低くなっている。32業種の PBR と ROE の相関係数は0.46であり，ROE と PBR の間に

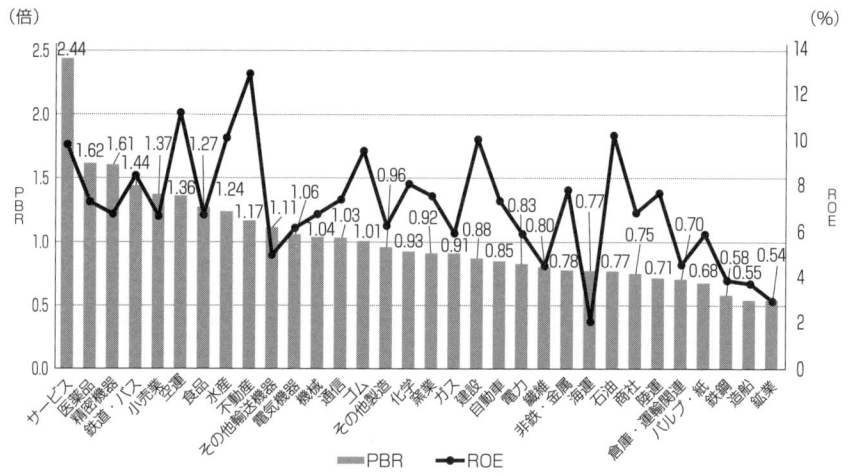

注：連結データは，Nikkei NEEDS-Financial QUEST から入手。数値は業種別PBR。

は一定の関係性があると考えられる。ただし，PER = PBR ÷ ROEであるので，石油業や建設業のようにROEが高いにもかかわらずPBRが低い場合，市場では割安の評価（低PER）がなされていると考えられる。

　PERに似た指標として**株価売上倍率**（price-to-sales ratio；PSR）がある。これは1株当たり売上に対する株価の倍率である。赤字の場合，PERは意味のない数値になってしまう。そこで，利益に代えて売上が用いられることがある。十分な利益を生み出す環境にないベンチャー会社や新規公開会社の株価水準を評価する場合に用いられることがある。

　株価キャッシュ・フロー倍率（price cash flow ratio；**PCFR**）は，株価が1株当たり営業活動によるキャッシュ・フロー（営業CF）の何倍に相当するかを示す。会社がマイナスのEPSを計上していたとしても，営業CFがプラスであればPERを補完する指標として利用可能である。

　最後に，もう1つ指標を紹介しておく。分母に利益ベースのキャッシュ・フローを利用したものとして，以下のような**EV/EBITDA倍率**がある。

$$\text{EV/EBITDA 倍率(倍)} = \frac{\text{EV}}{\text{EBITDA}}$$

この指標は1株当たりの数値を利用しない。EV（enterprise value）は，株式時価総額（株価×発行済株式数）に純有利子負債（＝有利子負債−手元流動性）を加えた額を指す。会社を買収しようとする場合，EVの額は買収資金としてEBITDAの何年分の金額が必要となるかという目安となる。そのため簡易買収倍率と呼ばれることがある。EBITDA（第4章参照）は利子・税金・償却費及びのれん償却額控除前利益であり，業務利益（あるいは単純に営業利益）に減価償却費とのれん償却額を足し戻して計算される。

2. 類似会社比較法

上記で示した倍率指標を利用して，株式価値評価を行ってみよう。評価方法は**類似会社比較法**と呼ばれるものを用いる。この方法では，まず事業内容や事業規模などが類似している（上場）会社群がベンチマーク会社として選定される[9]。続いて，選定された会社群の倍率の平均を求め，その平均値を基礎に評価対象とする会社の理論上の株価を推定する。簡単な方法ではあるが，実務では株式価値評価の方法としてよく用いられている（Appendix 11-1参照）。

設例で評価対象会社の株式価値を推定してみる。A社，B社およびC社の3社をベンチマーク（類似）会社とする。通例，類似会社比較法において最も適切な倍率指標が何であるかは事前にはわからない。ここでは，PER，PBR，およびEV/EBITDA倍率の3つを採用する。図表11-2に，それぞれの倍率を計算するために必要なデータを示している。

分析結果は図表11-3に示されている。PERの3社の平均値は25.2倍である。この数値を基礎とした評価対象会社の理論株価は，予想EPSの60円に平均PERの25.2倍を乗じた1,512円となる。同様にPBRで計算すると，平均PBRは1.2倍であり，これに評価対象会社のBPSである800円を乗じると，理論株価は960円となる。EV/EBITDA倍率では，評価対象会社のEBITDAが1,800

図表 11-2　類似会社比較法を行うための基礎データ

	A社	B社	C社	評価対象会社	
a. 株価（円）	1,100	840	660		?
b. 予想EPS（円）	50	25	33	ア	60
c. BPS（円）	1,000	560	660	イ	800
d. EBITDA（百万円）	5,000	1,000	1,500	ウ	1,800
e. 期中平均発行済株式数（百万株）	100	60	50	エ	45
f. 株式時価総額（百万円）（a×e）	110,000	50,400	33,000		−
g. 純有利子負債	10,000	4,600	1,500	オ	3,600
h. EV（百万円）（f+g）	120,000	55,000	34,500		−
i. PER（倍）（a/b）	22.0	33.6	20.0		−
j. PBR（倍）（a/c）	1.1	1.5	1.0		−
k. EV/EBITDA（倍）（h/d）	24.0	55.0	23.0		−

図表 11-3　類似会社比較法の結果

	PER		PBR		EV/EBITDA	
1. 評価対象会社のデータ	ア	60	イ	800	ウ	1,800
2. 基準倍率（PER（i））の平均値		25.2		−		−
3. 基準倍率（PBR（j））の平均値		−		1.2		−
4. 基準倍率（EV/EBITDA（k））の平均値		−		−		34.0
5. PERによる理論株価（円）（1×2）		1,512		−		−
6. PBRによる理論株価（円）（1×3）		−		960		−
7. EV（百万円）（1×4）		−		−		61,200
8. 評価対象会社の純有利子負債（g）		−		−	オ	3,600
9. 評価対象会社の発行済株式数（百万株）（e）		−		−	エ	45
10. EVによる理論株価（円）（(7-8)/9）		−		−		1,280

注：英字およびア～オの数値は図表11-2による。

百万円で，これに平均EV/EBITDA倍率の34.0倍を乗じた61,200百万円がEVとなる。EV（61,200百万円）−純有利子負債（3,600百万円）＝株式時価総額（57,600百万円）となる。この値を発行済株式数で除すと，1株当たり株式価値，つまり理論株価が1,280円と導き出される。

　理論株価は960円から1,512円の範囲（各倍率で算出された理論株価の平均値は1,251円）となるが，倍率指標の利用によって1つの理論株価が算出されることはごく稀である。類似会社比較法の欠点としては，評価対象会社に固有

の価値やリスクが無視されていること，倍率指標が市場状況に強く影響を受けること，類似会社の選定において評価者の主観（恣意性）が介入することがあげられる。

1.　配当割引モデルの要点

株式価値の算定をもう少し理論的に考えてみよう。投下資本が将来生み出すキャッシュ・フローを予測し，それらを現在の価値に割り引くことで理論上の株式価値を算出することが可能である。

普通株式の株主にとっての投資収益は現金配当とキャピタル・ゲイン（売却益）である。したがって，普通株主の1期先の期待収益率は次のように表される。

$$期待収益率(r) = \frac{D_1 + P_1 - P_0}{P_0} \qquad (11.1)$$

ここでは，D_1は0時点から1時点までの1期間に事業活動で得られる1株当たり期待配当，P_1が1時点の期待株価（売却する場合は売却価格），P_0が0時点の株価（購入価格）を示す。(11.1)式は，**配当利回り**（D_1/P_0）と株価値上がり率（$(P_1 - P_0)/P_0$）から成り立っている。配当利回りは，株価に対する1株当たり配当の割合である[10]。ある会社に投資した場合に得られる配当の率で，預金でいえば利子率に相当する。

さて，株式を0時点において1株100円で購入し，1時点に1株当たり配当金を5円受け取り，その時点の当該株価が110円であったとした場合，

$$r = \frac{5 + 110 - 100}{100} = 0.15$$

となり，15％が投資者の期待投資収益率となる。期待投資収益率は投資に対する期待値であり，投資者が投資に対して最低限要求するリターンである。**株主資本コスト**ともいわれる。国債の利率のように契約で確実に決定されているわけではないが，リスク・プレミアムの分だけ市場金利よりも高くなる。

　期待配当と期待株価に関して，投資者の予測と同等のリスクを有する株式の期待収益率があるとすれば，現在の株価を推定することができる。(11.1)式をP_0について解くと，次のようになる。

$$P_0 = \frac{D_1 + P_1}{1 + r} \qquad (11.2)$$

　将来の配当と株価の合計を（1＋期待収益率）で割り引くことによって，株式の現在価値（補章で説明）が算出される。上記の例示を用いれば，期待配当と期待株価と期待収益率がわかっているので，$P_0 = \frac{5 + 110}{1 + 0.15} = 100$となる。$P_0$は理論上の株価であり，現実の株価が100円よりも高い(低い)場合，将来的に株価が下がる(上がる)力が働くと推察される。

　また，1時点での期待株価（P_1）は翌期（2時点）の期待配当（D_2）と期待株価（P_2）によって決まると予測される場合，1時点の株価（P_1）は次のように予測される。

$$P_1 = \frac{D_2 + P_2}{1 + r} \qquad (11.3)$$

　(11.2) 式の右辺のP_1に (11.3) 式を代入すると，以下のようになる．

$$P_0 = \frac{1}{1+r}(D_1+P_1) = \frac{1}{1+r}(D_1+ \frac{D_2+P_2}{1+r}) = \frac{D_1}{1+r} + \frac{D_2+P_2}{(1+r)^2} \qquad (11.4)$$

　さらに，2時点で次の期待配当と期待株価が予測できるとし $\left(P_2 = \dfrac{D_3+P_3}{1+r}\right)$，それを (11.4) 式に代入すると次のようになる。

$$P_0 = \frac{D_1}{1+r} + \frac{D_2}{(1+r)^2} + \frac{D_3 + P_3}{(1+r)^3}$$

ほぼ永久に期待配当と期待株価が予測できるとすると，株価の現在価値は次のように求められる。

$$P_0 = \frac{D_1}{1+r} + \frac{D_2}{(1+r)^2} + \frac{D_3}{(1+r)^3} + \cdots + \frac{D_\infty}{(1+r)^\infty} + \frac{P_\infty}{(1+r)^\infty}$$

ほぼゼロに近づく無限株価の現在価値の部分を無視すると，最終的に下記のような公式に書き直すことができる。

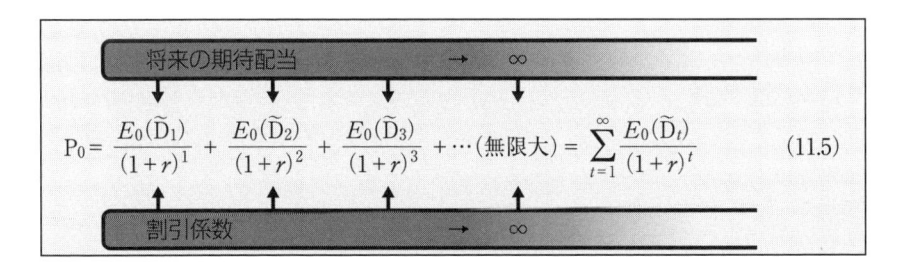

$$P_0 = \frac{E_0(\widetilde{D}_1)}{(1+r)^1} + \frac{E_0(\widetilde{D}_2)}{(1+r)^2} + \frac{E_0(\widetilde{D}_3)}{(1+r)^3} + \cdots (\text{無限大}) = \sum_{t=1}^{\infty} \frac{E_0(\widetilde{D}_t)}{(1+r)^t} \qquad (11.5)$$

将来の期待配当 → ∞

割引係数 → ∞

　上記の評価モデルを**配当割引モデル**（dividend discount model；DDM）と呼ぶ。(11.5) 式において，P_0は$t = 0$時点の理論上の**株式価値**（株価）であり，将来の1株当たり期待配当の割引現在価値の総計となっていることがわかる。上記の式に出てくるE_0は，将来の事業活動に関して$t = 0$時点で投資者が求める期待（expectation）を示す。たとえば，$E_0(\widetilde{D}_3)$は$t = 0$時点に投資者が予測する3期後（3時点）の1株当たりの期待配当の額である。金額が不確実であることを明確にするためにDの上にチルダを付しておいた。

　株式の配当を投下資本が生み出した成果，つまりキャッシュ・フローとみなすと，還元された配当を投資者の期待収益率である割引率（r）を用いて割り引くと理論株価が算出される。資金提供者（株主）が求めるリターンである割引率は株主（自己資本）資本コストとも言い換えられ（第10章参照），それは将来に期待される配当流列の不確実性（リスク）を反映するように調整される。

株主資本コストは，リスクの度合いに応じて変動するが，実際に価値を推定する場合は株主資本コストを一定としておくことが多い。期待配当を所与とした場合，株主資本コストが高く（小さく）なるほど，割引現在価値の総計は小さく（大きく）なる。

2. 配当割引モデルと成長性

(11.5)式の配当割引モデルを実務で適用するためには，0時点を起点にその先ずっと各将来期間の配当を予測しなければならない。この作業は骨が折れるだけでなく，非現実的でもある。実際には単純な仮定を設けて，評価プロセスを簡易化する方法を用いることができる。

安定的な配当パターンを有する成熟会社を想定する場合，1つの単純な仮定を置くだけでよい。つまり，$t = 0$時点で予測される1株当たりの期待配当(D_1)が定期的にかつ永久に続くと仮定することである。これは，補章の(8)式で提示しているように，ゼロ成長となる永久年金を想定するものである。その場合，将来に期待される配当は$t = 0$時点で予測される期待配当とつねに等しいので，(11.5)式は次のように書き換えられる。

$$P_0 = \frac{D_1}{r} \qquad (11.6)$$

もし1期先の期待配当が1株当たり500円で，割引率，つまり株主資本コストが10％であると設定するならば，株式価値は$500/0.10 = 5{,}000$円と簡単に推定される。

さらに，配当が一定率(g)成長すると仮定すれば（補章の (11)式参照），

$$P_0 = \frac{D_1}{r-g} \quad (ただし，\ r{>}g) \qquad (11.7)$$

という式が成り立つ。

一定率(g)にサステイナブル成長率を適用する場合（第9章参照），定率成長

の配当割引モデルは次のように変形できる.

$$P_0 = \frac{D_1}{r-g} = \frac{D_1}{r-\text{ROE}(1-d)}$$

$$\text{ROE}:当期純利益／期首自己資本$$
$$d\quad:配当性向$$

　PERと定率成長の配当割引モデルを結びつける分析手法もある。(11.7)式の両辺をEPSで割ると，次のようになる。

$$P_0 \div \text{EPS} = \frac{D_1 \div \text{EPS}}{r-g}$$

$$\text{PER} = \frac{d}{r-g}$$

ここでも，g（定率成長）にサステイナブル成長率を適用すると，

$$\text{PER} = \frac{d}{r-\text{ROE}(1-d)}$$

となる。株主資本コストが上(下)がるほど，PERは下落(上昇)する。また，サステイナブル成長率のアップは分母を小さくするので，PERの上昇要因となる。ROEの上昇も同様に，PERを引き上げる。配当性向の増大は，分子だけでなく分母も大きくするので，PERの上昇に必ずしも直結するわけではない。

第4節　割引キャッシュフロー・モデル

1.　割引キャッシュフロー・モデルの要点

　ファンダメンタルズ分析において，フリーキャッシュ・フロー（以下，FCF）は会社の基礎的諸条件を表す重要な会計情報の1つである。資本構成に関係なく事業活動によってのみ生み出される価値を評価しようとする場合，FCFは

第7章で示したように，非事業活動による受取利息・受取配当金や支払利息を控除し，事業活動に関連する法人税等の支払額を控除して計算する必要がある。つまり，経営者の判断により資金提供者に自由に分配することができるFCFを割り出さなければならない。計測されたFCFの多寡は事業価値，ひいては企業価値の増減に影響を及ぼすことになる。

　ただし，**企業価値**は正味営業資産（営業資産－営業負債）の価値と非営業資産の価値（手元流動性＋金融資産）から構成される。それゆえに，企業価値を創出するためには，その主要素である正味営業資産（NOA）から生み出される事業価値を高めることが重要となる。

　配当割引モデルを基礎に考えると，**事業価値**は正味営業資産が生み出す無限の将来までのFCF流列を現在価値に割り引いたものと表される。このことを数式で表せば，以下の通りとなる。

$$V_0 = \frac{E_0(\widetilde{FCF_1})}{(1+r_W)^1} + \frac{E_0(\widetilde{FCF_2})}{(1+r_W)^2} + \frac{E_0(\widetilde{FCF_3})}{(1+r_W)^3} + \cdots (無限大) = \sum_{t=1}^{\infty} \frac{E_0(\widetilde{FCF_t})}{(1+r_W)^t}$$

$$(11.8)$$

　(11.8)式は，**割引キャッシュフロー・モデル**（discounted cash flow model；**DCF**），あるいはFCFに基づく価値評価モデル（free cash flow based valuation model）を示す計算式である。(11.8)式において，V_0は$t = 0$時点の事業価値であり，将来に期待されるFCF流列の割引現在価値の総計を示す。事業価値（正味営業資産の価値）に非事業価値（手元流動性と金融資産のような非営業資産の価値）を足し，非事業負債価値（有利子負債のような非営業負債の価値）を差し引くことで**株式価値**が算出される。優先株式や非支配株主持分（IFRSでは非支配持分）が存在する場合は，普通株主のための株式価値に限定したいので，これらの価値は控除される（Appendix11-4参照）。

　(11.8)式のE_0は，将来の事業活動に関して$t = 0$時点で投資者が予測する将来FCFの期待を示す。配当割引モデルと同様に，金額が不確実であることを明確にするためにFCFの上にチルダを付している。r_Wは割引率であるが，割引キャッシュフロー・モデルでは**加重平均資本コスト**（WACC，第10章参照）

が用いられる。

　実務上，(11.8)式は下式のように，有限の予測可能な期間中のFCF流列の割引現在価値を示す部分と，予測可能な期間以降のFCF流列の割引現在価値を示す部分に分けて表示することができる。後者の部分は，**継続価値**（continuing value）を示し，それが①ゼロ（0），②ゼロ成長 $\left(\dfrac{\text{FCF}}{r}\right)$，あるいは③定率成長 $\left(\dfrac{\text{FCF}(1+g)}{r-g}\right)$ を維持すると仮定される。計算した継続価値は0時点まで割り引く必要がある。

$$V_0 = \sum_{t=1}^{\infty} \frac{E_0(\widetilde{\text{FCF}}_t)}{(1+r_W)^t} = \sum_{t=1}^{N} \frac{E_0(\widetilde{\text{FCF}}_t)}{(1+r)^t} + \sum_{t=N+1}^{\infty} \frac{E_0(\widetilde{\text{FCF}}_t)}{(1+r_W)^t} \tag{11.9}$$

（予測可能期間の FCF の割引現在価値）（継続価値の割引現在価値）

2. 割引キャッシュフロー・モデルの設例

　ある会社において，資本構成が異なる2つのパターンの企業価値を考えよう。どちらのケースでも営業資産（正味営業資産と考えてもよい）は，同一であると仮定する。

> 　営業利益の期待値が一定であるゼロ成長会社を考える。パターン①は100%自己資本であるのに対して，パターン②は自己資本のほかに借入金5,000百万円（負債資本コスト $r_L = 5\%$）を利用している。増加運転資本はゼロ，減価償却費は更新投資に充てられ，純利益は全額配当に回されると仮定する。税率（τ）は40%とする。パターン①の株主（自己資本）資本コスト（r_E）は10%とする。なお，同期の利息と税額の支払いと支払利息・税費用は一致しているとする。発行済株式数は1百万株とする。

　財務データは以下の通りである。

基本データ

（単位：百万円）

		パターン①	パターン②
P/L関連	営業利益（EBIT）	1,000	1,000
	支払利息（I=r_LLEV）	0	250
	法人税等（EBIT-I）× τ	400	300
	税引後利益（NI）	600	450
B/S関連	総資産の価値（A）	6,000	8,000
	自己資本の価値（EQ）	6,000	3,000
	負債の価値（LEV）	0	5,000

注：P/Lは損益計算書，B/Sは貸借対照表を示す。

キャッシュ・フロー関連データ　　　　　　　　　（単位：百万円）

項　　目	パターン①	パターン②
税引後純利益（NI）	600	450
（＋）減価償却費（DP）	100	100
（－）運転資本の増減（Δ WC）	0	0
（＋）支払利息	0	250
小計	700	800
（－）負債利子（r_LLEV）	0	△250
営業CF	700	550
（－）設備投資（CAPEX）	△100	△100
投資CF	△100	△100
（－）配当（D）	△600	△450
（＋）長期借入れによる収入	0	5,000
財務CF	△600	4,550

注：項目のΔは変化，数値の△はマイナスを示す。

第1に，パターン①のFCFを求めるために第7章の（7.9）式を利用すると，

$$FCF = EBIT \times (1 - \tau) + DP - (CAPEX + \Delta WC)$$

となる。DPとCAPEXの合計はゼロで，かつΔ WC＝0と仮定しているので，

$$FCF = 1,000 \times (1 - 0.4)$$
$$= 600百万円$$

となる。将来にわたって毎期FCFが定額だけ獲得できるとすれば，パターン①の企業価値は600/0.10 ＝ 6,000百万円と算定される。これは配当割引モデル

を適用しても同じ結果である。なお，パターン①の企業価値はすべて事業価値であり，非事業負債価値（有利子負債）はゼロであるので，企業価値＝事業価値＝株式価値となる。

　第2に，パターン②に目を転じてみると，負債による利払分だけ法人税等が100百万円少なく済んでいることが確認できる。営業利益は両パターンで同じでも，税引後利益は支払利息の分だけ圧縮されるのではなく，節税効果分が含まれることに注意を要する。節税額が毎期一定と仮定した場合，現在価値の形に直すと，$\dfrac{\tau r_L \mathrm{LEV}}{1+r_L}+\dfrac{\tau r_L \mathrm{LEV}}{(1+r_L)^2}+\cdots=\dfrac{\tau r_L \mathrm{LEV}}{r_L}=\tau\,\mathrm{LEV}$ となる。負債を有する場合，**節税効果**の分（$\tau\,\mathrm{LEV}$）だけ企業価値は増加する。それゆえに，

> パターン②の企業価値＝パターン①の企業価値＋節税効果の現在価値
> $$= 600百万円/0.1 + 40\% \times 5{,}000百万円$$
> $$(100百万円/0.05)$$
> $$= 8{,}000百万円 \tag{11.10}$$

となる。パターン②の企業価値は，負債を利用しなかった場合の企業価値に加えて，負債の存在による負債利子の節税効果分だけ増加している。パターン②の企業価値は非事業負債価値（有利子負債）と株式価値を合計したものである。パターン②の非事業負債価値は5,000百万円（＝250百万円/0.05）であるので，企業価値（8,000百万円）－非事業負債価値（5,000百万円）の3,000百万円が株式価値となる。

　配当割引モデルを適用したパターン②の株式価値を検討してみよう。期待配当が450百万円で，株式資本価値が3,000百万円であるので（450百万円/r_E＝3,000百万円），パターン②の株主資本コスト（r_E）は15％となっているはずである。これは，負債の導入によって，株主資本コストが上昇していると理解できる。

　ところで，パターン②でもFCFは600百万円と計算される。この場合のFCFは負債がないとした（節税効果を考慮しない）場合のものである。FCFを基礎とした企業価値評価のモデルにおいて，分母の割引率には負債利子率の節税効果を考慮した加重平均資本コストが用いられる（r_W）。そのために，分

子のFCFには負債の節税効果を考慮しないNOPAT（＝ EBIT × $(1 - \tau)$）を用い，節税効果の二重計算を避けているのである。

　さて，上記で算定した株主資本コスト(15%)を用いると，加重平均資本コストは次のように計算される。

$$0.15 \times \frac{3{,}000}{8{,}000} + 0.05 \times (1 - 0.4) \times \frac{5{,}000}{8{,}000} = 7.5\%$$

7.5%の加重平均コストを用いてFCFベースの企業価値評価を行うと，以下のような結果になる。

$$\begin{aligned} \text{FCF}/r_{WACC} &= 600/0.075 \\ &= 8{,}000\text{百万円} \end{aligned}$$

営業資産の運用結果である企業価値（ここでは事業価値と等しい）は8,000百万円であることが判明した。この結果は，(11.10)式で求めた企業価値と整合的である。

　なお，FCFは債権者や株主といった資金提供者に帰属するキャッシュ・フローの合計額であると言い換えることができる。資金提供者に分配できるキャッシュ・フローを**資本キャッシュ・フロー**（capital cash flow：CCF）という。パターン②の場合，CCFは次のように算定される。

$$\begin{aligned} \overbrace{\text{株主に帰属する部分}}^{} \quad & \overbrace{\text{債権者に帰}}^{} \\ \Delta\text{LEV} = \text{負債の新規調達} - \text{負債の元本返済} \quad & \text{属する部分} \\ \text{CCF} = \text{FCF} + \Delta\text{LEV} - \text{I}\,(1 - \tau) + \text{I} - \Delta\text{LEV} & \\ = \text{FCF} + \tau\,\text{I} & \\ = 600 + 100 & \\ = 700 & \end{aligned}$$

　パターン①とパターン②で，FCFは負債の有無にかかわらず同じである。しかし，節税効果が考慮されると，負債のある会社の場合，CCFはFCFを上回る。CCFはすでに節税効果の影響を考慮した額である。同じ営業資産（事

業内容）を有しているので，パターン②の企業価値は8,000百万円となるはずである。8,000百万円 = 700百万円$/r_W$と置くと，r_Wは8.75％となる。この場合のr_Wとしては税引前負債資本コストに基づく加重平均コストが利用される

$(\dfrac{3,000}{8,000} \times 0.15 + \dfrac{5,000}{8,000} \times 0.05)$。

【Appendix11-1】類似会社比較法とDCF法の活用例

　類似会社比較法ならびにDCF法が実務でいかに活用されているかを，伊藤忠商事（8001）がユニー・ファミリーマートホールディングス（8028，以下，ユニー・ファミリーマート）に対して公開買付けの開始を知らせた文書から考察してみよう。公開買付け（TOB）については，注4を参照してほしい。次ページの表は，第三者算定機関がユニー・ファミリマートの株式価値を査定した結果である。

伊藤忠商事は、平成30年3月の段階で、本公開買付価格の公正性を担保するため、本公開買付価格を決定するにあたり、公開買付者、伊藤忠商事及び対象者から<u>独立した第三者算定機関</u>として、伊藤忠商事のフィナンシャル・アドバイザーである野村證券に対して、対象者株式の株式価値の算定を依頼致しました。

　野村證券は、対象者の財務状況、対象者株式の市場株価の動向等について検討を行った上で、多面的に評価することが適切であると考え、複数の株式価値算定手法の中から採用すべき算定手法を検討した結果、対象者が継続企業であるとの前提の下、<u>市場株価平均法、類似会社比較法及びＤＣＦ法を用いて、対象者株式の株式価値の算定を行い</u>、伊藤忠商事は、野村證券から平成30年4月19日に本買付者側株式価値算定書を取得致しました。なお、野村證券は、公開買付者、伊藤忠商事及び対象者の関連当事者には該当せず、本公開買付けに関して、重要な利害関係を有しておりません。また、伊藤忠商事は、野村證券から本公開買付価格の公正性に関する意見書（フェアネス・オピニオン）を取得しておりません。

　野村證券により上記各手法において算定された<u>対象者株式の1株当たり株式価値の範囲</u>は、それぞれ以下のとおりです。

市場株価平均法	：7,723円 ～ 10,020円
類似会社比較法	：3,029円 ～ 11,084円
DCF法	：6,704円 ～ 13,876円

出所：「ユニー・ファミリーマートホールディングス株式会社（証券コード：8028）に対する公開買付けの開始に関するお知らせ」（2018年7月13日, p.13）。下線は筆者による。

　類似会社比較法の理論上の1株当たり株式価値は3,029円から11,084円で，DCF法の理論上の1株当たり株式価値は6,704円から13,876円と推定されている。加えて市場株価平均法（終値単純平均値）では7,723円から10,020円である。

　3つの方法の金額に差異はあるが，最終的には公開買付け価格は11,000円と決定されている。この価格は公開買付けの開始予定に関する公表日の前日の終値10,020円に対して9.78％のプレミアムが付された価格となっている。結果として，伊藤忠商事の所有する議決権の数がユニー・ファミリマートの総株主等の議決権の過半数となったため，ユニー・ファミリマートは伊藤忠商事の連結子会社となっている。

　なお，ユニー・ファミリーマートは，2018年10月11日の取締役会で，ドン

キホーテホールディングス（7532）に対する公開買付けを開始予定であること
と，ユニー・ファミリーマートの子会社であるユニーの株式をすべてドンキホー
テホールディングスに譲渡することを決議している。ユニー・ファミリーマー
トは，総合スーパー（GMS）事業を切り離すことになる。

【Appendix11-2】株価評価と財務諸表分析

第2節1で述べたように，株価(P) = EPS × PER（BPS × PBR）である。株
価の水準を評価したり予測したりするためには，その決定要因の1であるEPS
やBPSを掘り下げて調べる必要がある。以下にそれらを構成する要素を図に
示してみた。これまで学習してきた分析指標が役立つことがわかる。各指標に
ついては，下記の章を参照してほしい。

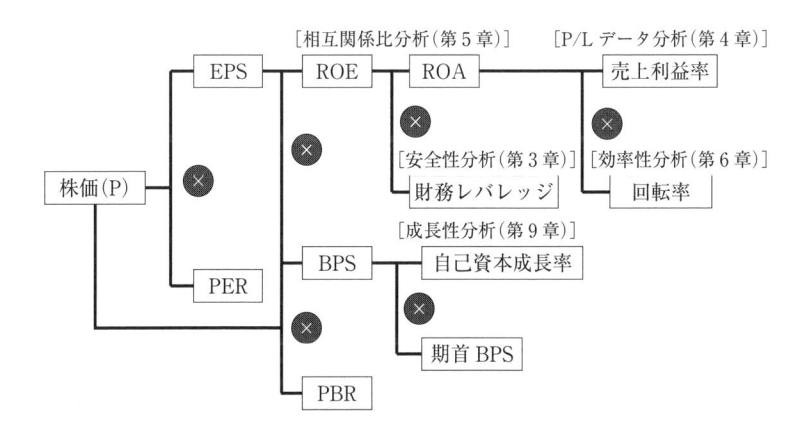

【Appendix11-3】配当割引モデルと割引キャッシュフロー・モデルの等価性

配当割引モデルと割引キャッシュフロー・モデルとの等価性を明らかにする。
第4節2の設例の条件をそのまま利用すると，FCFはEBIT$(1 - \tau)$である。
利払税引後利益である $(EBIT - r_L LEV)(1 - \tau)$ は一定で，全額が配当に
回されるので，配当割引モデルによる株式価値は次のように計算される。

$$EQ = \frac{(\text{EBIT} - r_L \text{LEV})(1 - \tau)}{r_E}$$

この場合，企業全体の価値（$V_L = EQ + \text{LEV}$）は，

$$V_L = \frac{(\text{EBIT} - r_L \text{LEV})(1 - \tau)}{r_E} + \text{LEV}$$

$$= \frac{\text{EBIT}(1 - \tau) + \text{LEV}\{r_E - r_L(1 - \tau)\}}{r_E}$$

となる。r_Eを左辺にもってくると，

$$r_E = \frac{\text{EBIT}(1 - \tau) + \text{LEV}\{r_E - r_L(1 - \tau)\}}{V_L}$$

となる。左辺を$\dfrac{r_E V_L}{V_L}$に変換してから，以下のように展開する。

$$\frac{\text{EBIT}(1 - \tau)}{V_L} = \frac{r_E(EQ + \text{LEV})}{V_L} - \frac{r_E \text{LEV}}{V_L} + \frac{r_L(1 - \tau)\text{LEV}}{V_L}$$

整理すると，次のようになる。

$$= \frac{EQ}{V_L} \times r_E + \frac{\text{LEV}}{V_L} \times r_L (1 - \tau)$$

右辺は加重平均資本コスト（r_W）と同じことであるので，

$$V_L = \frac{\text{EBIT}(1 - \tau)}{r_W}$$

とまとめられる。これは割引キャッシュフロー・モデルの考えと同じである。上式のV_Lから負債（LEV）を引いた株式価値（EQ）を発行済株式数で除したものが配当割引モデルの株式価値に相当する。数値例については設例（本章第4節2）を参照してほしい。

【Appendix11-4】企業価値と株式価値

　企業価値と株式価値の関係を図示すると，下記のようになる。企業価値向上という場合，事業価値を高めると同時に株式価値を高めることが重要となる。なお，配当割引モデルでは直接に株式価値が算定されるが，割引キャッシュフ

ロー・モデルでは，事業価値を算出した後に株式価値が求められる。

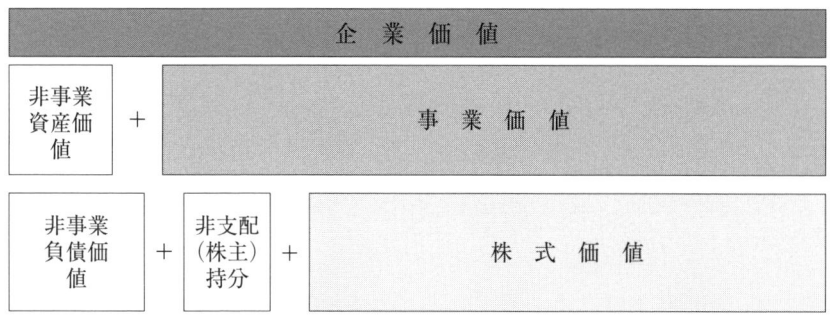

企業価値＝非事業資産価値（手元流動性や金融資産のような非営業資産の価値）＋事業価値（正味営業資産（営業資産－営業負債）から生み出された価値）＝非事業負債価値（金融負債のような非営業負債の価値）＋非支配（株主）持分＋株式（自己資本）価値

株式価値＝事業価値－（非事業負債価値－非事業資産価値）－非支配（株主）持分

《練習問題》

1. E社の株式は，2018年度末に純利益の9倍で売買された。また，その期のROEが15.0％であった。E社のPBRはいくらになるかを計算しなさい。

2. 居酒屋「白木屋」・「魚民」・「笑笑」などを展開するモンテローザは未上場会社である。モンテローザの理論株価を類似会社比較法によって算定しなさい。

   類似会社には，居酒屋「はなの舞」・「さかなや道場」を展開するチムニー（3178），居酒屋「和民」などを国内外で展開するワタミ（7552），居酒屋「甘太郎」などを展開するコロワイド（7616）を取り上げる。倍率指標にはPER，PBR，およびEV/EBITDA倍率を用いる。算定に必要とされるデータとして下記のものを利用しなさい。

	チムニー	ワタミ	コロワイド	評価対象会社
a. 株価（円）	2,844	1,389	3,020	？
b. 予想EPS（円）	87.64	5.11	27.77	ア　1,558.04
c. BPS（円）	871.63	413.16	378.45	イ　6,267.45
d. EBITDA（百万円）	4,796	3,844	15,116	ウ　9,566
e. 期中平均発行済株式数（百万株）	19.34	41.69	75.28	エ　2.55
f. 株式時価総額（百万円）（＝a × e）	55,003	57,907	227,346	－
g. 純有利子負債	△5,830	△4,976	73,072	オ　24,957
h. EV（百万円）（＝f + g）	49,173	52,931	300,418	－

注：モンテローザのデータは，第28期決算公告と『会社四季報 未上
場会社版（2018年下期）』（東洋経済新報社）から入手。類似会社
については，有価証券報告書（2018年3月期）と決算短信（2018
年3月期）から入手。株価は決算短信が公表された翌営業日の終
値を利用している。モンテローザの予想EPSは当期EPSと同じと
仮定。EBITDAは営業利益に推定減価償却費（類似会社3社の平
均売上高対減価償却費比率（3%）×売上）を足したものである。
純有利子負債は有利子負債から推定手元流動性（類似会社3社の
平均流動資産対手元流動性比率（71%）×流動資産）を差し引い
たものである。△はマイナスを示す。

3. 次ページのH社のデータに基づいて，以下の質問に答えなさい。なお，財
務比率の計算に際して，貸借対照表項目はすべて期末の値を用いること。税
率は40%とする。

H社の主要財務データ (単位:億円)

P/L関連	×4年12月期
売上	5,000
営業利益	400
支払利息	80
税引前利益	320
当期純利益	192
B/S関連	
総資産	4,600
負債	2,050
株主資本	2,550
資料	
期中平均株式数(億株)	7.7
期末株価 (円)	360

　割引キャッシュフロー・モデルを使ってH社の株価を推定することとし，以下の①から③に答えなさい。なお，H社は×4年12月期に当期純利益の全額を配当として支払い（成長率＝0），設備投資額＝減価償却費，運転資本増加額＝0，負債価値＝負債簿価とし，この状況が将来も永続すると仮定する。さらに債権者の負債資本コストを（負債利子率＝80億円÷2,050億円）3.90％，自己資本コストを8.50％とする。

① 　上記の場合に，株主に帰属するフリーキャッシュ・フロー（FCF＝当期純利益＝配当金総額192億円）を用いて，株式価値を求め，株価が割高か割安かを判定しなさい。

② 　上記の①で求めた株式価値を用いて，加重平均資本コスト（WACC）を求めなさい。次に，税引後営業利益（NOPAT＝400億円×（1－0.4）＝240億円）を用いて求めた企業価値から負債価値を控除する方法で株式価値を求めなさい。

③ 　会社全体のキャッシュ・フローとして，上記の①で求めた株主に帰属するフリーキャッシュ・フロー192億円と債権者に支払う利息80億円を合計すると272億円になる。一方，②では税引後営業利益240億円を用いている。両者の差額32億円は何に相当するかを説明し，それから

上記の②で税引後営業利益（240億円）を用いる理由を説明しなさい。

（証券アナリスト第2次レベル「財務分析」平成15年 Ⅱ-第5問，問3，一部表記改）

4. オリエンタルランド（4661）は東京ディズニーランドと東京ディズニーシーを運営する会社である。次の資料に基づいて，2013年3月期の有価証券報告書提出日（2013年6月27日，終値14,950円）のFCFに基づく株式価値の評価を行いなさい。FCFは，法人税の支払額がすべて事業活動によるものと仮定し，連結キャッシュ・フロー計算書の数値に基づいて計算することにする。加重平均資本コストは5％とし，継続価値は2018年3月期のFCFが永久に続く（ゼロ成長）と仮定する。

〈資料〉 （単位：百万円）

	2013年3月期	2014年3月期	2015年3月期	2016年3月期	2017年3月期	2018年3月期
a. 営業CF		120,674	105,513	110,910	117,611	122,860
b. 利息及び配当金の受取額		982	870	1,158	1,241	966
c. 利息の支払額		△927	△583	△217	△210	△207
d. 法人税の支払額		△34,440	△44,409	△35,334	△35,623	△33,104
e. 有形固定資産の取得による支出		△18,594	△27,973	△33,839	△48,199	△55,122
f. 有形固定資産の売却による収入		19	7	19		
g. 無形固定資産の取得による支出					△2,107	△2,665
h. 有利子負債	123,994					
i. 手元流動性	109,284					
j. 金融資産（iを含まない）	39,290					
k. 期中平均発行済株式数（百万株）	91					

注：連結データはオリエンタルランドの有価証券報告書から入手。△はマイナスを示す。

5. 計測器中心の電機メーカーであるアンリツ（IFRS適用）について，次の資料に基づいて，2015年3月期の有価証券報告書の提出日（2015年6月25日，終値853円）の株式価値を求めなさい。FCFは第7章の（7.8）式を用いて求めなさい。正味営業資産（NOA）は金融資産（FA），金融負債（FO），及び資本（SE）から求めなさい。加重平均資本コストは5％とする。継続価値は，2018年3月期のFCFが2％の定率で成長すると仮定する。

〈資料〉 (単位：百万円)

		2015年 3月期	2016年 3月期	2017年 3月期	2018年 3月期
a. 営業利益			5,897	4,234	4,912
b. 法定実効税率			33.00%	30.80%	30.80%
c. 正味営業資産の計算					
金融資産	流動資産				
	現金及び現金同等物	34,916	37,391	39,682	35,452
	その他の金融資産	1,276	1,163	1,152	1,164
	非流動資産				
	投資不動産	1,997	1,830	1,664	1,463
	その他の金融資産	2,183	2,395	2,481	2,747
	計（FA）	40,372	42,779	44,979	40,826
金融負債	流動負債				
	社債及び借入金	6,585	1,590	7,565	4,467
	その他の金融負債	82	60	73	73
	非流動負債				
	社債及び借入金	9,479	20,434	14,460	11,477
	その他の金融負債	107	81	142	153
	計（FO）	16,253	22,165	22,240	16,170
資本	親会社の所有者に帰属する 持分合計	78,639	75,811	76,398	78,230
	非支配持分	26	51	87	83
	計（SE）	78,665	75,862	76,485	78,313
期中平均発行済株式数（百万株）		141.04			

注：連結データおよび実効税率はアンリツの有価証券報告書から入手。

[注]

1）バリュー株効果（バリュー株のリターンが成長株のリターンより高い），小型株効果（小型株のリターンが大型株のリターンより高い），月次効果（1月のリターンはその他の月のリターンより高い），PEAD（post earnings announcement drift；増益（減益）会社において，決算公表後の数カ月にわたり株価の上昇（下降）が発生する現象）など，市場の変則性がないわけではない。

2）アクティブ運用は，市場における平均的リターンの獲得を目指すインデックス型のパッシブ運用と対比される。

3）企業価値と株式価値の関係については Appendix11-4 を参照されたい。

4）TOB は，会社の経営支配権を獲得するなどの目的から，買付け価格や買付け時期等を提示して，対象会社の株式を（証券取引所を通さず）不特定多数の投資家から買い集めることである。

5）Li, Shroff, Venkataraman, and Zhang (2011) は，のれんの減損損失が将来の

収益性の下落を示す先行指標として役立つことを指摘する。このことは，M&A や子会社化に伴って計上されるのれんの額の過大評価がその後の業績に悪影響を与えることを意味する。

6）予想 PER を予想 1 株当たり利益成長率 × 100 で割った値を **PEG レシオ**（price-to-earnings-growth ratio）という。これは今後の成長見込みに対して何倍の PER になっているかを示す。

7）長期国債の利回りと株式益回りの差を**イールド・スプレッド**（yield spread）という。利回りの差からどれほど株価が割高・割安なのかが判断される。

8）サンプルは，2017 年に日本基準を適用する上場会社（金融・その他金融・証券・保険業を除く）で，算定に必要なデータが揃う決算月数が 12 ヵ月のものである。PBR の計算において，分母には自己資本を，分子には決算月末の終値を用いている。図表の値は業種別の PBR の中央値で，数値の高い業種順に並んでいる。最終サンプルは 2,137 社である。

9）相続税及び贈与税の申告のため，取引相場のない株式を類似業種比準方式により評価することがある。国税庁は，その算定に必要となる業種目別の 1 株当たり配当金額，利益金額，純資産価額及び株価を法令解釈通達で定めている《http://www.nta.go.jp/law/zeiho-kaishaku/joho-zeikaishaku/hyoka/170613/01.htm》。

10）配当利回りから派生した指標として**株主優待利回り**（1 株あたり優待の換算額／株価）がある。株主優待制度は株主に対して会社が感謝の意を込めて贈り物(特典)を提供する仕組みである。保有期間が長いほど商品が豪華となる優待を採用するケースもある。株主平等原則からすると疑問符がつくが，会社にとっては個人投資者を安定株主として呼び込もうとする意図がある。上場会社の 4 割弱が株主優待制度をもつ（日本経済新聞, 2018 年 5 月 6 日, 朝刊, p.2）。

日本マクドナルドホールディングス（2902）は，100 株保有で年 2 回優待食事券 1 冊（商品の無料引換券が 1 枚となったシート 6 枚，2018 年 11 月 30 日付）を提供している。人気優待銘柄の株価は, 権利付最終日まで上昇する傾向がある。

第12章

会計利益に基づく価値評価

要　旨

　本章では，会計利益に基づく株式価値の評価モデルについて説明する。このモデルの利点は，連結貸借対照表と連結損益計算書を基礎とした会計情報を活用することによって株式価値を評価することができることである。また，会計利益に基づく株式価値の評価を行う場合，それに影響を与えうる諸要因について考察する。

◆第1節　会計利益と株式価値評価

　会計利益による株式価値評価について単純な例で考えてみよう。永久ゼロ成長の状況で，1株当たり予想純利益（X_1）が1株当たり予想配当と同じ額であると想定すれば，前章の（11.6）式の通り，株式価値は次のように表される。

$$P_0 = \frac{X_1}{r}$$

上記の式は，

$$\frac{P_0}{X_1} = \frac{1}{r} \qquad (12.1)$$

と変換できる。左辺はPERと同じである。PERは利益倍率（earnings multiple）のことであり，株価が1株当たり予想純利益の何倍で買われているかを判断するために利用される。ゼロ成長の仮定のもとで，上式の右辺は，将来の会計利益を割り引くために利用される割引率，つまり株主資本コストの逆数となる。

　株主資本コストの逆数（$1/r$）は**資本還元率**（rate of capitalization）を示す。仮に当期の株主資本コストが8％であるとすると，PERは$1/0.08 = 12.5$である[1]。ここでの条件の下では，予想純利益1円に対して株価がどれだけ高くなるかがわかる指標である。それゆえに，ゼロ成長を所与として1株当たり500円の純利益が予想される場合，投資者はこの会社の内在価値を6,250円（$= 500 \times 12.5$）と推定することができる。

　なお，1株当たり純利益の実績値（X_0）を用いる場合，X_1は$X_0 (1+r)$であるので，それを（12.1）式に代入すると（$X_1 = X_0$の場合は（12.1）式と同じ），

$$\frac{P_0}{X_0} = \frac{1+r}{r} = 1 + \frac{1}{r} \qquad (12.2)$$

となる。上記で想定した状況では，実績利益をベースにするPERは，今期の1

円とそれが将来にわたって永続する部分から構成される。(12.1)式と(12.2)式については，本章第2節4で株式評価モデルの観点からも述べる。

 **残余利益と株式価値評価モデル**

1. 残余利益アプローチの要点

キャッシュ・フローをベースとするだけではなく，会計利益をベースとする評価アプローチも会計研究では広く浸透している。代表的なものとして残余利益アプローチによる株式価値評価モデルが存在し，そこでは純利益や自己資本簿価といった連結損益計算書と連結貸借対照表上の数値が評価プロセスに直接にかかわってくる。残余利益アプローチによる株式価値評価モデルでは，将来の会計利益それ自体を予測すればよく，将来に期待されるキャッシュ・フローを経由せずに株式価値を評価できることに大きな特徴がある。

残余利益アプローチによる株式価値評価モデルは，次式のようなクリーンサープラス関係を基礎とする[2]。

$$BV_t = BV_{t-1} + NI_t - D_t \qquad (12.3)$$

t期末時点の自己資本簿価（BV_t）は，$t-1$期末時点の自己資本簿価（BV_{t-1}）にt期中の純利益（NI_t）を足し，そこからt期中の配当（D_t）を差し引くという関係から成り立っている。(12.3)式を配当について書き直すと，

$$D_t = NI_t + BV_{t-1} - BV_t \qquad (12.4)$$

となる。配当割引モデルに(12.4)式を代入すると，次のような式が得られる。

$$VE_0 = \sum_{t=1}^{\infty} \frac{E_0(D_t)}{(1+r)^t} = \sum_{t=1}^{\infty} \frac{E_0(NI_t + BV_{t-1} - BV_t)}{(1+r)^t}$$

$$= \frac{E_0(NI_1 + BV_0 - BV_1)}{(1+r)^1} + \frac{E_0(NI_2 + BV_1 - BV_2)}{(1+r)^2} + \frac{E_0(NI_3 + BV_2 - BV_3)}{(1+r)^3} + \cdots\cdots$$

$$(12.5)$$

$\dfrac{BV_{t-1}}{(1+r)^t}$ を $\dfrac{BV_{t-1}}{(1+r)^{t-1}} - \dfrac{rBV_{t-1}}{(1+r)^t}$ と置き換え，置換した式を（12.5)式の第1項の $BV_0 / (1+r)^1$ から順番に代入していく。そして，各項を整理すると，以下のような残余利益アプローチによる株式価値評価モデルが導出される（Wahlen, Baginski, and Bradshaw, 2018, p.837)。

$$VE_0 = BV_0 + \sum_{t=1}^{\infty} \frac{E_0(NI_t - rBV_{t-1})}{(1+r)^t} \qquad (12.6)$$

$t-1$ 期末時点（$t=0$ 時点）の株式価値（VE_0）は，$t-1$ 期末時点の自己資本簿価（BV_0）と $t-1$ 期末時点で予想される将来の残余利益の割引現在価値の関数として表される。**残余利益**（residual income；RI）の部分を抜き出すと，次のようになる。

$$RI_t = \overset{\text{純利益}}{NI_t} - \overset{\text{正常（要求）利益}}{rBV_{t-1}} \qquad (12.7)$$

　残余利益は，超過利益（excess income）とも呼ばれ，株主に帰属する純利益（NI_t）から株主が要求する利益額（rBV_{t-1}）を控除した残りである。rBV_{t-1} は**正常利益**（normal earnings）あるいは**要求利益**（required earnings）と称され，$t-1$ 期末時点の自己資本簿価に株主資本コストを乗じることで算出できる。正常（要求）利益とは，株主を満足させるために会社が t 期中に生み出さなければならない利益ベンチマークを意味する。

　株主は，正常（要求）利益を超過する純利益を稼ぐ会社にプレミアムを支払おうとする。プラスの残余利益を生み出してこそ株式市場から高い評価が得ら

れる。純利益が正常（要求）利益と等しい場合，残余利益アプローチによる株式価値は $t-1$ 期末時点の自己資本簿価と等しくなる。残余利益がマイナスに陥る場合，自己資本簿価を下回る株式価値しか得られないことになる。

なお，(12.7)式は次のように書き換えることも可能である。

$$RI_t = (NI_t/BV_{t-1} - r) \times BV_{t-1} \qquad (12.8)$$

残余利益を増進するドライバーとして，期首自己資本簿価をベースとする ROE（$= NI_t/BV_{t-1}$）が重要な役割を果たしていることが確認できる。

2. 残余利益アプローチによる株式価値評価の設例

残余利益アプローチによる株式価値評価モデルを用いて，次のようなビジネスの価値を推計してみよう。下記の設例は，修正を施しているが，Revsine, Collins, Johnson, Mittelstaedt, and Soffer（2018, 第6章）を参考としている。

XYZ社はレンタルトラック業を立ち上げようと考えている。第1期期首（$t=0$）時点で，4台のトラックを新規に購入し，第2期期末に5台目のトラックを購入する予定である。1台当たりのトラックは4,000千円の代金がかかる。レンタルトラック業の市場調査を行ったところ，トラックは1台当たり毎期1,000千円の正味営業キャッシュ・フローを稼ぐという結果を得た。

なお，第5期期末に，清算する見通しで，総計8,500千円ですべてのトラックを売却することができると推測している。資本コストは10％とする。

追加情報：

① ビジネスの元手に株主から1,600万円の出資を得ている（トラック1台4,000千円×4台）。

② 毎期，余剰キャッシュはすべて配当に回す。

③ トラックの減価償却費（残存価額ゼロ，償却年数8年の定額法）を控除した後の純利益は次のようになると予測される。

第1期	第2期	第3期	第4期	第5期
1,550千円	1,700千円	2,500千円	2,900千円	2,850千円

④　第5期期末でのトラック売却額（8,500千円）は，その時点の簿価に等しい。それゆえに，帳簿上，売却損益は発生しない。

⑤　税の影響を考慮しない。

⑥　発行済株式数は10,000株である。

　図表12-1の上部に，期待FCFの予測を示している。最初の2期に4,000千円の正味営業キャッシュ・フローを獲得し（1台当たり1,000千円×4台），残りの3期では，5台目のトラックを加えた5,000千円の正味営業キャッシュ・フローが獲得されると予測される。第2期末にはトラックの購入代金として4,000千円が支払われる。そして，第5期末に全トラックの売却代金8,500千円が手に入る見込みである。$t=0$時点に16,000千円の支払いがあるので，FCFの合計は11,500千円となる。

　図表12-1のステップ1の①には，償却前純利益と償却後の純利益が表示されている。5期分の償却後の純利益の合計は11,500千円である。これは将来の期待FCFを合計した金額と一致している。会社の設立から解散するまでの期間を想定した場合，存続期間中に獲得する全体利益は，会社の存続期間の総収入から総支出を差し引いたものと等しくなる。

　図表12-1のステップ1の②では，期首・期末の自己資本簿価がどのように変化するかを予測している。期末自己資本簿価は，その期の期待純利益分だけ増加し，株主に支払われる配当分だけ減少する。XYZ社は第2期末に配当を支払っていない。第2期に生じた正味営業キャッシュ・フローがすべて5台目のトラックを購入することに使用されるからである。

　図表12-1のステップ2では，期待残余利益が計算されている。具体的に説明しよう。株主資本コストはあらかじめ10％と設定している。第1期の正常（要求）利益は，期首自己資本簿価16,000千円に10％の株主資本コストを乗じた1,600千円である。(12.7)式によって，期待純利益から正常（要求）利益を差し引いた△50千円が第1期の期待残余利益となる。別の求め方を示せば，(1,550/16,000

−0.1）×16,000＝△50千円である。これらの手続きが第5期まで繰り返される。第2期以降の残余利益は345千円，975千円，1,625千円，および1,785千円となる。

　図表12-1のステップ3は，期待残余利益に関する割引現在価値の計算過程を示している。期待残余利益に割引係数が乗じられ，各期の期待残余利益の現在

図表 12-1　残余利益アプローチによる株式価値評価

（単位：千円）

	$t=0$	予測期間					
		第1期	第2期	第3期	第4期	第5期	
期待FCFの予測							
正味営業CF		4,000	4,000	5,000	5,000	5,000	
5台目トラック取得のための支出			△4,000				
トラック売却代金						8,500	
資本支出	△16,000						FCF合計
期待FCF	△16,000	4,000	0	5,000	5,000	13,500	11,500
ステップ1：期待純利益と自己資本簿価の変動							
① a. 償却前利益		3,550	3,700	5,000	5,400	5,350	
b. 償却費		2,000	2,000	2,500	2,500	2,500	純利益合計
c. 売却損益						0	
d. 純利益（a−b−c）		1,550	1,700	2,500	2,900	2,850	11,500
② e. 期首自己資本簿価		16,000	13,550	15,250	12,750	10,650	
f. 税引後純利益（d）		1,550	1,700	2,500	2,900	2,850	
g. 配当金（期待FCF）		△4,000	0	△5,000	△5,000	△13,500	
h. 期末自己資本簿価（e+f−g）		13,550	15,250	12,750	10,650	0	
ステップ2：期待残余利益の予測							
i. 将来の期待純利益（d）		1,550	1,700	2,500	2,900	2,850	
正常（要求）利益の計算							
j. 期首自己資本簿価（e）		16,000	13,550	15,250	12,750	10,650	
k. 資本コスト		10%	10%	10%	10%	10%	
ℓ. 正常（要求）利益（j×k）		1,600	1,355	1,525	1,275	1,065	
m. 期待残余利益（i−ℓ）		△50	345	975	1,625	1,785	
ステップ3：期待残余利益の現在価値							
n. 期待残余利益（m）		△50	345	975	1,625	1,785	
o. 割引係数　$1/(1+0.10)^t$		0.909	0.826	0.751	0.683	0.621	
p. 期待残余利益の現在価値（=n×o）		△45	285	732	1,110	1,108	
現在価値（pの行）の合計	3,190						
期首自己資本簿価	16,000						
ビジネスの価値	19,190						
1株当たり株式価値（10,000株）	1,919円						

　注：Revsine et al.（2018, p.382, 表6-2）を基礎に数値修正して作成。計算過程において，割引係数は小数点以下第4位を，期待残余利益の現在価値は小数点以下第1位を四捨五入。償却費は定額法（残存価額ゼロ，償却年数8年）による。△はマイナスを示す。

価値が求められる。これらの現在価値の総計が3,190千円で，期首自己資本簿価（16,000千円）を加えると，レンタルトラック業の推定上の株式価値が19,190千円となる。1株当たりに換算した株式価値は，19,190千円を発行済株式数（10,000株）で除して1,919円となる。

株主資本コストなどの条件が等しければ，5期分の純利益合計が11,500千円である限り株式価値に変化はない。会計操作によって毎期の純利益額がどのように変動しても，利益は年度相互間で移動するにすぎないので，将来的な利益の増加（減少）につながるだけである。極端な場合，第1期の純利益が11,500千円で，残りの4期すべてが純利益ゼロであっても，計算上の株式価値は1株当たり1,919円となる。特に，予測期間が無限に近づけば，会計操作による利益変化は，一時的に自己資本簿価に吸収されることとなり，残余利益アプローチによる株式価値評価に対して金額的な影響を小さい。

理論上，残余利益アプローチによる価値評価モデルでも，FCFに基づく価値評価モデルでも同一の株式価値が導き出されるはずである[3]。ところが現実には，モデルで利用する予想データが異なるので，データの入手可能性や信頼性の問題などによって株式価値の算定結果に食い違いが生じることがある。

3. 残余利益アプローチと時価簿価比率

株式価値評価モデルから導出される（12.6)式のVE$_0$は会社の内在価値を反映したファンダメンタルズ・バリューのことを指す。これは非常に重要な指標であり，株主あるいは投資者の期待総額を表す。それゆえに，将来の収益性，成長性，リスクを反映させた指標の利用として有益である。

VE$_0$を利用した分析指標をみてみよう。（12.6)式の両辺をBV$_0$で除すと，次のような**時価簿価比率**（market-to-book ratio）ができあがる。

$$\frac{VE_0}{BV_0} = \frac{BV_0}{BV_0} + \sum_{t=1}^{\infty} \frac{\dfrac{NI_t}{BV_0} - (r\,\dfrac{BV_{t-1}}{BV_0})}{(1+r)^t} \qquad (12.9)$$

$\text{NI}_t / \text{BV}_0$ を $\dfrac{\text{NI}_t}{\text{BV}_{t-1}} \times \dfrac{\text{BV}_{t-1}}{\text{BV}_0}$ と置き換えると，この式は $\text{ROE}_t \times \dfrac{\text{BV}_{t-1}}{\text{BV}_0}$ と表現

できる。(12.9)式にそれを代入すると，

$$\frac{\text{VE}_0}{\text{BV}_0} = 1 + \sum_{t=1}^{\infty} \frac{(\text{ROE}_t \times \dfrac{\text{BV}_{t-1}}{\text{BV}_0}) - (r \dfrac{\text{BV}_{t-1}}{\text{BV}_0})}{(1+r)^t}$$

となる。共通項の部分を整理すると，以下のようになる。

$$\frac{\text{VE}_0}{\text{BV}_0} = 1 + \sum_{t=1}^{\infty} \frac{(\text{ROE}_t - r) \times \dfrac{\text{BV}_{t-1}}{\text{BV}_0}}{(1+r)^t} \qquad (12.10)$$

　1株当たりに換算すれば，第11章で紹介したPBRと同じことになる。(12.10)
式の意味であるが，時価簿価比率は $t=0$ 時点では1である。また，$(\text{ROE}-r)$
に着目すると，将来に期待されるROEが株主資本コスト (r) と一致する場合に
も時価簿価比率は1と等しくなる。ROEが r を超過するほど，時価簿価比率は
1を上回る。逆に，ROEが r に達しない場合，時価簿価比率は1を下回る。1を
超える時価簿価比率を示す会社は，そうでない会社と比べて，魅力的な投資機
会や競争優位性をもっていると考えられる。残余利益アプローチによる時価簿
価比率では，ROEの予測がいかに重要な役割を果たすかがみてとれる。

　(12.10)式の $(\text{ROE}-r)$ には，$t=0$ 時点の自己資本簿価に対する累積成長率
が乗じられる。成長率の部分は，$(\text{ROE}-r)$ がゼロを超えてはじめて株式価
値を高めることに貢献するバリュー・ドライバーである。

4. 残余利益アプローチと株価収益率（PER）

　PERもPBRと同様に実務で頻繁に用いられる株価評価指標である。ここで
は残余利益から見たPERの役割をみてみよう。残余利益は $\text{RI}_t = \text{NI}_t - r\text{BV}_{t-1}$

であるから，$BV_0 = \dfrac{NI_1 - RI_1}{r}$ となる。左の式を（12.6）式に代入すると，

$$VE_0 = \frac{NI_1 - RI_1}{r} + \frac{RI_1}{(1+r)} + \frac{RI_2}{(1+r)^2} + \frac{RI_3}{(1+r)^3} + \cdots\cdots$$

となる。上記の式を $1/r$ でくくり整理すると次のようになる。

$$= \frac{1}{r}\left[NI_1 - RI_1 + \frac{rRI_1}{(1+r)} + \frac{rRI_2}{(1+r)^2} + \frac{rRI_3}{(1+r)^3} + \cdots\cdots \right]$$

$$= \frac{1}{r}\left[NI_1 - \frac{(1+r)RI_1}{(1+r)} + \frac{rRI_1}{(1+r)} + \frac{(1+r)RI_2 - RI_2}{(1+r)^2} + \frac{(1+r)RI_3 - RI_3}{(1+r)^3} + \cdots\cdots \right]$$

$$= \frac{1}{r}\left[NI_1 + \frac{RI_2 - RI_1}{(1+r)} + \frac{RI_3 - RI_2}{(1+r)^2} + \frac{RI_4 - RI_3}{(1+r)^3} + \cdots\cdots \right]$$

上記の式の両辺を NI_1 で割ると，

$$\frac{VE_0}{NI_1} = \frac{1}{r}\left[\frac{NI_1}{NI_1} + \frac{\frac{RI_2 - RI_1}{NI_1}}{(1+r)} + \frac{\frac{RI_3 - RI_2}{NI_1}}{(1+r)^2} + \frac{\frac{RI_4 - RI_3}{NI_1}}{(1+r)^3} + \cdots\cdots \right]$$

$$= \frac{1}{r}\left[1 + \sum_{t=1}^{\infty} \frac{RI_{t+1} - RI_t}{NI_1(1+r)^t} \right] = \frac{1}{r} + \frac{1}{r} \sum_{t=1}^{\infty} \frac{RI_{t+1} - RI_t}{NI_1(1+r)^t} \tag{12.11}$$

となる。（12.11）式を1株当たりに直すと，（12.2）式のPERの含意と同じこととなる。（12.11）式の $RI_{t+1} - RI_t$ は，残余利益が成長傾向にあると期待されるほど，PERが高くなることを示す。残余利益がゼロ成長であると仮定すれば，

$$\frac{VE_0}{NI_1} = \frac{1}{r}$$

と簡略化される[4]。

第3節 価値関連性分析

　株式価値評価において，**将来キャッシュ・フロー**を予測することからスタートすることが一般的である。将来のキャッシュ・フローが現在の株式価値に反映されるので，投資者やアナリストが将来キャッシュ・フローを知ることに関心をもつことは当然である。

　そうであるとして，彼らが公表されている会計利益にまったく無関心であるわけではない。将来キャッシュ・フローを予測する際の手がかりとして，当期の会計利益が実現キャッシュ・フロー（将来キャッシュ・フローに対応する用語として使用）よりも有用であるとすれば，彼らが会計利益に強い関心を抱くのはなおさら当然なことになる。

　実証会計に関する文献をレビューしてみると，次のような経験的証拠を提示するものが見受けられる。すなわち，①実現キャッシュ・フローよりも当期の会計利益のほうが将来キャッシュ・フローの予測値として優れている（Dechow, Kothari, and Watts, 1998；Dechow and Schrand, 2004），②株式リターンは，実現キャッシュ・フローよりも会計利益と高く相関している（Dechow, 1994；Callen and Segal, 2004）。これらの経験的証拠は，株式価値を推定するにあたって，実現キャッシュ・フローを利用するよりも会計利益を利用したほうが将来キャッシュ・フローを予測しやすいことを支持する（Appendix12-2参照）。

　会計利益とキャッシュ・フローに関して，マッチング（対応）問題とタイミング（期間帰属）問題があるために両者の数値が一致することはごく稀である。しかし，会社の設立から解散するまでの期間を想定した場合，会社が存続期間中に獲得する全体利益は，存続期間の総収入から総支出を差し引いたものに等しくなる。したがって，発生主義に基づく会計利益は，実現キャッシュ・フローを期間配分したものでもある。

　その点から言えば，発生主義に基づく会計利益の長所は，年度間の実現キャッシュ・フローの不均一あるいは偏りをスムーズにすることである。長期的な事業の収益性をより正確に認識するには，発生主義に基づいた会計手続きのほう

が適していると考えられる。将来キャッシュ・フローの予測に関して，会計利益の役割は十分にあるといえる。

　会計利益と株価の間の統計的関係は，**価値関連性分析**（value relevance analysis）として調査されている。両者の関係が強いほど，会計利益は投資者の意思決定にとって有用であるということが一般的な解釈である。会計利益が価値関連的であるかどうかを調べようとする場合，ある時点の会社の株価水準と会計利益水準の間の統計的関係を検証することがある。株価の説明要因が会計利益だけであるという前提に立てば，次のような回帰式が設定される[5]。

$$P_i = a + \beta X_i + e_i \qquad (12.12)$$

　P_iはi社の決算月末の株価，X_iはi社の当該期間の1株当たり当期純利益を示す。切片（a）と傾き（β）は，通常の最小2乗法によって推定される。このケースのβは利益反応係数（earnings response coefficient；ERC）と呼ばれている。e_iは誤差項で，純利益によって説明できない株価の変動部分を反映する。なお，開示される当期の純利益が，将来の純利益の流列や期待される将来キャッシュ・フローの完全な予測値であり，ゼロ成長仮定に従うことを条件とするならば，利益反応係数は$1 + 1/r$となる。これは利益倍率（P_0/X_0）の資本還元率と一致することになる。

　図表12-2は，日本基準を適用する上場会社のうち小売業に属する57社（2017年3月期決算）について，1株当たり当期純利益（EPS）と決算月末の株価（終値）をプロットしている[6]。財務・株価データはNikkei NEEDS-Financial QUESTから入手している。右上がりのラインは，小売業について推定された回帰係数，つまりaとβを使って算出した回帰線である。

　回帰係数の推定結果は，下記の通りであった。

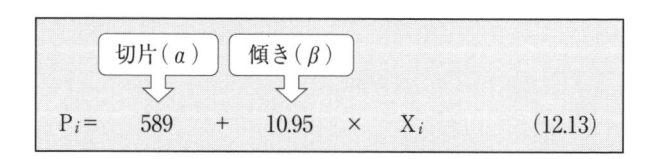

　切片（a）の589円は，利益がゼロの場合の推定株価を表す。推定された傾き

図表 12-2　会計利益と株価の関連性

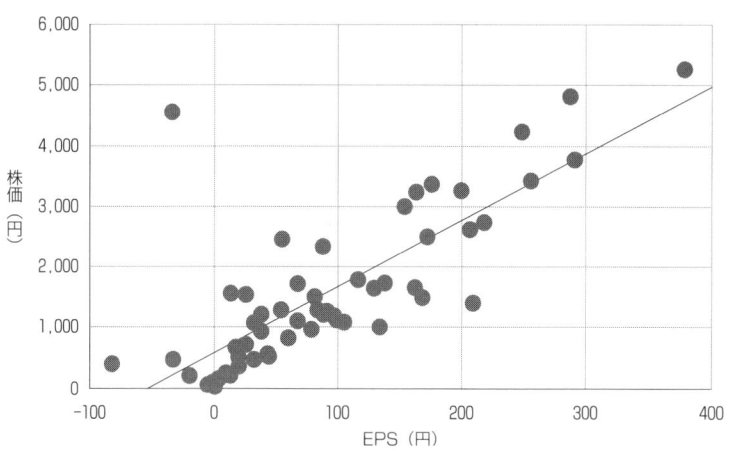

注：連結データと株価は，Nikkei NEEDS-Financial Quest から入手。

（β）は10.95であり，統計的に有意にプラスであった（t値＝9.4）。このことは，小売業に属する会社の株価が会計利益と有意にプラスに関連していることを示唆する。(12.13)式によると，100円の1株当たり当期純利益を報告する小売業に属する会社では，1,684円（＝589円＋10.95×100円）の株価をつけることが予測される。

　会計利益によって説明される株価の変動の割合（回帰式の自由度調整済決定係数）は60.8％と高い。とは言うものの，ほとんどの場合，株価と会計利益の関係は平均を示す回帰線の上にあったり下にあったりする。次節では，なぜ会計利益が株価の変動を完全には説明できないかという問題を，Revsine, Collins, Johnson, Mittelstaedt, and Soffer（2018, 第6章）を参照にしながら，将来利益の期待，リスクの相違，成長機会，および会計利益の構成要素から説明する[7]。

第4節 株価説明力に影響を及ぼす要因

1. 将来利益の期待

　当期の純利益が同じであった場合でも，将来の純利益の期待が一致しなければ，市場の反応は異なる。投資者は過去に起こったことよりも会社の先行きに対して強い関心がある。(12.1)式を利用すると，株価（P_0）はX_1/rで表される。将来の純利益が永久ゼロ成長の状況では，株主資本コストが一定であるとした場合でも，アナリストや経営者が公表する予想利益の大小によって期待される株価は変動する。

　A社とB社の1株当たり当期純利益が100円で同じであるとしよう。両社の株主資本コストが10％で同じであると仮定した場合，A社の1株当たり予想純利益が110円で，B社の1株当たり予想純利益が120円と予想されるならば，A社の理論上の株価は1,100円で，B社は1,200円となる。他の条件が等しければ，予想利益の期待が大きい会社の株価は予想利益の期待が小さい会社の株価よりも上昇する。

2. リスクの相違

　当期の純利益と将来の純利益の期待が同レベルである会社が複数存在するとしても，それらの会社の株価が同じようにプライシングされているとは限らない。1つの原因は，将来利益の期待に付随するリスク（不確実性）が異なることである。株主が求めるリスクに見合ったリターンが株主資本コストであるので，リスクの大きさによって株主資本コストは変わってくる。通常，リスクの大きい会社の株主資本コストは高くなり，そのために会計利益を資本還元する割引率が高くなる。他の条件が等しければ，リスクの高い会社の株価はリスクの低い会社の株価よりも低下する。

　C社とD社という2社がともに1株当たり100円の予想純利益を公表したとしよう。2社の1株当たり予想純利益は，平均でみれば，将来に永久に持続すると期待されている。ところが，C社の純利益は時系列的にボラティリティー（変動性）が大きく，D社の純利益は時系列的に安定しているという条件を加えると，C社のリスクはD社よりも大きいといえる。C社の株主資本コストが16%，D社の株主資本コストが10%と推定された場合，両社の株価は次のように計算される。

$$
\begin{aligned}
&\text{C社：}100/0.16 = 625\text{円} \\
&\text{D社：}100/0.10 = 1{,}000\text{円}
\end{aligned}
$$

　等しい純利益が予想されたにもかかわらず，C社の株価はD社の株価よりも低く見積もられる。リスクの相違がこの格差を引き起こす。

3.　成長機会

　新しいビジネスモデルや新技術の開発を通じて事業の拡大が見込まれる成長株（glamour stock）では，市場の人気が集まり，PERが例外的に高くなることがある。そうした場合，既存の投下資本から生み出される会計利益に加えて，**成長機会**（growth opportunity）にも評価の焦点を合わせる必要が出てくる。つまり，当期の純利益を再投資することによって，新プロジェクトからどれくらい潜在的利益が生まれるかを把握することが重要となる。

　会社の成長機会がプラスと見込まれる場合，(12.1)式は次のように書き換えられる。

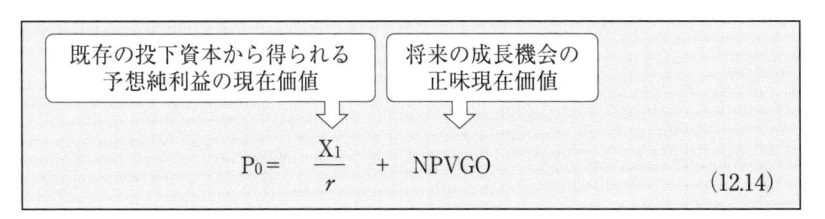

$$
P_0 = \frac{X_1}{r} + \text{NPVGO} \tag{12.14}
$$

既存の投下資本から得られる予想純利益の現在価値

将来の成長機会の正味現在価値

　(12.14)式では，成長機会の**正味現在価値**（net present value of growth

opportunities：**NPVGO**）の分だけ会社の株価に増分価値が付加される。

　成長機会から得られる増分価値について説明しよう。予想純利益が将来も永続的に1株当たり100円である会社（E社）があると仮定する。新投資プロジェクトに取り組まない場合はゼロ成長と見込まれる。株主資本コストが10％であるならば，前項でみたD社と同じく，E社の株価は1,000円となる。

　仮定を追加して，1株当たり予想純利益のすべてを新投資プロジェクトに再投資できるとする。新投資プロジェクトからは1株当たり15円の純利益が生み出されると予測する。株主資本コストが10％のままであるとした場合，1期先（$t=1$時点）での投資プロジェクトの正味現在価値は，以下のように，再投資した予想純利益から生み出される増分利益の現在価値からプロジェクトに必要な投資額を差し引いたものになる。

$$\text{正味現在価値} = \frac{15}{0.1} - 100$$
$$= 50\text{円}$$

　$t=1$時点の投資プロジェクトの正味現在価値は50円である。これを$t=0$時点の投資プロジェクトの価値に1期分割り引くと，$50/(1+0.1)=45.5$となる。1株当たりのNPVGOは45.5円で，上記の成長機会をもつ会社の株価は下記の通りとなる。

$$P_0 = \frac{X_1}{r} + \text{NPVGO} = \frac{100}{0.1} + 45.5 = 1{,}045.5\text{円}$$

　成長機会を想定しないケースと比べて，45.5円だけ株式価値が追加的に創造される。ここでは単純化のために，内部留保率（＝（純利益－配当）／純利益）を100％としているが，新投資プロジェクトに内部留保が全額再投資されたことによって，15％の利益成長率（＝15/100）が得られたのである。会社の成長機会（潜在的利益）は，株主資本コスト（10％）を超過するリターンを稼ぎ出すことで生まれる。

4. 利益の構成要素

　投資者が1株当たり当期純利益(X_1)が永久に続くと信じるならば，利益反応係数(β)は$\dfrac{P_0}{X} = \dfrac{1}{r}$を基礎にした利益倍率の資本還元率によって求められる。資本コストを5％と想定する場合，βは1/0.05，つまり20.0になる。その場合，当期純利益はβに応じて株価に還元される。

　しかしながら，ほとんどの会社の資本還元率はこのような理論上の値と一致しない可能性が濃厚である。そのように考えられるのは，会計利益が次のような互いに明確に異なった3つの要素から構成されているからである。つまり，①**持続的利益**（permanent earnings；X_i^{P}），②一時的利益（transitory earnings；X_i^{T}），③価値無関連利益（value-irrelevant earnings；X_i^{VI}）の3要素である。

　持続的利益は，株価と価値関連的であり，将来に持続すると期待される利益要素である。完全にノイズが取り除かれているわけではないが，連結損益計算書の計算区分で言うと，会社の正常収益力の獲得を示す利益要素は営業利益である。強い経営体質によって長期的かつ反復的に生み出される利益や安定した需要を引き起こす高付加価値製品から生み出される利益においては，持続性の高さが市場で評価されるであろう。持続的な利益1円に対する市場の反応は，理想的な条件のもとでは，$1/r$に近づくはずである。

　一時的利益は価値関連的であるが，一過性のものであって将来に持続するとは考えられない。転売以外の目的で取得した有価証券の売却損益，社債の償還による臨時損益，リストラや工場閉鎖による資産の売却損益は非反復的な性質をもつ一時的な利益要素である。特別損益は一時的な事象（取引）から起こるので，理論上，この要素の資本還元率は1となるはずである。価値無関連利益は，将来のキャッシュ・フローにも将来の利益にも影響を与えないので，この部分の資本還元率は0となる。たとえば，会計基準の変更によって発生する利益は価値無関連なノイズにすぎないといえる。

　3つの利益要素を考慮に入れると，i社の会計利益(X_i)は，次のように持続的利益，一時的利益，および価値無関連利益の和として表すことができる。

$$X_i = X_i^P + X_i^T + X_i^{VI} \qquad (12.15)$$

(12.12)式を応用して，（12.15)式を次のように書き改めることができる。

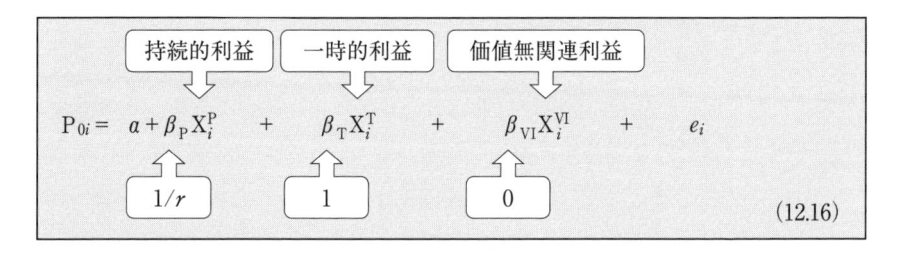

株価は，持続的利益，一時的利益，および価値無関連利益の関数として表される。これら3つの利益要素の資本還元率はそれぞれに異なる。端的にいうと，β_Pはβ_Tよりも大きくなるはずである。β_{VI}は将来キャッシュ・フローに影響を及ぼさないので0になると予測される。複数の会社が同一の会計利益を報告するとしても，持続的利益の割合の高い会社のほうが株価は高くなるであろう。持続的利益の構成要素が豊富な会社ほど利益の質（earnings quality）が高いと判断される。

【Appendix 12-1】エクイティ・スプレッド

（12.8)式や(12.10)式の(ROE$-r$)の部分は，**エクイティ・スプレッド**と呼ばれている。ROEが株主の期待するリターンである資本コストを超えるほど，中長期的な株高につながりやすいと考えられている。

日本経済新聞（2018年10月13日付, 朝刊, p.13）では，期初予想ROEと株主資本コストの差をランキングにしている。図表Appx12-1に10位までを示しておこう。定義から，予想ROEが高く，株主資本コストが低いほど，エクイティ・スプレッドは大きくなる。

【Appendix 12-2】会計数値の持続性

会計数値（会計利益あるいはキャッシュ・フロー）が高い質を備えているかどうかを判断する1つの方法は，持続性があるかどうかを調査することである。

図表Appx12-1　エクイティ・スプレッドの会社ランキング

順位	社　　　名	エクイティ・スプレッド	予想ROE	株主資本コスト
1	ZOZO	63.5%	68.6%	5.1%
2	カカクコム	43.4%	50.9%	7.5%
3	東京エレクトロン	26.0%	35.2%	9.2%
4	キーエンス	15.4%	21.7%	6.3%
5	シャープ	15.2%	21.1%	5.9%
6	長谷工コーポレーション	14.7%	25.3%	10.7%
7	サンドラック	13.9%	17.2%	3.3%
8	アドバンテスト	13.7%	22.3%	8.6%
9	アステラス製薬	13.4%	16.8%	3.4%
10	HOYA	12.8%	20.9%	8.1%

注：日本経済新聞（2018年10月13日，朝刊，p.13）から作成。日本経済新聞が対象としているのは，東証1部の2018年3月期決算会社の5月時点の時価総額が4,000億円以上，β値が0.3以上である。

会計数値の持続性の測定として，次のように将来の会計数値を当期の会計数値で回帰する方法がある。

$$X_{t-1} = a + \beta X_t + e_i \tag{12.17}$$

　この場合，βが1に近いほど，持続性は高いと判断される。Dechow and Schrand（2004, p.13）は，1987年から2002年の56,940会社・年をサンプルに売上，利益，およびキャッシュ・フローの持続性を調べている。それによると，営業利益と税引前利益のβがそれぞれ0.76と0.72で，営業活動によるキャッシュ・フロー（営業CF）とフリーキャッシュ・フロー（FCF）のβがそれぞれ0.65と0.41であった。持続性の観点から，FCFは会計利益ほどには将来に永続しない可能性が高い。

　日本の上場会社についても会計数値の持続性を調査してみる。サンプルは日本基準を適用する上場会社（金融・その他金融・証券・保険業を除く）で，必要な連結データが揃う決算月数が12カ月のものである。

　年度と産業の影響を考慮して，年度ダミーと業種ダミー（日経中分類）を組み込んで（12.17)式を推定する。会計数値には，売上，減価償却前営業利益，営業利益，経常利益（特別損益項目控除前利益），税金等調整前当期純利益，（親会社株主に帰属する）当期純利益，親会社株主に係る包括利益，営業CF，投

資活動によるキャッシュ・フロー（投資CF），財務活動によるキャッシュ・フロー（財務CF），およびFCFを利用する。FCFは連結キャッシュ・フロー計算書から算出している（第7章参照）。

図表Appx12-2に，持続性パラメータ（β）の大きい順に会計数値を並べている。全体的に，Dechow and Schrand（2004）と比べて利益項目に関しては高く，キャッシュ・フロー項目に関しては低くなっている。

利益項目では，営業利益と経常利益の持続性が高く，それぞれ0.725と0.732とほぼ変わらない。税金等調整前当期純利益の持続性は0.56で，当期純利益では0.48となっている。連結損益計算書のボトムラインに近いほど，利益の持続性は弱くなっている。親会社に係る包括利益の持続性は当期純利益より低く0.43となっている。

キャッシュ・フロー項目では，営業CFの持続性が0.35，投資CFでは0.27，財務CFでは0.20となっている。FCFは0.18で低い値となっている。キャッシュ・フロー項目と比較した場合，会計利益項目のほうに持続性があり，少なくとも短期的な予測において会計利益の質は高いと考えられる。

図表Appx12-2　会計数値の持続性

項　　　　目	推定持続性パラメーター（β）
売上	0.95
減価償却費前営業利益	0.735
経常利益(特別損益項目控除前利益)	0.732
営業利益	0.725
税金等調整前当期純利益	0.56
(親会社株主に帰属する) 当期純利益	0.48
親会社株主に係る包括利益	0.43
営業活動によるキャッシュ・フロー	0.35
投資活動によるキャッシュ・フロー	0.27
財務活動によるキャッシュ・フロー	0.20
フリーキャッシュ・フロー（FCF）	0.18

注：連結データは，Nikkei Needs-Financial Quest から入手。
　　観測値数は，親会社株主に係る包括利益のみが11,237会
　　社・年で，残りはすべて25,223会社・年。

《練習問題》

1.　上記の設例（図表12-1）において，第1期と第2期の減価償却費が1,600千円で，第3期から第5期が2,000千円であった場合（定額法で，残存価額ゼロ，償却年数10年），株式価値はどう変化するかを考えなさい。ただし，当期純利益と売却損を除いて，その他の条件は設例と同一であるとする。

2.　残余利益アプローチによって株式価値の評価額を求めなさい。条件は次の①から④とする。0時点から1時点を第1期と定義する。

①　期首（0時点）の自己資本簿価10,000千円

②　自己資本コスト12%

③　アナリストによる純利益の予測

第1期	1,000千円
第2期	2,000千円
第3期	1,600千円
第4期以降	1,200千円

④　毎期の配当性向100%

3.　F社とG社の期待配当額は1株当たり30円である。F社は安定会社で，G社は成長会社である。G社では今後3%の期待配当額の増加が見込まれている。そうした場合，両社の理論株価はいくらになるかを求めなさい。株主資本コストは両社とも6%とする。

4.　上記のF社の資本コストについて，3%から12%の幅が見込まれる場合，理論株価はどのように変化するかを考えなさい。また，G社について，資本コストは6%で一定として，成長率が1%から5%まで見込まれる場合，理論株価はどのように変化するかを考えなさい。

5.　次の資料から，残余利益アプローチによって2018年3月期本決算の決算短信公表時（2018年5月10日，終値2,884円）のKDDI（証券コード：9433，IFRS適用）の株式価値を求めなさい。KDDIは連結配当性向35%超を維持する方針を掲げている。そこで，予想配当性向は2018年3月期実績38%を基礎に40%と定める。株主資本コストは8%とし，残余利益の継続価値は2%成長と仮定する。

〈資料〉

	2018年3月期 実績	2019年3月期 予想	2020年3月期 予想	2021年3月期 予想
売上	5,041,978	5,150,000	5,250,000	5,355,000
親会社の所有者に帰属する 当期利益	572,528	621,000	645,000	653,310
配当金	217,339	248,400	258,000	261,324
配当性向	38.0%	40%	40%	40%
株主資本簿価	3,765,520	4,138,120	4,525,120	4,917,106
ROE		16.5%	15.6%	14.4%
超過利益		320,069	314,497	289,608
期中発行済株式数（百万株）	2,604			

注：2019年3月期と2020年3月期の予想連結データは『会社四季報』2018年3集（東洋経済新報社）を利用した。包括利益の予想値は不明であるので，親会社の所有者に帰属する当期利益を使用する。2021年3月期の売上については，2020年3月期から2％成長するとし，5,355,000百万円と仮定する。その売上に対して2019年3月と2020年3月期の売上利益率の平均12.2％の当期純利益が生み出されるとし，2021年3月期の当期純利益を653,310百万円と予測する。計算過程において，ROEは小数点以下第4位を，残余利益は小数点以下第1位を四捨五入。

6.　本章で述べたように，残余利益アプローチによるPBRにおいて，ROEは株式価値を高めるドライバーとなっていた。適当な業種を選び，ROEとPBRの関係について回帰分析を行い，両者の関係について述べなさい。

7.　（12.16）式のように，予想EPSが持続的利益，一時的利益，および価値無関連利益に分離される場合，次の資料に基づいて，A社とB社の株価を推定しなさい。なお，資本コストは20％と仮定する。利益ゼロの場合に株価はゼロとする。

〈資料〉

	A社	B社
予想EPS	100円	100円
持続的利益要素	80%	50%
一時的利益要素	20%	30%
価値無関連利益要素	0%	20%

[注]

1 ）$r = 1/\text{PER}$ であるので，$r = $ 株式益回り（X_1/P_0）のことであることも覚えてお

くとよい。

2）親会社株主に帰属する当期純利益あるいは親会社の所有者に帰属する当期利益を用いる場合のクリーンサープラス関係は，次のようになる。なお，資本取引による株主資本の増減額を配当のみとする。

株主資本 $_t$ ＝株主資本 $_{t-1}$ ＋親会社株主に帰属する当期純利益 $_t$（あるいは親会社の所有者に帰属する当期利益 $_t$）－配当 $_t$

親会社株主に係る包括利益あるいは親会社の所有者に帰属する当期包括利益を用いる場合には，次のようになる。なお，資本取引による自己資本の増減額を配当のみとする。また，IFRSでは組替調整の対象外となる項目があることに注意を要す。

自己資本 $_t$ ＝自己資本 $_{t-1}$ ＋親会社株主に係る包括利益 $_t$（親会社の所有者に帰属する当期包括利益 $_t$）－配当 $_t$

連結貸借対照表と連結損益計算書の連携については，図表2-4を参照されたい。

3）FCF に 基 づ く 価 値 評 価 の 場 合， $\frac{4,000}{(1+0.1)^1} + \frac{0}{(1+0.1)^2} + \frac{5,000}{(1+0.1)^3} + \frac{5,000}{(1+0.1)^4} + \frac{13,500}{(1+0.1)^5} = 19,190$ 千円で，残余利益アプローチの結果と同じである。

4）$BV_0 = BV_{-1} + NI_0 - D_0$ である。その場合，$BV_{-1} = \frac{NI_0 - RI_0}{r}$ を左の式に代入し，残余利益の評価式を展開していくと，$\frac{VE_0}{NI_0} = \frac{1+r}{r}\left[1 + \sum_{t=1}^{\infty} \frac{RI_t - RI_{t-1}}{NI_0(1+r)^t}\right] - \frac{D_0}{NI_0}$ となる（Lundholm and Sloan, 2013 参照）。RI がゼロ成長で，配当性向がゼロと仮定すると，当期純利益をベースとする PER は $\frac{1+r}{r}$ となる。

5）1期前の株価で除してリターンの形で推計することもできる。

6）3月決算の場合，3月31日を決算日とすることは一般的である。しかし，中堅スーパーであるヤマナカ（8190）のように3月20日と月末以外を決算日と定める会社も存在する。

7）Scott（2015, 第6章）は，その他の要因として資本構成，利益の質，価格の情報提供性をあげている。

第13章

利益マネジメントと財務諸表分析

要　旨

　会計利益の算定において，経営者の恣意性が入り込む余地があるといわれている。このことは，財務諸表分析を行う利用者に対して不利な影響を与える可能性がある。その可能性を完全に払拭することは難しいが，本章では，経営者がなぜ恣意的に会計利益を動かそうとするインセンティブを有するのか，また，そのような経営者の恣意的な会計行動をどのようにすれば検出できるのかを考察する。

◆第1節◆ 会計利益の操作性

　財務諸表分析では，会社の業績を映し出す鏡として会計利益を利用する機会は依然として多い。会計利益の情報価値は利益の質と関連していると考えられる[1]。会計利益の質の高さは，当期の業績を的確に反映することに加え，将来の業績を予測しやすくすることにつながる。

　ところが，発生主義会計のもとで報告される会計利益には経営者の見積もりや判断が入り込むことは不可避である。そのような状況で，経営者が恣意的に会計処理の方法を選択するならば，会計利益の算定は自己に都合のよいものとなるおそれがある。もちろん一般に公正妥当と認められた会計原則（以下，**GAAP**）が存立しているが[2]，会計原則の違反と断言できないがグレーな会計処理やGAAPの枠を逸脱した粉飾や不正に手を染める経営者が皆無という訳ではない[3]。

　会計不正に関する事件が起こるたびに，会計利益の客観性あるいは信頼性が低くなってきていると批判されることがある。歪曲された会計利益はノイズにすぎないので，もしそのことが妥当するならば，会計数値に基づく財務諸表分析を行うことの意義が薄れてしまいかねない。

　会計利益の算定方法を画一的にすることも考えられるが，実際には，GAAP内で1つの会計事実に2つ以上の会計処理の方法が認められているケースがある。棚卸資産の評価方法や固定資産の減価償却方法がそれに当てはまる。従来採用していた方法から他に変更した場合に利益額が変化する例もあり（Appendix13-1参照），会計処理方法の選択は利益額の算定に差異を生むといえる。

　ある事象に対処するために複数の会計処理方法が認められている場合，たとえ利益を操作する意図がなくとも，会計処理方法の選択によって業績に明暗が分かれることがある。さらに会計上，割引率や引当率の設定など経営者の見積りと判断が加わるので，GAAPの範囲内であっても，会計利益を算定するための経営者による選択幅は大きいと考えられる。

　会社間の比較において，アナリストや機関投資家のような洗練された分析者であっても，公表データから多様な会計処理の方法の差異を自らの手で修正することは容易ではない。会社間の差異を戻す作業は重要であるとしても，再計算の結果，さらにノイズの含まれた会計数値が生み出されては元も子もない。

　制度的には，経営者による利益操作の防止や財務諸表の期間比較の確保が保証されている[4]。測定結果の相違によって，利害関係者の意思決定に大きな影響が出ないように，正当な理由がない限り採用した会計処理方法は毎期継続して適用（**継続性の原則**）しなければならない。財務諸表を作成するために採用している会計処理の方法は有価証券報告書の注記の「会計方針に関する事項」あるいは「重要な会計方針」に記載される。会計基準等の改正に伴う不可避的な変更や正当な理由に基づく自発的な変更が行われる場合，企業会計基準第24号「会計上の変更及び誤謬の訂正に関する会計基準」が適用されている。

　長期的に見れば，会計処理方法の変更などで利益操作を行っても会社の存続期間中に認識される全体の利益に変化は認められないし，市場の効率性の程度にもよるが，利益操作の情報はすべて市場に見透かされてしまうであろう。それにもかかわらず，経営者が会計利益に手を加えるインセンティブをもつという疑念はなぜ消えないのであろうか。

　会計利益は，経営者の行動や成果を事後的にモニターするための有用な指標である。したがって，会計利益の多寡は，金銭的・非金銭的に経営者の業績評価や評判に響いてくる。また，会社の周辺には，政府，株主，債権者，納入業者，労働組合等の多数の利害関係者が存在し，これらの利害関係者との契約・取引・交渉に会計利益が利用されるケースが少なくない（第1章第1節参照）。経営者による会計利益の公表は利害関係者に対して好影響を与えることもあるし，悪影響を与えることもあるはずである。

　このような状況のもとで，経営者が自己に不利な評価とならない会計利益を形成しようと強く動機づけられることは合理的であろう。経営者がある目的を遂行するために会計利益をコントロールしようとする裁量行動は，利益マネジメント（earnings management）とか利益調整とか利益数値制御と称される[5]。以下では，利益マネジメントの方法とその行使パターンについて探ってみる。

◆第2節 利益マネジメントの方法

利益マネジメントは，図表13-1に示すように3つのパターンに分けられる。第1に，**機会主義的選択**（opportunistic choice）がある。会計上の見積りと判断等を通じて会計利益を裁量的に計上できる限り，たとえ利害関係者の犠牲を伴うことがわかっている場合でさえ，経営者は自己の富を増進させるような意図的な会計処理方法を採択する可能性がある。

しかしながら，利益マネジメントはいつも悪意に満ちているものとは限らない。第2の利益マネジメントのパターンは効率的契約という観点から説明される。経営者は企業価値を高める行動を志向し，政府の規制から受ける潜在的コストを最小にしたり，大株主やメインバンクとの関係を良好にしたりする会計上の**効率的選択**（efficient choice）を試みることがある。行使される利益マネジメントによっては，利害関係者の犠牲なしに企業価値が高められるケースもあろう。

第3に，利益マネジメントによって財務諸表の予測能力を向上させるような**情報提供的選択**（informative choice）が行われる可能性がある。経営者と利害関係者の情報の非対称性を解消するような利益マネジメントは，社外の者に内部情報を伝達するコミュニケーション手段として役立つ。以上の3パターンは相互排他的ではないので，実際の会計処理方法の選択がどのパターンに当てはまるかは明確でないことも考えられる。

会計利益を増減させる方法としては，図表13-1に示す**会計的裁量行動**（accounting discretion）がある。この裁量行動は，棚卸資産の評価方法の選択・

図表 13-1　利益マネジメントの方法と期間帰属

パターン	方　法	期間帰属
① 機会主義的選択 ② 効率的選択 ③ 情報提供的選択	（自主的・強制的） 会計的裁量行動	期間相互間
	実体的裁量行動	—
	表示区分シフティング	同一期間内

変更や減価償却方法の選択・変更（税制改正の場合は注意）といったものだけでなく，貸倒率や返品率の見積りの選択・適用や耐用年数の見直しなどにも及ぶ。GAAP内で複数の会計処理方法が認められている場合，それらのうちのどれを選択するかは経営者の自主的もしくは主観的な判断に委ねられる。

　会計的裁量行動には，**利益の期間相互効果**（interperiod income effect）が包含されている。この効果は利益の期間帰属に影響がでることを示す。つまり，ある会計処理方法の選択により利益が当期から将来の期間に繰り延べられたり，将来の期間から当期に移されたりする。経営者の会計処理方法の選択は結果的にボトムライン（純利益）に影響を及ぼすことになるので，経営者は自己に望ましい会計処理方法を選好するインセンティブをもつと予測される。

　また，会計基準の改正や新設が行われる場合，ある特定の会計処理方法を選択せざるをえない状況が生まれることがある。この時に，経営者の裁量の余地がなくなってしまい，経営者にとって不利な状況が創出されることがある。リース取引に関する会計基準の適用時のように，一時的であれ，財務比率や会計利益にマイナスの影響を及ぼす可能性がある。このような状況は，経営者の強制された会計上の選択（mandated accounting choice）と位置づけられるが，経営者はできる限り自己に不利にならないような対抗処置をとるはずである。

　さらに，経営者は期末の出荷延期や押込み販売を行ったり，過大生産によって売上原価を引き下げたり，研究開発費や宣伝広告費に対する裁量的支出を早めたり遅らせたり，有価証券や固定資産の売却時期を選択したりする**実体的裁量行動**（real discretion）をとることができる。Roychowdhury（2006）は，損失回避やアナリスト予想達成のために研究開発費や広告宣伝費の削減が行われていることを示唆する。実体的裁量行動は実際の取引に関わるので，資源配分の在り方に大きな影響を与える。期間帰属の属性は明らかではないが，資源の非効率利用は将来の会計利益に負の影響を及ぼすかもしれない[6]。

　利益マネジメントには**表示区分シフティング**（classification shifting）という方法もある。損益計算書の作成において，ある項目（たとえば営業外損益項目）を別の区分（たとえば特別損益項目）に移し替えることができるならば，見かけ上，最終段階に至るまでのどれかの利益が増加・減少する[7]。同額の計上区

分の変更であれば損益計算書のボトムラインは変わらない。このような同一期間内（intraperiod）の利益マネジメントは，期間帰属に影響を及ぼすものとは異なる。

第3節　利益マネジメントの行使パターン

1.　ボーナス・プランと利益マネジメントのインセンティブ

　本節では，経営者がどのようなパターンの利益マネジメントを行うかを検討する。利益マネジメントの行使パターンは大きく次の3つにまとめられる。第1に**利益捻出型**（income-increasing）パターン，第2に**利益圧縮型**（income-decreasing）パターン，第3に**利益平準化型**（income smoothing）パターンである。行使されるパターンは，状況に応じて変化するが，経営者を対象にした**ボーナス・プラン**（bonus plan）を例にとるとわかりやすい。以下では，機会主義的会計選択に焦点を合わせて，ボーナス・プランと利益マネジメントの行使パターンの関係を検討する。

　所有と経営が分離した現代の株式会社では，株主の利害と経営者の利害は必ずしも一致するとは限らない。経営者は私的利益を最大化させるために非生産的行動をとるかもしれないし，相対的にリスクの大きい投資プロジェクトを選択することに消極的になるかもしれない。このような経営者の行動は，時には株主の利害と食い違うので，経営者と株主の間に深刻な利害の対立（conflict of interest）が生まれることがある。

　利害の対立を抑制する有効な手段としてボーナス・プランがあることが知られている。ボーナス・プランとは，会計利益と連動させてボーナス額を決定する仕組みを有する業績連動報酬のことである。このインセンティブ・システムが有効に働いている場合，経営者は株主の利害に沿うように業績を最大化させるインセンティブに駆り立てられるであろう。図表13-2に，標準的なボーナス・

図表 13-2　標準的なボーナス・プラン

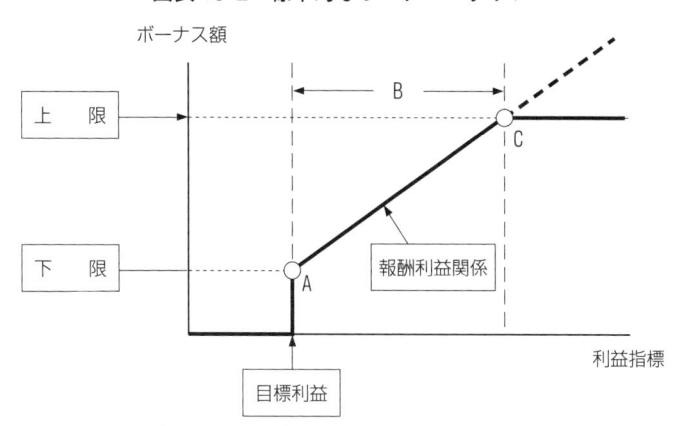

注：Murphy（2000, 図1, p.251）を基礎に作成。

プランの構造を示している。

　ボーナス・プランには，達成させなければならない目標利益（performance threshold）が決められている。図表13-2のA点はボーナス・プランに設定される目標利益とボーナス額の下限の交わる点である。会計利益が目標利益に達したとき，はじめてボーナスの下限（ゼロの場合もある）が支給される。それゆえに，会計利益が目標利益にわずかに達しそうにないならば，経営者の動機はボーナスを獲得するために利益捻出型の利益マネジメントを実施することに向かうであろう。

　ところが，会計利益が目標利益の下限よりも極度に低く，利益マネジメントを行ってもそれに達する可能性がないときがある。その場合に，経営者は今期の目標利益の達成をあきらめざるをえない。ボーナスを受け取ることができないとわかれば，経営者は善後策を講じるであろう。1つの対策は，将来負担すべき費用を早期に計上しておいて，次期以降の会計利益を膨らませることである。目標利益を下回るときに当面の利益をさらに縮小させる行動は**ビッグバス**（big bath）とか過去の清算（wiping the slate clean）と呼ばれ，V字回復の実現が目指される[8]。

　次に，目標利益を超えれば，会計利益の増加に従ってボーナス額が上昇する。図表13-2のB領域では，経営者のボーナスは会計利益とプラスに連動する。

この**報酬利益関係**（pay for performance relationship）で示す連動性（傾き）は会社ごとに異なるが，利益連動領域において，私的利益の最大化に駆り立てられた経営者はできるだけ多くの会計利益を計上して，自己の報酬を増やそうとする。利益捻出型の裁量行動を選択する動機は経営者には強くなるであろう。

　上限がなければ，図表13-2の点線のようにボーナスは会計利益とともにさらに増加し続けることになるが，標準的なボーナス・プランではボーナスの上限が設けられている。上限設定によって，上限を超過させる会計利益に対して追加的な報酬が与えられることはない。会計利益がかなり高くなってボーナスの上限設定を超えそうな状況になると，経営者は当面の会計利益を過小に報告する行動を採択するであろう。図表13-2のＣ点を超える会計利益が計上される局面では，増加した会計利益を次期に繰り延べたほうが経営者にとって有利な結果となる。

　なお，図表13-2のＡ点を割り込む会計利益を膨らませたり，Ｃ点を超える会計利益を削減させたりする利益マネジメントは，Ｂ領域に会計利益を移す利益平準化型の裁量行動であるといえる。利益平準化型の裁量行動は，毎期の会計利益の浮き沈みを抑制させる会計戦略ともとらえられる。

2.　その他の利益マネジメントと経営者のインセンティブ

　ボーナス・プラン以外にも，経営者のインセンティブと利益マネジメントの行使パターンとの間に関係がみられるので，それらを図表13-3に列挙している。

　負債契約に含まれる財務制限条項（debt covenants）の締め付けがタイトな会社では，債務不履行の確率を減少させるために，将来の期間から当期へと会計利益を前倒しする利益捻出型の裁量行動が採用されそうである。損失・減益を回避したり，予想利益を達成させたりすることもまた，経営者による利益捻出型の裁量行動の動機を強める。特に，予想利益の達成・未達に対する市場の反応は対称的ではなく，わずかに予想利益を達成できなかった場合でも未達に対する市場の反応は厳しいといわれている。

　さらに，新規株式公開（initial public offering；IPO）時に，売出価格を上げよ

図表13-3 利益マネジメントの動機要因とその行使パターン

利益マネジメントの動機要因	行使パターン
負債契約の財務制限条項	利益捻出型
損失・減益の回避	利益捻出型
予想利益の達成	利益捻出型
新規株式公開	利益捻出型
株式交換による買収	利益捻出型
マネジメント・バイアウト	利益圧縮型
労働組合との交渉	利益圧縮型
税務コストの削減	利益圧縮型
政治的コストの縮減	利益圧縮型
経営者交代（交代時の新任のケース）	ビッグバス
利益のボラティリティーの抑制	利益平準化

うとして会計利益を意図的に膨らませ，創業者利得を獲得しようとすることがある。株式交換による買収（stock for stock mergers）を行う直前期に，買収会社は利益捻出型の利益調整を行うインセンティブをもつであろう。逆に，マネジメント・バイアウト（management buyout）において，経営者は自社の株式の購入を有利に進めるために利益圧縮型の利益調整を行うかもしれない。経営者は株価誘導を意識した裁量行動の選択を行うことがある。

労働組合との交渉を有利に展開するために，また納税額を最小にするために，利益圧縮型の裁量行動を選択することが経営者にとって有利に働く場合がある。一般に，規模の大きい会社は，規模の小さい会社よりも政治的圧力を受けやすく，巨額の利益は政治家や規制当局の批判の標的となりやすい。このような**政治的コスト**（political costs）を削減するために，当期から将来にかけて会計利益を繰延べる裁量行動がとられるかもしれない。新任の経営者は，過去のウミを出し切って（ビッグバス），次期以降の会計利益を最大化させようとするインセンティブをもつと考えられる。

利益平準化型の裁量行動は，年度間の会計利益のボラティリティー（変動性）を抑制しようとする場合に選択される。経営手腕に関する名声を得ること，安定的な経営者報酬を確保すること，財務制限条項の抵触を避けることに対処するために，前期並みといったターゲットとなる会計利益に近づけるインセン

ティブが生まれる。会計利益が高すぎる場合には，利益の一部を次期以降に繰り延べるように，利益が低すぎる場合には，利益の一部を早期に計上するような裁量行動の選択が予測される。

 利益マネジメント行動の検出

1. アクルーアル（会計発生高）の算定

　資産・収益の過小計上や負債・費用の過大計上（または，負債・費用の過小計上や資産・収益の過大計上）は会計利益を過小（または過大）に表示することにつながる。個々の会計処理方法の選択や各種の見積りの判断を観察する方法もあるが，会計的裁量行動を通じた利益調整を全体的に把握するために**アクルーアル**（total accruals ; ACC）という指標に着目してみよう。

　アクルーアルは，発生主義に基づいて計上される税引後利益（INC）と当該期間の営業活動によるキャッシュ・フロー（営業CF ; 式の中ではOCF）との間に生じる差異を指す。税引後利益の形で示すと以下のようになる。

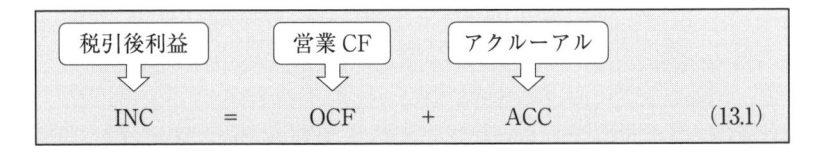

$$INC = OCF + ACC \qquad (13.1)$$

　今日の企業会計では，原則として発生主義が採用されているので，適正な期間損益計算を行うために，収益と費用はキャッシュの収入ならびに支出とは関係なく認識されることがある。税引後利益は，営業CFに発生主義の会計手続きによる部分が付加されたものとなる。会計利益の算定プロセスで，各種の会計処理方法の選択・変更や見積項目の判断などが経営者の裁量に委ねられるので，会計利益と営業CFの差には経営者の会計的裁量の部分が隠されている可能性がある（なお，貸借対照表ベースでACCを求める方法もある）。

ところで，アクルーアルの総額が経営者の裁量的な行動を測る尺度として適切かどうかは疑問である。なぜならば，アクルーアルのすべてが経営者の裁量的行動の結果であるとは考えられず，そこには非裁量的な要素も含まれるはずである。アクルーアルは，次式のように**裁量的アクルーアル**（discretionary accruals；DA）と**非裁量的アクルーアル**（non-discretionary accruals；NDA）に分けることが妥当である。

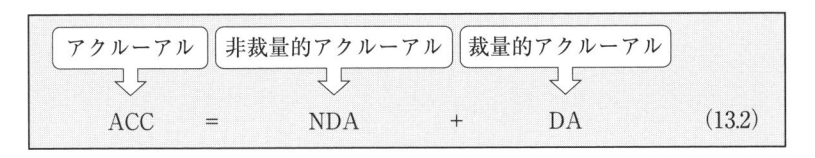

$$ACC = NDA + DA \qquad (13.2)$$

（13.2）式より，（13.1）式は次の3要素から構成される。

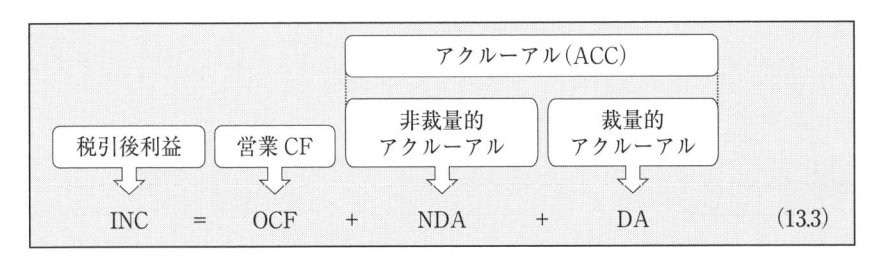

$$INC = OCF + NDA + DA \qquad (13.3)$$

DAの情報内容に関して，なお未知の部分があるが，もし経営者の裁量的行動がまったくなければ，DAはゼロとなる。この場合，操作された要素が皆無であるので，利益の質は高いと推測される。DAの符号がプラスであれば，利益捻出型の裁量行動が選択されたことを意味する。逆に，DAの符号がマイナスであれば，利益圧縮型の裁量行動が選択されたことを意味する。第2節のボーナス・プランの例で言えば，ボーナスを最大化させたい経営者はDAをプラスに転化させる会計的裁量行動を選択すると仮説化される。

2. 裁量的アクルーアルの検出方法

アクルーアルのうち経営者の裁量による要素をどのように検出するかは，現実には厄介な問題である。実証会計研究では，直接に裁量的アクルーアルを求

めるのではなく，先に非裁量的アクルーアルを推定することが一般的である。その上で，アクルーアルと推定上の非裁量的アクルーアルとの差から裁量的アクルーアルが算出される。非裁量的アクルーアルを推定する代表的なモデルを図表13-4で紹介しておこう。

①**Jonesモデル**（Jones, 1991）は，非裁量的アクルーアルが一定であるという仮定を緩和し，経済環境の変化とともに非裁量的アクルーアルが変動することを想定している。Jonesモデルでは，非裁量的アクルーアルが売上の増減（Δ REV）と償却性資産の水準（PPE）の関数で表される。実際の分析では，アクルーアルを従属変数とし，時系列あるいはクロスセクション・データによる回帰分析で各係数を推定し，その上で期待される非裁量的アクルーアルを予測する。アクルーアルから期待される非裁量的アクルーアルを差し引いたものが裁量的アクルーアル（推定式の誤差項の部分 ε）となる。

Jonesモデルでは，売上が裁量的に操作されないことを暗示していて，販売のタイミングなどによる売上操作の影響を反映していない。この問題点を改善しようとして，②**修正Jonesモデル**（Dechow, Sloan, and Sweeney, 1995）が考案された。推定式において，売上の増減から売上債権の増減（Δ REC）を差し引き，信用販売を通じた利益調整を除外しようと試みている。③**CFO修正Jonesモデル**（Kasznik, 1999）は，非裁量的アクルーアルの推定に営業CFの変化（Δ CFO）を組み入れた点が目新しいが，この変数を追加する理論的根拠は薄弱である。

図表 13-4 裁量的アクルーアルの検出モデル

	モデル	非裁量的アクルーアルの推定	裁量的アクルーアル（DA）
①	Jonesモデル	$ACC_{it} = a_{1i} + a_{2i}\Delta REV_{it} + a_{3i}PPE_{it} + \varepsilon_{it}$	$DA_{it} = \varepsilon_{it}$
②	修正Jonesモデル	$ACC_{it} = \beta_{1i} + \beta_{2i}(\Delta REV_{it} - \Delta REC_{it}) + \beta_{1i}PPE_{it} + \varepsilon_{it}$	$DA_{it} = \varepsilon_{it}$
③	CFO修正Jonesモデル	$ACC_{it} = \eta_{1i} + \eta_{2i}(\Delta REV_{it} - \Delta REC_{it}) + \eta_{3i}PPE_{it} + \eta_{4i}\Delta OCF_{it} + \varepsilon_{it}$	$DA_{it} = \varepsilon_{it}$

注：ACCはアクルーアル（=INC－OCF），DAは裁量的アクルーアル，NDAは非裁量的アクルーアル，Δ REVは売上高の増減，Δ RECは売上債権の増減，PPEは償却性固定資産の水準，Δ OCFは営業CFの増減，iは会社，tは年を示す。Δは変化を示す。

裁量的アクルーアルを特定化しようとする上記のモデルがどの程度実効的であるかは，現時点でもまだ十分に明らかではない。大きな問題は，裁量的アクルーアルが推定計算より導出されるために測定誤差が含まれることである。この問題に対処する1つの調整方法は業績の影響を取り除くことである。Kothari, Leone, and Wasley（2005）は，サンプル会社の業績（ROA）に基づいてコントロール会社を選別し，サンプル会社の裁量的アクルーアルからコントロール会社の裁量的アクルーアルを差し引くことを行っている。モデルの改善を加え検定力を高める余地はまだ残されている。

【Appendix 13-1】 会計処理方法の変更

会計処理方法の変更が行われた場合，新しい会計処理方法を過年度の財務諸表に遡及適用する。表示方法に変更がある場合は過年度の財務諸表の組替が行われる。また，誤謬が発見された場合は過年度の財務諸表の修正再表示が行われる。

減価償却方法の変更は，計画的・規則的な償却方法の中での変更であることから，その変更は会計処理方法の変更ではあるものの，その変更の場面においては固定資産に関する経済的便益の費消パターンに関する見積りの変更を伴うものと考えられる。減価償却方法の変更においては，会計上の見積りの変更と区別することが困難な場合に該当するものとして，会計上の見積りの変更と同様に会計処理が行われ，その遡及適用が求められない（企業会計基準第24号「会計上の変更及び誤謬の訂正に関する会計基準」62項）。

図表Appx13-1に会計処理方法の変更に関する事例をあげている。多くの事例を取り上げているわけではないが，SUBARU（証券コード：7270）と村田製作所（6981）について，定率法から定額法の変更が利益をかさ上げすることになっている。変更時期は第2四半期であったり，第4四半期の予想利益公表の段階であったりする。耐用年数の延長も利益を引き上げることになる。川崎汽船（9107）では，会計処理の変更で赤字幅が縮小している。

SUBARUでは売上の計上方法の変更も行われている。遡及処理が行われるので，成長性分析を行う場合，再計算された売上との比較を行わなければなら

図表Appx13-1　会計処理方法の変更に関する事例

社名	変更内容(会計方針の変更。会計上の見積りの変更及びそれと区別することが困難な会計方針の変更)	理由	影響額	出所
SUBARU (7270)	売上高の計上方法の変更(販売奨励金を販管費ではなく売上高から控除)	取引条件の決定時に販売奨励金が考慮され、実質的に販売価格を構成する一部として捉えられる	遡及適用。前第2四半期連結累計期間の売上高及び販売費及び一般管理費はそれぞれ78,296百万円減少。営業利益、経常利益への影響はなし。	2019年3月期第2四半期決算短信(2018年11月5日付)
村田製作所 (6981、米国基準適用)	有形固定資産の減価償却方法の変更(定率法から定額法)	設備の償却費を耐用年数にわたって均等償却により費用配分を行うことが有形固定資産の使用実態を適切に反映	第2四半期連結累計期間の営業利益が5,838百万円増加	2018年3月期決算短信(2018年4月27日付)
村田製作所	有形固定資産の減価償却方法の変更(定率法から定額法)	特に記述がないが、営業利益は前期比48.0%増の240,000百万円と予想	従来の方法と比較して減価償却費が67,500百万円減少の見込み	
川崎汽船 (9107)	会計上の見積りの変更(耐用年数の延長)	自動車船について、従来の耐用年数よりも長期間の使用が見込まれる。耐用年数を従来の20年から25年に変更	第1四半期連結累計期間の営業損失が615百万円減少	2019年3月期第1四半期決算短信(2018年7月31日付)
ツルハホールディングス (3391)	棚卸資産の評価方法の変更(完全遡元法による原価法から、調価に用いる薬剤等を除き、月次移動平均法による原価法に変更)	業容拡大の中で利益管理の精緻化を目的とし、迅速に在庫金額を把握し、より適正な期間損益計算を行うため	遡及適用。前第1四半期連結累計期間の営業利益は423百万円減少。	2018年5月期第1四半期決算短信(2017年9月19日付)

ない。ツルハホールディングス（3391）では，期間損益計算を適正にするために，棚卸資産の評価方法の変更であえて利益が減少する変更が行われている。これらは効率的あるいは情報提供的な会計選択であるといえるかもしれない。

【Appendix13-2】石油元売り会社における在庫影響

　図表Appx13-2に，石油元売り各社の棚卸資産の評価基準及び評価方法を示している。かつては後入先出法が選択可能な評価方法と認められており，必ずしも評価方法の選択が一様ではなく，各社の経営状況に応じて使い分けがあった。後入先出法の選択が認められなくなってから，棚卸資産の評価方法は，主として総平均法による原価法が採用されている。

　石油業界では，原油価格と為替レートの変動が収益性に大きな影響を及ぼす。営業利益あるいは経常利益を増減させる大きな要因は，在庫評価方法による売上原価への影響である。これが**在庫影響**（見かけ上の在庫評価損益）と呼ばれているものである。石油元売り会社では一定量の原油・石油製品の備蓄が義務づけられているので，期首在庫が売上原価の計算に影響を与える。

　原油価格が上昇する場合，総平均法による棚卸資産の評価（期中の仕入価格より割安な期首の在庫）は売上原価を押し下げることになり，期中の仕入だけで評価するよりも相対的に売上原価は小さくなる。先入先出法を適用する場合，その傾向はより顕著となる。逆に，原油価格が下降に転じると，売上原価が押し上げられ，利益は圧迫されることとなる。低価基準の強制適用によって在庫影響が表面化することもある。

　営業利益あるいは経常利益から在庫影響を除いた実質的利益水準は決算短信や決算説明資料で公表されている。図表Appx13-2に，営業利益（経常利益）と在庫影響除き営業利益（経常利益）を表示している。石油製品からの利益が改善され各社増益である。その上，原油価格が緩やかな上昇局面であったために，各社の在庫影響の額は前期より拡大している。2016年度には利益に占める在庫影響割合が高くなっているケースもあるが，2017年度において在庫影響割合は15.4％から26.3％の間にある。原油価格の変動が激しい場合に，それに伴って会計上の利益数値が変動しやすい。原油価格の大幅な下落によって，

図表Appx13-2　石油精製販売業の棚卸資産の評価方法と在庫影響

（単位：億円）

昭和シェル石油（5002）	項　目	2016年 12月期	2017年 12月期
主として総平均法による原価法（貸借対照評価額については，収益性の低下に基づく簿価切下げの方法により算定）	経常利益	478	930
	在庫影響除き経常利益	366	685
	在庫影響	112	245
	在庫影響割合	23.4%	26.3%
コスモエネルギーホールディングス（5021）	項　目	2017年 3月期	2018年 3月期
主として総平均法による原価法（貸借対照評価額については，収益性の低下に基づく簿価切下げの方法により算定）	経常利益	814	1,169
	在庫影響除き経常利益	420	959
	在庫影響	394	210
	在庫影響割合	48.4%	18.0%
出光興産（5019）	項　目	2017年 3月期	2018年 3月期
主として総平均法による原価法（貸借対照評価額については，収益性の低下に基づく簿価切下げの方法により算定）	営業利益	1,352	2,013
	在庫影響除き営業利益	1,021	1,702
	在庫影響	331	311
	在庫影響割合	24.5%	15.4%
JXTGホールディングス（5020, IFRS適用）	項　目	2017年 3月期	2018年 3月期
取得原価と正味実現可能価額のいずれか低い額で計上。正味実現可能価額は，通常の事業過程における予想販売価額から完成に要する見積販売原価及び見積販売費用を控除した額。取得原価は主として総平均法を用いて算定	営業利益	3,740	4,875
	在庫影響除き営業利益	1,845	3,726
	在庫影響	1,895	1,149
	在庫影響割合	50.7%	23.6%

注：棚卸資産の評価基準・評価方法については各社の有価証券報告書より入手。在庫影響に関する連結データは各社の決算説明会資料から入手。なお，出光興産と昭和シェル石油は2019年4月に経営統合を予定。

収益性の低下に伴う簿価切下げによって棚卸資産評価損が計上されることもある。財務諸表分析を行う場合，会計処理方法の選択が同じであっても，市場価格の変動によって業績に影響が及ぶ業種が存在することに注意を要する。

【Appendix 13-3】アクルーアルと売上との関係

アクルーアルと売上との関係を示しておく。前提条件は次の4つである。

1）売上（REV）はランダムウォークに従う。

2）売上利益率（π）と掛売上比率（γ）は一定である。

3）期末の売掛金（AR）は翌期にすべて回収される。

4）商品はすべて現金で仕入れ，棚卸資産は保有しない。

この条件のもとで，CF（キャッシュ・フロー）は次のようになる。

$$CF_t = (1-\gamma)REV_t - (1-\pi)REV_t + AR_{t-1}$$

上記の式に $AR_{t-1} = \gamma REV_{t-1}$ を代入すると，

$$CF_t = (1-\gamma)REV_t - (1-\pi)REV_t + \gamma REV_{t-1}$$

となる。これを整理すると

$$CF_t = \pi REV_t - \gamma(REV_t - REV_{t-1})$$

売上がランダムウォークに従う（$REV_t = REV_{t-1} + \varepsilon_t$）と仮定しているので，

$$CF_t = \pi REV_t - \gamma(REV_{t-1} + \varepsilon_t - REV_{t-1})$$

$$= \pi REV_t - \gamma \varepsilon_t$$

となる。当期利益（INC）は，$INC_t = \pi REV_t$ であり，$\pi REV_t = CF_t + \gamma \varepsilon_t$ であるので，アクルーアル（ACC）は次の部分になる。

$$ACC = \gamma \varepsilon_t$$

$\varepsilon_t = REV_t - REV_{t-1} = \Delta REV_t$ であるので，上記の式は，アクルーアルが売上の変化に比例して発生することを意味する。

【Appendix 13-4】利益の分布テスト

利益マネジメント研究で焦点となるのは，損失回避，減益回避，予想利益の達成の局面である。ゼロ利益，前期利益，予想利益という利益ベンチマークの付近で何が起こっているかを調査したい場合，サンプルサイズを拡大し，会計利益の分布をヒストグラムの形で示すという分析方法がある。利益ベンチマークの付近で異常な分布を形作っていないかどうかで，利益マネジメントの有無を視覚的かつ統計的に確認することができる。ここでは分布を示すだけであるので，詳細な統計分析については首藤（2010, 第6章）を参照してほしい。

図表Appx13-3(1)から(3)に利益ベンチマークと比較した当期純利益の分布をヒストグラムで示している。サンプルは，2001年から2017年に日本基準を適用する上場会社（金融・その他金融・証券・保険業を除く）である。いずれの

変数も期中総資産で除している。

　図表Appx13-3(1)で注目すべきポイントは，点線で示した黒字か赤字の境目（ゼロ利益）で分布の形状が不規則に変わっているかどうかである。ゼロ利益の当期純利益の場合，点線より左側の観測値数が減り，その右横の観測値数が極端に増えている。分布の形状が不規則に変わっている。このことは赤字に陥りそうな会社が裁量的に利益をかさ上げしていることを暗示する。

　図表Appx13-3(2)の当期純利益の変化（当期純利益－前期純利益）では，増益と減益の境目（利益変化ゼロ）に注目すると，同図表(1)ほどではないが，減益に陥りそうな会社（点線の左側）が裁量的に利益を引き上げているように見える。ただし，J-SOXと呼ばれる財務報告に関する内部統制報告制度（注4参照）が導入（2008年4月1日以降に開始される事業年度から）される前後で比較した場合，減益回避の傾向がなくなっていることがEnomoto and Yamaguchi（2017）で明らかにされている。

　図表Appx13-3(3)の予想利益誤差（当期純利益－期初通期予想）の場合，予想を少し超える部分の観測値数が2,000会社・年を超えている。統計的な分

図表Appx13-3　利益ベンチマークと比較した当期純利益の分布

（1）当期純利益とゼロ利益

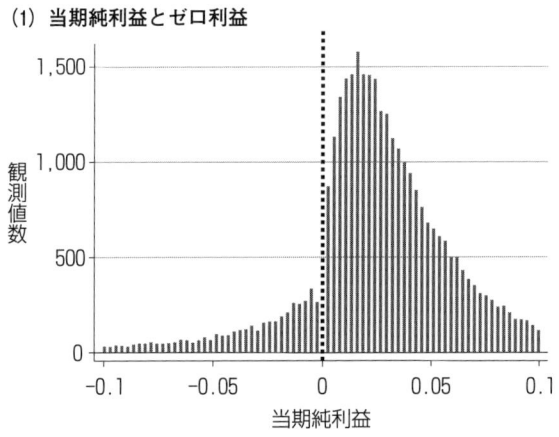

注：期中総資産に対する（親会社株主に帰属する）当期純利益の
　　値が−0.1％から0.1％に入る観測値数は31,523会社・年である。
　　連結データは，Nikkei NEEDS-Financial Questから入手。

析を行っていないが，経営者予想の未達を避ける傾向がうかがえる。全体的に
グラフを見渡す限り，損失を回避する経営者インセンティブが最も強いことが
わかる。

(2) 当期純利益と前期利益

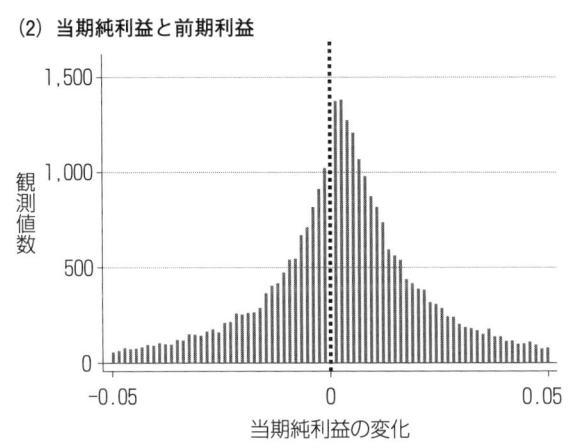

横軸：当期純利益の変化

注：期中総資産に対する（親会社株主に帰属する）当期純利益の
　　変化の値が−0.05％から0.05％に入る観測値数は27,120会社・
　　年である。連結データは，Nikkei NEEDS-Financial Questか
　　ら入手。

(3) 当期純利益と予想利益

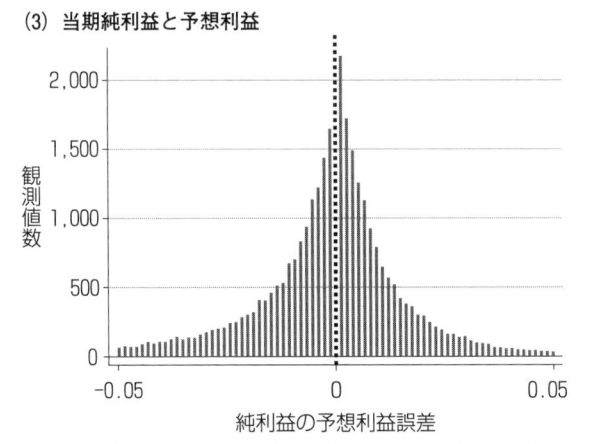

横軸：純利益の予想利益誤差

注：期中総資産に対する（親会社株主に帰属する）当期純利益の
　　予想誤差の値が−0.05％から0.05％に入る観測値数は29,819
　　会社・年である。連結データは，Nikkei NEEDS-Financial
　　Questから入手。

【Appendix13-5】 アクルーアルの動きについて

アクルーアルのイメージを明確にするために，実際のデータを用いた簡単な分析を行う。Allen, Larson, and Sloan（2013, 表2）を参考に，アクルーアルがt期（当期）から$t+1$期（次期）にどう動くかを観察する。アクルーアルは，貸借対照表ベースではなく，(13.1)式から算定している（税の影響は除く）。

$$\text{アクルーアル}(ACC_t) = \text{経常利益}(INC_t) - \text{税控除前営業CF}(OCF_t)$$

税控除前営業CFは，連結キャッシュ・フロー計算書から営業活動によるキャッシュ・フローに法人税等の支払額を足し戻したものを用いる。サンプルは，2001年から2017年に日本基準を適用する上場会社（金融・その他金融・証券・保険業を除く）で，必要な連結データが揃う決算月数が12カ月あるものである。いずれの変数も期中平均総資産で除して標準化している。計算された変数のうち1を超えるものを取り除いた結果，32,062会社・年の観測値が残った。

最初に，ACC，INC，およびOCFの記述統計量と相関係数をそれぞれ図表

図表Appx13-4　記述統計量と相関係数

パネルA：記述統計量

	平均値	標準偏差	第1四分位数	中央値	第3四分位数
ACC_t	-0.026	0.057	-0.051	-0.027	-0.004
ACC_{t+1}	-0.026	0.055	-0.051	-0.028	-0.004
OCF_t	0.079	0.079	0.041	0.075	0.115
OCF_{t+1}	0.080	0.077	0.042	0.076	0.115
INC_t	0.053	0.064	0.022	0.044	0.078
INC_{t+1}	0.053	0.063	0.023	0.045	0.078

パネルB：相関係数

	ACC_t	ACC_{t+1}	OCF_t	OCF_{t+1}	INC_t	INC_{t+1}
ACC_t	1.00					
ACC_{t+1}	0.23	1.00				
OCF_t	-0.60	-0.11	1.00			
OCF_{t+1}	-0.12	-0.59	0.56	1.00		
INC_t	0.16	0.08	0.69	0.59	1.00	
INC_{t+1}	0.06	0.15	0.60	0.71	0.79	1.00

注：連結データは，Nikkei NEEDS-Financial Questから入手。観測値数は32,062会社・年である。ACCはアクルーアル，OCFは税控除前営業CF，INCは経常利益である。

Appx13-4のパネルAとパネルBに示す。ACC_tとACC_{t+1}の平均値と中央値はいずれもマイナスとなっている。OCFの平均値はINCの平均値よりも大きい。ACC_t（ACC_{t+1}）とOCF_t（OCF_{t+1}）の間の相関は-0.60（-0.59）とマイナスである。ACC_tとACC_{t+1}の間の相関は0.23でプラスとなっている。INC_tとINC_{t+1}の間の相関は0.79でありプラスで高い。

　次に，アクルーアル関連要素のt期から$t+1$期への動きを図表Appx13-5に表示している。縦がt期で，横が$t+1$期の指標である。それぞれの期について，指標の小さい順に5分割にサンプルを分割している。Bottomは最も下位の5分の1のグループの頻度で，Topは最も上位の5分の1のグループの頻度が含ま

図表Appx13-5　アクルーアル関連要素のt期から$t+1$期の動きの頻度

パネルA：アクルーアル

		ACC_{t+1}				
		Bottom	2	3	4	Top
ACC_t	Bottom	8.3%	4.1%	2.4%	2.1%	3.2%
	2	3.9%	5.8%	4.6%	3.2%	2.5%
	3	2.3%	4.4%	5.5%	4.8%	3.0%
	4	2.2%	3.0%	4.6%	5.6%	4.5%
	Top	3.4%	2.8%	3.0%	4.2%	6.7%

パネルB：営業CF

		OCF_{t+1}				
		Bottom	2	3	4	Top
OCF_t	Bottom	9.2%	4.9%	2.7%	1.8%	1.5%
	2	5.0%	7.3%	4.7%	2.2%	0.9%
	3	2.7%	4.7%	6.8%	4.3%	1.5%
	4	1.7%	2.2%	4.3%	7.7%	4.1%
	Top	1.4%	1.0%	1.5%	4.1%	12.0%

パネルC：経常利益

		INC_{t+1}				
		Bottom	2	3	4	Top
INC_t	Bottom	12.7%	4.8%	1.6%	0.7%	0.3%
	2	4.6%	9.4%	4.6%	1.1%	0.2%
	3	1.6%	4.3%	9.0%	4.5%	0.6%
	4	0.7%	1.2%	4.1%	10.4%	3.6%
	Top	0.5%	0.3%	0.7%	3.3%	15.2%

注：連結データは，Nikkei NEEDS-Financial Questから入手。その他は図表App13-4の注を参照。4%を超えるセルには網掛け。

れている。セル数は全部で25あり，各セルにはサンプルサイズに対する頻度の割合が示されている。各セルの頻度の割合は4％（100％ /25セル）となると期待されるので，4％を超えるセルには網掛けを施している。

図表Appx13-5パネルCのINCから先に考察しよう。INC_tとINC_{t+1}には強いプラスの系列相関があり，t期のBottomから$t+1$期のBottomへの移行（12.7％）とt期のTopから$t+1$期のTopへの移行（15.2％）の合計は27.9％となっている。パネルBのOCFにもその傾向があり，極端な2つのセルの合計は21.2％である。

図表Appx13-5パネルAのACC_tからACC_{t+1}への移行であるが，やや弱いがBottomからBottomへの移行とTopからTopへの移行の合計は15.0％存在する。INCとOCFと比べると，BottomからTopへの移行とTopからBottomへの移行の合計が6.6％と高くなっているが，反転（負の系列相関）が存在するとは言い切れない。データ分析の結果，ACCにも弱いプラスの系列相関があると考えられる。

《練習問題》

1. 利益の過小表示となるものは，次のうちどれですか。
   (1) 減価償却費の過大計上
   (2) 期末棚卸資産の過大計上
   (3) 賞与引当金の過小計上
   (4) 受取利息の過大計上
   (5) 未払費用の過小計上
   (2016年6月（第134回）銀行業務検定試験「財務3級」問-21)
2. 利益の過大表示となるものは，次のうちどれですか。
   (1) 貸倒引当金の過大計上
   (2) 期末棚卸資産の過小計上
   (3) 前払費用の過小計上
   (4) 支払利息の過大計上
   (5) 未払費用の過小計上
   (2017年6月（第137回）銀行業務検定試験『財務3級』問-24)

3. 市場の効率性が信じられているにもかかわらず，なぜ経営者は利益マネジメントを行おうとするのかを説明しなさい。

4. 利益マネジメントによって財務制限条項への抵触は避けられそうであるが，実際には財務制限条項に抵触する会社は実在する。財務制限条項の抵触事例について調べなさい。

5. 強制的な会計処理方法の選択においても経営者の裁量行動は起こりうるかどうかを検討しなさい。

6. 取締役あるいは執行役に対する経営者報酬が会計数値と連動する仕組みとなっているどうかを開示書類から調べなさい。

［注］

1）**利益の質**の概念は多面的であって，この属性を厳密に定義することは難しい。1つは前章で述べた株価反応係数である。その他には，将来利益を当期利益に回帰したときの傾きを示す利益の持続性（Appendix12-2参照）や会計の保守性の程度などがある。利益の質の議論については，Dechow, Ge, and Schrand（2010）に詳しい。

2）実体としてその原則が存在するわけではないが，連結財務諸表規則や企業会計基準委員会により公表される会計基準などに従うことが考えられる。なお，法人税法第22条第4項においては，課税所得の計算について，「一般に公正妥当と認められる会計処理の基準」に従って計算する旨が定められている。

3）金融庁は，金融商品取引法の規定に従って，発行開示書類の虚偽記載等の違反がある場合に，その会社に対して金銭的負担を課す課徴金制度を設けている。継続開示書類等の虚偽記載の場合，600万円または時価総額の10分の6のいずれか高い方が課徴金として国庫に納付される。たとえば，有価証券報告書等の虚偽記載に係る検査結果に基づき，東芝は73億7,350億円の納付を命じられている（2015年12月24日付）。その他については金融庁のウェブサイトにある「課徴金納付命令等一覧」を参照するとよい。

4）財務計算に関する書類等の適正性を確保するために，金融商品取引法のもと内部統制報告書の提出が義務づけられている。内部統制の1つの目的は財務報告の信頼性を有効に機能させることで，経営者はその点を自らが評価して，その結果を報告しなければならない。

また，東京証券取引所は，**企業行動規範**の「望まれる事項」として公益財団法

人財務会計基準機構への加入状況の開示を上場会社に求めている。つまり，財務会計基準機構の行う研修への参加など会計基準等の変更等について的確に対応することができる体制の整備を行うよう努めることが求められている。2019 年 2月 1 日現在で，加入率は，市場第一部では 99.3%，市場第二部では 94.5%，マザーズ では 97.1 %，JASDAQ では 81.8 % となっている（http://www.jpx.co.jp/equities/listed-co/services/asb/01.html）。

5）英語表現はもっと豊富であり，financial statement management, creative accounting, aggressive accounting, reengineering the income statement, juggling the books, the numbers game, accounting magic, accounting hocus-pocus, window dressing 等が使われることがある。

6）財務報告に係る内部統制の強化によって会計的裁量行動は減少するかもしれないが，経営者は近視眼的に実体的裁量行動を選択するかもしれない。

7）正当な理由により「売買目的」に区分している有価証券を「その他有価証券」に変更できたとしよう。その有価証券を売却すれば，売却損益の表示区分が営業外損益から特別損益に変わる。また，減損処理を行った資産については，減損損失を控除した後の帳簿価額を取得原価として減価償却が行われるので，その期の減価償却費は減少する。翌期以降も減価償却費負担は減少するので，利益の期間相互効果も生まれる。

　ジャパンディスプレイ（6740）で，任意開示の 2017 年度第 2 四半期決算説明資料と法定開示の第 2 四半期報告書の営業活動によるキャッシュ・フロー（営業CF）の金額が異なっていることが話題になったことがある（日本経済新聞，2017 年 12 月 2 日）。四半期決算書には営業 CF の部の中に従来通り「前受金の増減額」△356 億円が含まれ，営業 CF は△48 億円でマイナスとなっている。しかし，決算説明資料では前受金が長期性負債とみなされ，それが財務活動によるキャッシュ・フローに組み替えられている。計上区分を変えた結果，営業 CFは 308 億円のプラスに転じている。任意開示の資料とはいえ，業績をよく見せたい態度は投資者に戸惑いを与える。

8）経営戦略上の是非は別として，(不良) 資産の売却などによる利益圧縮型行動は，利益捻出型行動に比べれば「財務体質の健全化」として推奨されやすい。経営環境が著しく悪化した場合，少々裁量的な行動をとっても，経営者には自己の評判あるいは期待に傷がつかないという心理が働きそうである。

補章

貨幣の時間的価値と割引計算

要　　旨

　制度会計の領域（たとえば，リース会計や退職給付会計）においても割引計算の考え方を把握しておくことが重要となっている。本章では，貨幣の時間的価値について，たとえば現在の 100 万円と将来の 100 万円の経済的相違を理解できるようにする。将来の貨幣金額を現在の貨幣金額に直す割引計算は，株式価値評価あるいは企業価値評価を行うための基礎となる。

第1節　貨幣の時間的価値

1. 将 来 価 値

　今，100万円を3年間銀行に預金するとしよう。預金の年利を5%とするならば，1年後の預金額は元本100万円と利息5万円（＝100万円×5%）を合計した105万円となる。2年後に受け取る利息は5.25万円（＝105万円×5%）となるので，預金額は110.25万円（＝105万円＋5.25万円）である。3年後に受け取る利息は5.51万円（＝110.25万円×5%）で，最終的な預金総額は115.76万円（＝110.25万円＋5.51万円）となる。このような利息に利息がつく計算を**複利**（compound interest）と呼ぶ。元本に対してだけではなく，すでに稼得された分も計算の対象となる。

　では，上記の流れを次のように数式化してみる。

$$SV_1 = P_0 + (P_0 \times r)$$
$$= P_0(1+r) \tag{1}$$

SV_1：1年後の預金額
P_0：0年に預けた元本
r：年利（5%と仮定）

　1年後の預金額は，最初（0年）に預けた元本（P_0）に期中の利息を加えたものである。期中の利息は，0年に預けた元本に利率（r）を乗じたものである。

　2年後の預金額（SV_2）は，1年後に得た金額（SV_1）に2年目の利息を足したものに等しい。2年目の利息は$SV_1 \times r$に等しいので，2年後の預金額は次のように示される。

$$SV_2 = SV_1 + (SV_1 \times r)$$
$$= SV_1(1+r)$$

　(1)式より，SV_1に$P_0(1+r)$を代入すると，$SV_2 = P_0(1+r)(1+r)$となる。結果的に，

$$SV_2 = P_0 (1+r)^2 \tag{2}$$

と表される。

同様にして，3年後の預金額（SV_3）は，2年後の預金額（SV_2）に3年目の利息を足したものに等しい。3年後の預金額は$SV_3 = SV_2 + (SV_2 \times r)$で，$SV_3 = SV_2(1 + r)$となる。(2)式より，$SV_3 = P_0(1 + r)^2(1 + r)$となるので，3年後の預金額は次のようになる。

$$SV_3 = P_0 (1+r)^3 \tag{3}$$

(1)式，(2)式，および(3)式のパターンから，複利計算は次のように一般化される。

$$SV_n = P_0 (1+r)^n \tag{4}$$

SV_n：n期末の預金額
r：年利（利率）
$(1+r)^n$：**終価係数**（future value factor）

(4)式は，複利計算を前提に，投資した金額の将来のある時点での価値，すなわち**将来価値**（future value）を示す。

2. 現在価値

3年後に，ある預金額が100万円で返ってくるとしよう。年利5％の場合，現在いくらの預金を行えばそれが実現するであろうか。前項の例では，年利が5％の場合，現在の100万円の3年後の将来価値は115.76万円であった。それゆえに，最初に100万円以上を預ける必要がないことがわかる。その場合，どの程度100万円より少ない預金でよいことになるのか。(4)式の公式を使って考えてみよう。金額を式に代入すると，次のようになる。

$$100\text{万円} = P_0(1 + 0.05)^3$$

$$P_0 = \frac{100\text{万円}}{(1 + 0.05)^3}$$

$$= 86.4\text{万円}$$

年利5％の預金において，86.4万円の預金は3年後の100万円の価値がある。

このとき，「3年後の100万円の**現在価値**（present value）は86.4万円である」と表現する。現在価値の公式は，(4)式から次のように導き出される。

$$P_0 = \frac{SV_n}{(1+r)^n} = SV_n \times \frac{1}{(1+r)^n} \tag{5}$$

r：割引率
$1/(1+r)^n$：**現価係数**

$1/(1+r)^n$は**割引係数**（discount factor）とも呼ばれ，将来の預金額（目標額）から現在の額（現在の必要資金額）を割り出す係数を示す。rは割引率というが，株式価値の計算を行うケースではそれを資本コストという。

投資の決定において，長い時間的間隔のもとで現金の受取りあるいは支払いが行われる。このような時間的間隔が存在する場合は，意思決定において現在価値を考慮に入れなければならない。将来の会社の成長の善し悪しを判断する投資決定に時間的価値が重要な要素となる。投資の意思決定プロセスにおいて，現在価値がどのように重要であるかを例示しておこう。

例：ABC社は，投資目的のために土地を購入しようとしている。契約価格は100億円で，3年後に140億円で売却可能であるとする。年利10％を条件とした場合，この契約を締結すべきであろうか。

ここで考えることは，現在の100億円と将来の140億円のどちらがより価値があるのかということである。年利10％を条件とすれば，3年後の140億円の現在価値は105.14億円（＝140億円×0.751）である。また，3年後の100億円の将来価値は133.1億円（＝100億円×1.331）である。将来時点の140億円の経済価値は現時点の100億円の経済価値より高くなっているので，ABC社はこの契約を締結したほうがよいということになる。

第2節　年金の現在価値

現在（0時点）からn時点まで一定額が支払われる年金（annuity）の現在価

値について検討しよう。補表1のように，1時点に10万円，2時点に10万円，3時点に10万円の支払いが行われるとする。年金の現在価値は，各期のキャッシュ（C_n）の現在価値を求め，それらを集計すればよい。年利が8％とした場合の計算結果は補表1のように25.77万円となる。

補表1 年金の現在価値

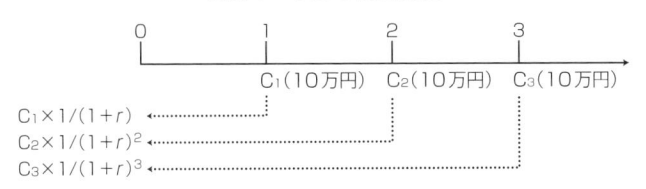

時点	金 額		割引係数 $(1/(1+r)^t)$		現在価値
1	10万円	×	0.926	=	9.26
2	10万円	×	0.857	=	8.57
3	10万円	×	0.794	=	7.94

合 計 25.77万円

　時点ごとに計算する方法もあるが，割引係数を合計（2.577 = 0.926 + 0.857 + 0.794）し，それに10万円（受取金額が同じであれば）を掛けても同じ計算結果となる。

　さて，年金の現在価値について，以下のような状況を想定してみよう。もし1時点から永久に一定のキャッシュ（C）を受け取ることができる**永久年金**（perpetuity）が存在するとすれば，その現在価値（PV）はどのようになるであろうか。割引率（r）を一定とすれば，永久年金の現在価値は次のような式で表される。

$$PV = \frac{C}{1+r} + \frac{C}{(1+r)^2} + \frac{C}{(1+r)^3} + \cdots\cdots$$

上記の式をもっとシンプルな式に表すことにしよう。$C/(1+r) = a, 1/(1+r) = x$と置くと，下のような式が得られる。

$$PV = a\,(1+x+x^2+\cdots\cdots) \tag{6}$$

両辺にxを掛けると，次式が引き出される。

$$PVx = a\,(x+x^2+\cdots\cdots) \tag{7}$$

(6)式から (7)式を引くと，$\mathrm{PV}(1-x)=a$となる。この式に上述に置き換えたaとxを代入すると，$\mathrm{PV}\left(1-\dfrac{1}{1+r}\right)=\dfrac{C}{1+r}$となる。両辺に (1+r) を掛けて移項すると，

$$\mathrm{PV}=\frac{C}{r}$$

(8)

と単純化される。これは無限等比級数の和の公式によって求められるが，非常に使い勝手のよい指標である。割引率と一定額のキャッシュ・フローを予測することで済む。

　さらに，キャッシュ・フローが一定の割合 (g) で永久に成長し続けると仮定すると，その場合の現在価値は次のようになる。

$$\mathrm{PV}=\frac{C}{1+r}+\frac{C(1+g)}{(1+r)^2}+\frac{C(1+g)^2}{(1+r)^3}+\cdots\cdots$$

(9)

　この式も簡略化できる。両辺に$\dfrac{1+g}{1+r}$を掛けると，

$$\frac{1+g}{1+r}\mathrm{PV}=\frac{C(1+g)}{(1+r)^2}+\frac{C(1+g)^2}{(1+r)^3}+\frac{C(1+g)^3}{(1+r)^4}+\cdots\cdots$$

(10)

となる。(9)式から (10)式を引くと，$\left(1-\dfrac{1+g}{1+r}\right)\mathrm{PV}=\dfrac{C}{1+r}$ が得られる。この式をPVの形で整理すると，

$$\mathrm{PV}=\frac{C}{r-g}$$

(11)

のようになる。

第3節　年金型投資商品の現在価値

　永久年金の支払いが$t+1$時点から開始するケースを考えることにする。補表2より，$t+1$時点から毎期Cの支払いが行われるとすれば，その支払流列の

t時点の現在価値はC/rとなる。その永久年金の現在価値がさらに0時点まで割引かれると，$(C/r) \times 1/(1+r)^t$となる[1]。

補表2　$t+1$時点からの永久年金の現在価値の割引

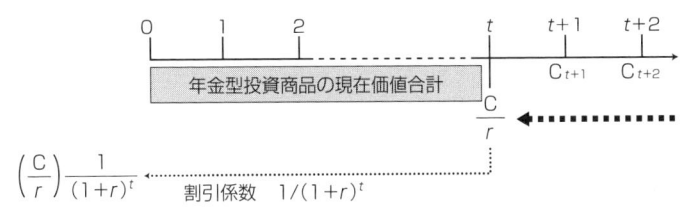

したがって，一定のキャッシュ・フロー（C）がある期間（1時点からt時点）まで得られる年金型投資商品（有期定額年金）の現在価値合計は次のように一般化される。

$$PV = \frac{C}{r} - \left(\frac{C}{r}\right) \times \frac{1}{(1+r)^t} = \frac{C}{r} - \frac{C}{r(1+r)^t} = C\left[\frac{1}{r} - \frac{1}{r(1+r)^t}\right]$$

上記の式は，1時点からの永久年金の現在価値$\left(\frac{C}{r}\right)$から$t+1$以降からの永久年金の現在価値を0時点まで割り引いたもの$\left(\left(\frac{C}{r}\right) \times \frac{1}{(1+r)^t}\right)$を差し引くことを意味する。補表1の設例の数値を代入すると次のようになる。

$$PV = 10万円 \times \left[\frac{1}{0.08} - \frac{1}{0.08(1+0.08)^3}\right]$$
$$= 10万円 \times 2.577 = 25.77万円$$

25.77万円は補表1の設例の結果と一致する。なお，$\left[\frac{1}{r} - \frac{1}{r(1+r)^t}\right]$は**年金現価係数**（annuity factor）と名付けられている。

《練習問題》

1.　現在200,000円が手元にある。銀行に年利3%で預金した場合，3年後にいくらになるか計算しなさい。

2.　次のようなキャッシュ・フロー流列の現在価値を計算しなさい。割引率は5%とする。

時　点	1	2	3	4	5
金　額	0	0	100	100	100
現価係数（割引係数）	0.952	0.907	0.864	0.823	0.784

3.　A社は新鋭設備の導入を計画している。以下の資料に基づき，当該投資によって生み出されるキャッシュ・フローの現在価値を計算せよ。

〈資料〉

初期投資額　　　　4,000万円

設備の有効期間　4年

割引率　　　　　　6%

毎期のキャッシュ・フローの予測 （単位：万円）

時　点	1	2	3	4
キャッシュ・フロー	1,100	1,700	1,600	2,000
現価係数 （割引係数）	0.943	0.890	0.840	0.792

4.　残存期間2年，クーポンレート4%，最終利回り（償還期日まで債券を保有した場合の利回り）5%の国債の現在価値を求めなさい。債券価額は100万円，利払いは年1回，現在時点は利払い日直後，支払不能確率はゼロとする。最終利回りを割引率として用いなさい。

5.　永久債（満期がなく永久に利息が支払われる債券）の最終利回り（割引率と同じ）を計算しなさい。ただし，額面価額は100円，クーポンレートは6%，永久債の時価（現在価値）は80円とする。

6.　8年間の各期末に預金から（利息計算後すぐに）10万円を引き出したい。年利が8%とすれば，初年度にいくら預金しておけばよいか計算しなさい。

7.　1時点から3時点のフリーキャッシュ・フローが次のようであったとする。(1)から(3)の問いに答えなさい。割引率は8%とし，計算過程において小数点以下第2位は四捨五入すること。

時　点	1	2	3
フリーキャッシュ・フロー	100	150	200
現価係数 （割引係数）	0.926	0.857	0.794

(1)　4時点以降のフリーキャッシュ・フローがゼロの場合の現在価値を求

めよ。

(2)　4時点以降も200のフリーキャッシュ・フローが得られるとした場合の現在価値を求めよ。

(3)　4時点以降に毎期2%成長で3時点のフリーキャッシュ・フローが増加するとした場合の現在価値を求めよ。

[注] ●────────────

1）第11章で述べたように，事業価値は予測可能な期間のフリーキャッシュ・フロー（FCF）の割引現在価値と継続価値の現在価値の合計である。継続価値は予測した期間以降に発生する FCF の現在価値合計である。継続価値の計算においては補表2の t 期に $t + 1$ 期以降の FCF を予測する必要がある。FCF が定率（g）で成長し続けると予測する場合，t 期の継続価値は $\dfrac{C(1+g)}{r-g}$ である。これを 0 期まで割り引いた $\dfrac{C(1+g)}{r-g} \times \dfrac{1}{(1+r)^t}$ が継続価値の現在価値となる。

練習問題の解答

第2章

1. ①330 ②460 ③230 ④205 ⑤355 ⑥790

2. ①700 ②420 ③280 ④265 ⑤250

3. bは投資活動によるキャッシュ・フローの区分に含まれる項目である。cとeは直接法による区分表示に出てくる支出項目である。

4.

〈トヨタ自動車の連結損益計算書〉

項　　目	2018年 3月期
売上高	
商品・製品売上高	27,420,276
金融収益	1,959,234
売上高合計	29,379,510
売上原価並びに販売費及び 一般管理費	
売上原価	22,600,474
金融費用	1,288,679
販売費及び一般管理費	3,090,495
売上原価並びに販売費及 　び一般管理費合計	26,979,648
営業利益	2,399,862

〈ソニーの連結損益計算書〉

項　　目	2018年 3月期
売上高及び営業収入	
純売上高	7,231,613
金融ビジネス収入	1,221,235
営業収入	91,134
	8,543,982
売上原価，販売費・一般管 理費及びその他の一般費用	
売上原価	5,188,259
販売費及び一般管理費	1,583,197
金融ビジネス費用	1,042,163
その他の営業損（純額）	4,072
	7,817,691
持分法による投資利益	8,569
営業利益	734,860

注：単位は百万円。

　　トヨタ自動車の金融収益には，主に自動車ローンなどのファイナンス事業やリース事業からのものが含まれる。ソニーの金融ビジネス収入には，ソニー生命保険，ソニー損害保険，ソニー銀行等の業績が含まれる。

5. 知名度が低く規模の小さい上場会社では新株予約権を用いた資金調達方法を活用

しやすい。また，株式の希薄化が一気に進むという問題を避けるメリットもある。医療機器輸入商社である日本ライフライン（7575）は2017年12月6日に第三者割当による行使価格修正条項付第2回及び第3回新株予約権の発行条件の決定を開示し，174億円を調達すると発表した。新株予約権の当初行使価額は，12月29日に株式分割に伴って4,360円から2,180円（下限行使価額1,526円）となっている。第2回新株予約権は2018年1月26日をもって行使がすべて完了している。

　会計上，新株予約権が発行された場合，その払込額は貸借対照表の現金預金（流動資産）が増加すると同時に，純資産の部の「新株予約権」が増加する。権利行使された場合，その権利行使に対して新株予約権と引き換えに自社の株式を交付しなければならない。自社の株式を交付する方法には新株の発行する方法とすでに保有している自己株式を移転する方法がある。日本ライフラインは後者の方法をとっている。この場合，行使された新株予約権の金額と権利行使に伴う払込金額の合計額を移転した自己株式の対価とする。その合計額と自己株式の帳簿価額との差額はその他資本剰余金，つまり自己株式処分差損益として処理する。

　日本ライフラインの2018年3月期において，新株予約権の行使により自己株式が8億6千2百万円減少し，資本剰余金が129億9千3百万円増加している。

6. 〈業績連動型の配当政策の実例〉

社　名	配当政策	出　所
日新製糖 （証券コード： 2117）	利益配分について，連結配当性向（DPR）60％，または連結株主資本配当率（DOE）3％のいずれか大きい額を基準に配当を実施。	「剰余金の配当に関するお知らせ」（2018年5月11日付）
エイベックス （7860）	業績の推移，キャッシュ・フロー，将来における資金需要等を総合的に勘案して配当額を決定。業績連動型の配当の水準を連結配当性向35％以上，1株当たりの年間配当金の最低水準を50円としている。	2018年3月期有価証券報告書
伊藤忠商事 （8001）	Brand-new Deal 2020における配当方針は，現行の「業績連動・累進型」（純利益が年2,000億円までの部分に対しては配当性向20％，年2,0000億円を超える部分に対しては配当性向30％を目処に実施）の配当フォーミュラを継続。当中期経営計画期間中は，毎期，史上最高となる配当額の更新を目指す。また，株価水準・キャッシュ・フローの状況等を踏まえ，自己株式取得	中期経営計画「Brand-new Deal 2020」の株主還元方針

	を機動的に実施。	
東日本旅客鉄道 （9020）	事業基盤の維持及び持続的な成長のために必要な株主資本の水準を保持するとともに，業績の動向を踏まえた安定的な配当の実施及び柔軟な自己株式の取得により，株主還元を着実に充実させる。株主還元について，**総還元性向**33%を目標とする。なお，取得した自己株式については消却することを基本とする。	2018年3月期有価証券報告書
	（参考） 総還元性向の算出方法 n年度の総還元性向（%） ＝ （n年度の年間配当金総額＋n＋1年度の自己株式取得額）÷n年度の親会社株主に帰属する当期純利益×100	

7. 株主還元策の一環として自社株買いの取り組みがあると考えられる。加えて，大株主の売り出しによる株価への影響を抑制するために買い取ることもあろう。資金調達手段として安く購入した自社株を売り出すこともできるが，自社株の有効な使い道がない場合は，消却することも1つの方法である。

　なお，紙面によると，発行済株式数に対する自社株の比率の第1位はジョイフル本田（3191）の32.7%，第2位がティーガイア（3738）の29.5%，第3位がガンホー・オンライン・エンターテイメント（3765）の25.3%であった。

第3章

1. A　②ローソン　　　B　①鹿島建設　　　C　④三井不動産
　　D　⑤東京電力ホールディングス　　　E　③三菱商事

A　コンビニエンス・ストアでは，流動資産における商品在庫と売上債権が少なく固定負債の割合が低いという特徴がある。通例，現金・預金の割合も高くなるが，ローソンでは前期より半減し，総資産の3.3%となっている。

B　大手建設会社では，工事代金回収に時間がかかるため売上債権が膨らみやすい。また，発注元への支払サイトが長いため支払債務も多く，流動負債が大きくなる。

C　不動産業（デベロッパー）では，開発途中，あるいは販売前の不動産は在庫扱いとなるが，販売までの時間が長期にわたる。不動産の販売・賃貸の事業では，開発や維持に関連する資金需要が生まれ，長期借入金で賄うことが必要となる。

D　鉄道会社などと同じように，電力会社の固定資産は総資産の90%程度を占め

る。固定配列法が利用されていることも特徴である。

E　総合商社は，商品の売買を頻繁に行う卸売業に属しており，他の業種よりも営業債権が多く，営業業債務も多い。商品を大量に仕入れて販売するサイクルが繰り返されていることが特徴である。

2.　(1)　①18.3　　②50　　③無形　　④有利子
　　　　⑤株主　　⑥37.5　　⑦非支配株主
　　(2)　自己資本は45＋5で50とする。
　　　　ア　215.4　　　イ　84.6　　　ウ　128.0　　　エ　71.1
　　　　オ　41.7　　　カ　1.32　　　キ　0.36

3.　流動資産の約95％が現金及び預金であり，流動資産の内容に問題はない。有利子負債もなく，ブライトパス・バイオの自己資本比率は95.3％で財務の安全性は高い。しかしながら，赤字が連続しており，利益剰余金はマイナスである。バイオベンチャーによくあるパターンであるが，新薬開発に多大なリスクを抱える製薬会社では有利子負債に頼るビジネスモデルを選択することは難しい。図表3-6に示されているように，医薬品業の自己資本比率は他業種より高いことがわかる。

4.　〈略〉

5.　新株発行による資金調達の場合，原則として株式を発行した時の払込金額の全額が資本金として処理されるが，払込金額の2分の1以下の金額の範囲内で資本金に組み入れないこともできる。梅の花では，第三者割当増資による399百万円の払込金額によって，199.5百万円ずつの資本金と資本準備金（資本剰余金）が増加している。増資は自己資本比率を高めるが，発行済株式数が増えるので，1株当たり利益が希薄化するというマイナスの影響がある。

　　自己株式を処分した場合，所有する自己株式の帳簿価額を減額し，処分対価と自己株式の帳簿価額との差額をその他資本剰余金で処理することになる。自己株式処分益が発生する場合は配当の原資が増加することになる。ただし，自己株式の処分は株式の受給関係の悪化を誘う可能性がある。

6.　当期純損失が計上された場合，過年度から繰り越された利益（繰越利益剰余金）と相殺し，これで補填する。繰越利益剰余金の残額が少なく，補填しきれない場合，別途積立金などの任意積立金を取崩して補填することができる。設定目的を限定さ

れた積立金（欠損填補積立金）の取崩しは原則として取締役会で決議できるが，目的以外の取崩し（配当平均積立金等）には株主総会決議が必要となる。設定目的を限定していない取崩し（別途積立金）は定款の定めにより取締役会決議により行うことができる（たとえば，近畿車輌（7122）の「別途積立金の取り崩しに関するお知らせ」（2017年3月24日付））。

任意積立金でも補填しきれない場合，繰越利益剰余金の科目名のままでマイナス表示しておく。2期連続で損失が生ずれば，**累積損失**が積み上がることになる。次期以降にも補填できる見込みがない場合には，その他資本剰余金が利用される。資本準備金は資本金またはその他資本剰余金への振替えに限定されるので，資本準備金からその他利益剰余金への振替えは認められていない。資本剰余金の利益剰余金への振替えは原則として認められていないが，利益剰余金がマイナス残高である場合にその他資本剰余金で充当させることができる。

利益準備金と資本金は累積損失解消の最終的な手段となろう。利益準備金は資本金またはその他利益剰余金への振替えが認められている（たとえば，ダイトウボウ（3202）「資本金，資本準備金および利益準備金の額の減少ならびに剰余金の処分に関するお知らせ」（2018年3月28日付））。ただし，減少する準備金の額は，その効力が生ずる日の準備金の額を超えてはならない。したがって，利益準備金がマイナスとなることはない。株主総会の決議が必要であるが，資本金の減額（減資）はマイナスにならない限り認められている。減額した資本金の金額はその他資本剰余金に振替えられ，それで累積損失が消去される。

7. **前受金ビジネス**（英会話スクール，資格試験スクール，警備会社など）においては，資金繰りに困ることが比較的小さくなるという利点がある。TACの前受金は，サービスの提供前に支払われる受講料などの代金の前受額である。受講期間にわたって，前受金が取り崩され，売上高に振り分けられるので，講座の人気・不人気が将来の企業収益に影響を及ぼす。

TACの流動比率と当座比率は，次ページの表の通りである。これらの安全性指標はサービス業としては相対的に高い訳ではないが，前受金をマイナスの売掛金ととらえるならば，当座資産はより減少し，同時に当座比率もさらに落ち込むこととなる（2018年3月期で28.1％）。販売前に前受金を受け取っている場合は，売上債権から前受金分を引くことが必要となろう。有利子負債とは異なり，前受金は返済の可能性がほぼないので，指標の解釈には注意しなければならない。

〈計算結果〉

	2017年3月期	2018年3月期
流動比率	106.4%	101.6%
当座比率	88.3%	83.8%

第4章

1. ① 1,050（＝ 1,500 × 70%）　② 450　③ 270　④ 180
　　⑤ 35　　⑥ 90　　⑦ 50　　⑧ 75

2. 5.5倍 ＝（195 + 15 + 10）/40

3. 〈略〉

4. たとえば，富士通（証券コード：6702）は2018年3月期にパソコンや携帯電話を本体の事業から切り離した。サービスやソフトウェアで成長を目指す構造改革の進展への期待を背景に，業績不安で株価を大きく下げたものの着実に下値を切り上げてきた（日本経済新聞朝刊, 2018年8月28日, p.15）。高い収益性が見込めるIT（情報技術）サービスに経営資源を集中させることが狙いとしてある。

5. 文具関連の上場会社7社を選定し，2016年度から2017年度の売上前期比と営業利益前期比の組み合わせを次ページにプロットした。全体としてみれば増収増益会社が多くなっている。国内市場は成熟化しているため，文具メーカーは海外展開に積極的である。

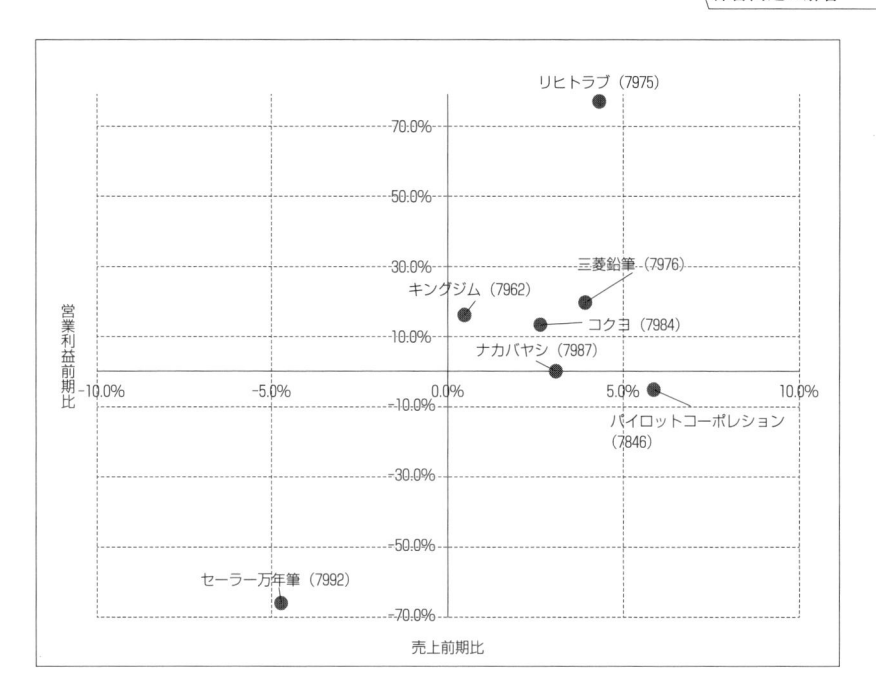

6. 下表の通り，ポイント引当金繰入額はクレジットサービス事業収益に対して6.4%から7.6%と毎期増え，損益状況に与える影響は大きくなっている。ポイント引当金は2015年3月期から22%増加し，2018年3月期に101,319百万円となっている。

（単位：百万円）

	2015年3月期	2016年3月期	2017年3月期	2018年3月期
a.ポイント引当金繰入額	12,701	13,409	14,717	16,642
b.クレジットサービス事業収益	197,891	202,952	210,336	218,952
a/b	6.4%	6.6%	7.0%	7.6%
ポイント引当金	82,925	88,576	94,033	101,319

　小売業を含め販売推進を意図した**ポイント制度**は広く普及している。ただし，新しい収益認識に関する会計基準では，現行の会計実務を変更することが求められそうであり，今後の対応には注意が必要である。

7. 売上は基本的に単価に数量を掛け合わせたものであるので，両者を分解すれば，

売上の増減が価格効果によるものなのか，数量効果によるものなのか，あるいは両者の相乗効果によるものなのかを分析することができる。

　想定していた売上3,750億円と修正後想定売上4,240億円の差額490億円の増収要因は，次の図と計算式のように，価格効果250億円，数量効果225億円，相乗効果15億円から説明できる。

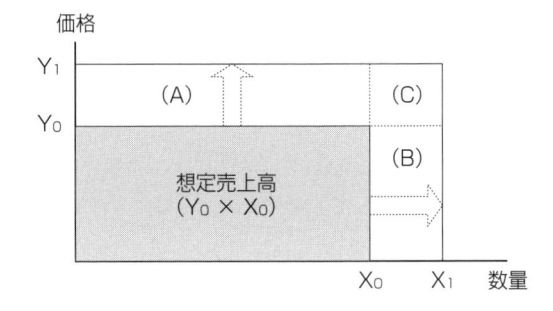

価格効果（A）：$(Y_1 - Y_0) \times X_0 = (80千円 - 75千円) \times 500万トン = 250億円$

数量効果（B）：$(X_1 - X_0) \times Y_0 = (530万トン - 500万トン) \times 75千円 = 225億円$

相乗効果（C）：$(X_1 - X_0) \times (Y_1 - Y_0)$
$$= (530万トン - 500万トン) \times (80千円 - 75千円) = 15億円$$

8.　サッポロホールディングス（2501）の2017年12月期では，不動産事業の売上は連結売上の4％しかないが，営業利益は国内酒類業と匹敵し，113億円を計上している。不動産業の売上営業利益率は46.7％と収益性が高い。

第5章

1.　$25\% = 0.08 \times 2回 \times 1/0.64$

2.　$7\% = \{8\% + (8\% - r) \times 1.5倍\} \times (1 - 0.5)$

$$r = 8\% - \frac{7\%/0.5 - 8\%}{1.5} = 4\%$$

3.　〈略〉

4.　両社はアニメのライセンス利用で収益を伸ばしている。東映アニメーションは日

本におけるライセンスビジネスの草分け的存在である。2018年3月期の版権事業の売上は239億円で，セグメント利益は114億円である。ROEは2015年3月期の6.1%から2018年3月期には14.3%まで上昇している。

同様に，「ガンダム」などのライツ（版権）をもつ創通は，アニメ作品の配信事業・配信サービスが世界的に拡大している。「ガンダム」シリーズ以外に大きなヒット作がなく，ROEは2016年8月期から2期連続減少しているが，2018年8月期になお9.1%となっている。ライセンスあるいはライツビジネス戦略の成功は，業績と関連性があるといえる。

5. 以下では，連結貸借対照表を組み替え，投下した資本（資産）に合う利益を組み合わせている。

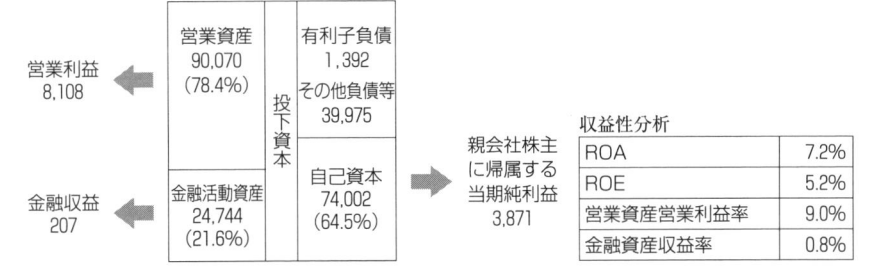

金融資産が総資本の20%以上を占めるがその収益性は低い。営業資産営業利益率は9.0%と比較的高いが，ROAとROEはそれぞれ7.2%と5.2%である。総じて，収益に貢献しない資本活用がROAとROEを引き下げているといえる。自己資本比率は65%に近く，総資産に占める利益剰余金の割合が45%を超えている。1株当たり配当額が前期の36円から67円に急増しているが，株主還元を積極的に行わせたことはC&Iホールディングスの狙い通りである。

なお，アジア系投資ファンドのMBKパートナーズによる完全子会社化を目的としたTOB（株式公開買い付け）が成立し，黒田電気は2018年に上場廃止となっている。

6. 〈計算結果〉

	A	B	C	D	E
売上	100	100	100	100	100
利払前費用	80	80	80	80	80
利払前利益(業務利益)	20	20	20	20	20
支払利息	0.0	1.0	2.0	3.0	3.6
利払後利益	20.0	19.0	18.0	17.0	16.4
a. ROE	20.0%	25.3%	36.0%	68.0%	164.0%
b. (税引前)ROA	20.0%	20.0%	20.0%	20.0%	20.0%
a − b	0	5.3%	16.0%	48.0%	144.0%
c. 税引前スプレッド	16.0%	16.0%	16.0%	16.0%	16.0%
d. 財務レバレッジ (倍)	0.00	0.33	1.00	3.00	9.00
c × d	0.0%	5.3%	16.0%	48.0%	144.0%

ROE＝利払後利益÷自己資本，（税引前）ROA＝利払前利益÷総資産
税引前スプレッド＝ROA－負債利子率（4%），財務レバレッジ＝負
債÷自己資本

税の影響がないとした場合，$\text{ROE} - \text{ROA} = (\text{ROA} - r) \times \dfrac{\text{LEV}}{\text{EQ}}$ という関係が成

立する。負債がない場合，ROEとROAの差はなく等しい。負債がある場合，スプ
レッドがプラスである限り，財務レバレッジが効いてROEはROAを上回っていく。

7. 2018年11月19日時点のROEランキングは，次の通りであった。上位5位の負債
資本倍率を計算してみた。ROEの高い会社のなかには，財務レバレッジの影響度
が高いケースが存在する。

〈計算結果〉

ランキング	証券コード	社　名	ROE	負債資本倍率	決算期
1	4396	システムサポート	96.83%	9.64倍	2017年6月期
2	6336	石井表記	63.50%	4.72倍	2018年1月期
3	4845	スカラ	60.37%	1.17倍	2017年6月期
4	3092	ZOZO	57.40%	0.73倍	2018年3月期
5	6531	リファインバース	57.17%	2.36倍	2017年6月期

注：ランキング（2018年11月19日）は，日本経済新聞社のウェブサイト（マー
ケットのランキング）から入手。その他金融業1社は順位から除いている。ス
カラはIFRS適用。

第6章

1. 仕入債務回転期間の延びは，買掛金や支払手形の決済条件が有利となったことにより生ずる。売上債権や棚卸資産の回転期間が延びる場合とは逆に，仕入債務回転期間が伸びると運転資本に余裕が生ずる。資金繰り的にはプラスの要素である。とはいえ，支払条件の緩和と引替えに仕入単価を高くせざるを得ないような状況であれば，損益に影響が出てくる。

2. 答え ②と⑤

3. 前期の運転資本：$3,000/12 \times (3.8 + 1.1) - 2,400/12 \times 3.2 = 585$
当期の運転資本：$3,600/12 \times (4.2 + 1.4) - 2,700/12 \times 3.6 = 870$
増加運転資本：$870 - 585 = 285$ 百万円

4. A：パナソニック（電気機器業） B：三菱地所（不動産業）
C：ライフコーポレーション（小売業） D：クックパッド（サービス業）

5. 資生堂（証券コード：4911）は，「2018-20年度 経営戦略・計画」（2018年3月5日付）で，適正在庫管理によるCCCの改善を目指すことを報告している。棚卸資産回転日数を2017年の195日から2020年に180日以下に，CCCを114日から100日以下にすることが具体的な目標値となっている。キャッシュ化速度を早めることによって資本効率の向上が期待される。

第7章

1. Ⅰ．営業活動によるキャッシュ・フロー

税金等調整前当期純利益	200
減価償却費	55
支払利息	20
売上債権の増加額	△18
棚卸資産の減少額	10
仕入債務の増加額	14
小　　計	281
利息の支払額	△20
法人税等の支払額	△90
営業活動によるキャッシュ・フロー	171

2. 〈略〉

3. 次の計算結果の通り，売上当期純利益率は2012年3月期から3期間ともプラスであるが，売上営業CF比率でみると，その数値はマイナスである。直近決算まで黒字にもかかわらず倒産に追い込まれた例といえる。

　流動比率は2013年3月期には200％を超え，財務の安全性が確保されているようにみえる。ところが，売掛金の回収が進んでおらず，売上債権回転日数は2014年3月期に113.9日と長くなっている。2015年3月期には債務超過に陥っているが，配当金の支払いが続いていることには驚きである。なお，2014年には株価が2,000円を超えることもあったが，2015年5月1日の終値は412円で翌営業日には53円まで下落している。

〈計算結果〉

	2012年3月期	2013年3月期	2014年3月期	2015年3月期
売上当期純利益率	1.4%	1.3%	1.5%	△ 23.9%
自己資本当期純利益率	16.5%	14.1%	14.8%	－
売上営業CF比率	△ 5.9%	△ 1.8%	△ 2.4%	△ 9.6%
流動比率	172.3%	204.7%	147.5%	65.3%
自己資本比率	17.8%	19.0%	22.1%	－
DEレシオ（倍）	2.99	2.68	2.30	△ 2.1%
売上債権回転日数	105.5	109.2	113.9	44.3
棚卸資産回転日数	19.7	17.7	9.9	10.2
仕入債務回転日数	44.3	46.0	41.6	21.9
CCC（日）	80.93	80.96	82.14	32.67

注：△はマイナスを示す。

4. たとえば，以下の資料の通り，カーナビやカーオーディオなど車載機器の販売で苦戦するパイオニア（証券コード：6773）は2期連続で赤字である。現金預金の支出を伴わない減価償却費205億円や減損損失5億円などがあるが，2018年3月期の営業CFは前年度より36億円減となっている。事業戦略上重要な分野における継続的な設備投資は続いているが，短期の借入金が増加している。スマートフォンの普及などで先行きに不安が残るなか，2018年12月7日アジア系投資ファンドの傘下に入ることを公表している。

〈資料〉　　　　　　　　　　　　　　　　　　　　　　（単位：百万円）

	2017年3月期	2018年3月期
売上	386,682	365,417
税金等調整前当期純損失	△2,313	△4,661
営業CF	19,614	15,943
投資CF	△34,009	△33,158
財務CF	1,446	14,264

注：連結データはパイオニアの有価証券報告書から入手。△はマイナス
　　を示す。

5. FCFを増加させるには，利益を増加させるか，あるいは増加運転資本と設備投資を減少させる必要がある。逆に，採算性の悪化，債権の滞留，過剰在庫，過剰設備投資などはFCFを悪化させる要因となる。

6. FCF = NOPAT 390 + DP 750 − (CAPEX 800 + Δ WP 100) = 240

7. 資本構成に関係のないFCFを求めるために，支払利息の節税額（τ I）は営業CFに含めない。税引後利益からスタートすると，NI = EBIT − I − Tで，T =（EBIT − I）τ である（EBITは金利・税引前営業利益，Tは税額）ので，

$$\text{NI} = \text{EBIT} − \text{I} − (\text{EBIT} − \text{I})\tau$$
$$= \text{EBIT}(1 − \tau) − \text{I}(1 − \tau) \tag{a}$$

となる。

　(7.9)式のFCFの求め方は，以下の通りである。

$$\text{FCF} = \text{EBIT}(1 − \tau) + \text{DP} + \text{AM} − (\text{CAPEX} + \Delta \text{WC}) \tag{b}$$

　上記の（1）式はEBIT$(1 − \tau)$ = NI + I$(1 − \tau)$と書き換えられる。これを(b)式に代入すると，以下のようになる。

$$\text{FCF} = \text{NI} + \text{I}(1 − \tau) + \text{DP} + \text{AM} − \text{CAPEX} − \Delta \text{WC} \tag{c}$$

　強い前提条件のもとでは，CF/Sに基づく(c)式のFCFと(b)式は一致する。

第8章

1. 1）　4,764.7百万円

　　2）　損益分岐点比率 79.4％，安全余裕率 20.6％

　　3）　営業利益 425，損益分岐点比率 87.0％

〈次期計画〉

売上	6,120
変動費	2,860
固定費	2,835
営業利益	425

2. 下表の通り，固定費の割合が高い会社(B社)ほど，営業レバレッジ係数は大きくなり，営業利益の変動リスクが大きくなる。売上が10％上昇(下落)した場合，B社の営業利益はA社よりも高く(低く)なる。

また，固定費が大きい会社ほど損益分岐点売上は高くなり，結果として，損益分岐点比率が高くなる。逆の言い方をすると，損益分岐点比率が高く，安全余裕率が低いほど，営業レバレッジ係数は高くなっている。

〈計算結果〉

A社		10％増	10％減
売上	100	110	90
変動費(70％)	70	77	63
固定費	20	20	20
営業利益	10	13	7
営業レバレッジ係数	3.0	2.5	3.9
損益分岐点比率	66.7％	60.6％	74.1％
B社		10％増	10％減
売上	100	110	90
変動費(20％)	20	22	18
固定費	70	70	70
営業利益	10	18	2
営業レバレッジ係数	8.0	4.9	36.0
損益分岐点比率	87.5％	79.5％	97.2％

3. 営業レバレッジ係数 $= \dfrac{限界利益}{営業利益} = \dfrac{売上高 - 変動費}{売上高 - (変動費 + 固定費)}$

$(5,000 - 3,500) \div 300 = 5.0$ 倍

4. 〈変動費と固定費の分類〉 （金額単位：千円）

科 目 等			金 額	変動費	固定費
売上原価	仕入原価	製品期首棚卸高＋当期製品仕入高－他勘定振替高－製品期末棚卸高	971,141	971,141	
	当期製品製造原価		14,111,943		
		原材料費	9,379,136	9,379,136	
		労務費	1,946,273		1,946,273
		経費	2,778,239		
		（内減価償却費,水道光熱費）	708,706		708,706
		（内外注加工費,運賃及び荷造費）	1,581,007	1,581,007	
		その他	488,526	244,263	244,263
		期首仕掛品棚卸高	305,411	305,411	
		他勘定振替高	17,513	8,757	8,757
		期末仕掛品棚卸高	279,603	139,802	139,802
	売上原価合計		15,083,084	12,332,400	2,750,684
販売費及び一般管理費	運賃及び荷造費		1,568,397	1,568,397	
	広告宣伝費		770,619		770,619
	賃借料		424,547		424,547
	貸倒引当金繰入額		600	600	
	役員報酬		149,565		149,565
	給与手当及び賞与		5,052,017		5,052,017
	賞与引当金繰入額		156,716		156,716
	退職給付費用		242,268		242,268
	福利厚生費		737,818		737,818
	旅費交通費及び通信費		151,572		151,572
	消耗品費		943,880	943,880	
	租税公課		174,951		174,951
	減価償却費		223,636		223,636
	水道光熱費		143,779		143,779
	研究開発費		399,093		399,093
	その他の経費		972,181	486,090.5	486,090.5
	販売費及び一般管理費合計		12,111,639	2,998,968	9,112,672
総費用合計			27,194,723	15,331,368	11,863,356

　経費の「その他」,「他勘定振替高」,および「期末仕掛品棚卸高」ならびに販売費及び一般管理費の「その他の経費」は変動費と固定費に等配分している。その結果,変動費率は51.8％（＝15,331,368/29,600,498）で,損益分岐点売上は24,612,771（＝

11,863,356/$(1 - 51.8\%))$ 千円となる。

5. 変動費率費(b)は，年単位の結果より1に近づいている。

$$b = \frac{65,603.6 - 1/12 \times 874.4 \times 842.0}{69,272.3 - 1/12 \times 874.4^2}$$

$$= \frac{4,249.87}{5,557.69}$$

$$= 0.765$$

固定費(a)は，

$$a = \frac{842.0 - 0.765 \times 874.4}{12}$$

$$= 14.45億円$$

でプラスとなっているが，年単位の結果よりは小さい。

第9章

1. 〈計算結果〉

(単位：百万円)

	×15年度実	×16年度予	×17年度予	×18年度予	×19年度予	×20年度予
売上高	88,000	89,584	91,197	92,839	94,510	96,211
純利益	5,000	5,196	5,289	5,385	5,482	5,580

注：実は実績値，予は予想値を示す。計算において小数点以下第1位を四捨五入。

2. 〈略〉

3. 下表の通り，毎期のROEは10%，内部留保率は70%であるので，サステイナブル成長率は7%（10%×70%）である。毎期の自己資本は内部留保だけ増加するが，純利益，配当金，内部留保とともにすべて7%で成長している。外部資金調達を行わない場合，再投資がもたらす純利益の増加が企業成長の源泉となっている。

〈計算結果〉

年度	0	1	2	3
自己資本	10,000	10,700	11,449	12,250
純利益		1,000	1,070	1,145
ROE		10%	10%	10%
配当金		300	321	344
配当性向		30%	30%	30%
内部留保		700	749	801
内部留保率		70%	70%	70%

4. サステイナブル成長率　3.36%

5. 販売実績（売上）＝期首の受注残高＋期中の受注高−期末の受注残高である。前年度変化の形にすると，Δ売上＝Δ期首の受注残高＋Δ期中の受注高−Δ期末の受注残高である。したがって，期中の受注高が増加すれば，売上成長率が伸びる可能性は高まる。逆に，下表のように2017年3月期の受注高伸び率がマイナスであると，売上成長率も悪化する。売上成長率を予測する場合，期中の受注高と前期末の受注残高がどのように伸びていくかを判断することも重要である。ただし，受注情報だけでなく，会計期間中に生産した実績も見ておくとよい。

〈計算結果〉

	2015年3月期	2016年3月期	2017年3月期	2018年3月期
受注高伸び率	19.2%	2.1%	△5.2%	29.3%
受注残高伸び率	20.8%	△0.9%	△1.1%	33.4%
売上成長率	20.7%	8.3%	△5.1%	18.2%
生産成長率	39.4%	1.3%	△1.3%	17.3%

6. 〈略〉

第10章

1. 答え　ウ

	比率	20×1年（実績）	20×2年（予算）	結果
ア	付加価値率	20.0%	16.7%	低下
イ	労働生産性	6.3百万円	6.6百万円	上昇
ウ	労働装備率	7.5百万円	9.5百万円	上昇
エ	労働分配率	60%	64%	上昇

2. サイゼリヤの結果も表示しておく。

(1) ロイヤルホストホールディングス

	2016年12月期	2017年12月期
労働生産性（百万円）	24.28	24.30
付加価値率	48.2%	48.4%
従業員1人当たり売上（百万円）	50.32	50.18
労働装備率（百万円）	18.53	18.37

(2) サイゼリヤ

	2016年8月期	2017年8月期
労働生産性（百万円）	17.22	18.58
付加価値率	51.6%	53.6%
従業員1人当たり売上（百万円）	33.39	34.68
労働装備率（百万円）	8.99	8.94

3. △60百万円

加重平均資本コスト

$$= 4,000/8,000 \times 6\% + 4,000/8,000 \times 5\% \times (1 - 40\%) = 4.5\%$$

4. $r_E = r_f + \beta \left[(E(r_m) - r_f) \right]$

$$= 4\% + 1.8(10\% - 4\%) = 14.8\%$$

5. 自己資本コスト：$2\% + 1.2(7\% - 2\%) = 8\%$

WACC：$6,000/10,000 \times 8\% + 4,000/10,000 \times 3\% \times (1 - 40\%) = 5.52\%$

第11章

1. P/B = PER × ROE = 9倍 × 15.0% = 1.35倍

2. 倍率指標の計算結果は次の通りである。

	チムニー	ワタミ	コロワイド	平均値	
PER（倍）（a/b）	32.45	271.82	108.75	A	137.67
PBR（倍）（a/c）	3.26	3.36	7.98	B	4.87
EV/EBITDA（倍）(h/d)	10.25	13.77	19.87	C	14.63

注：英小文字は練習問題で示しているもの。小数点以下第3位を四捨五入。

　類似会社比較法の結果は次の通りである。理論株価は30,522円から214,501円の範囲（3倍率指標の平均値は96,704円）にあり，同業他社と比べて理論上の価値が高いと考えられる。しかし，モンテローザは未上場であるためにデータ入手が困難であることや発行済株式数が少ないこと等の問題が残る。

	PER	PBR	EV/EBITDA
① 評価対象会社のデータ	ア 1,558.04	イ 6,267.45	ウ 9,566.00
② PERによる理論株価（円）（ア×A）	214,495	−	−
③ PBRによる理論株価（円）（イ×B）	−	30,522	−
④ EV（百万円）（ウ×C）	−	−	139,951
⑤ EVによる理論株価（円）（（④-オ）/エ）	−	−	45,096

注：アからオは問題の表で示しているのもの。AからCは上記の表による。

3.　数値は小数点以下第1位を四捨五入，％表示のものは小数点以下第3位を四捨五入している。

　　①　割高

　　　　株式価値：192億円÷8.50％＝2,259億円

　　　　1株当たり株式価値 2,259億円÷7.7億株＝293円

　　　　期末株価 360円＞293円

　　②　2,259億円

　　　　WACC：8.50％ × 2,259億円 ÷（2,259億円 + 2,050億円）+ 3.90％ ×（1 −

　　　　　　　40％）× 2,050億円 ÷（2,259億円 + 2,050億円）＝5.57％

　　　　企業価値：240億円÷5.57％＝4,309億円

　　　　株式価値：4,309億円 − 2,050億円＝2,259億円

　　③　差額32億円は，80億円（支払利息）×0.4（税率）である。

　　　WACCは節税効果を考慮した税引後負債利子率で計算されるので，FCFには負債がないとした場合のNOPATを用いる。

4.

ステップ1： 将来の期待FCFの予測	2013年 3月期	2014年 3月期	2015年 3月期	2016年 3月期	2017年 3月期	2018年 3月期
① 期待金融収支・ 　税控除前営業CF 　（＝a−b−c−d）		155,059	149,635	145,303	152,203	155,205
② 期待法人税等の 　支払額（d）		△34,440	△44,409	△35,334	△35,623	△33,104
③ 期待正味設備投資 　（e＋f＋g）		△18,575	△27,966	△33,820	△50,306	△57,787
④ 期待FCF 　（＝①＋②＋③）		102,044	77,260	76,149	66,274	64,314
ステップ2： 加重平均資本コストの決定	5%					
ステップ3： 期待FCFの現在価値						
⑤ 期待FCF（④）		102,044	77,260	76,149	66,274	64,314
⑥ 割引係数： 　$1/(1+0.05)^t$		0.952	0.907	0.864	0.823	0.784
⑦ ⑤×⑥		97,146	70,075	65,793	54,544	50,422
⑧ 現在価値の合計	337,980					
⑨ 継続価値の現在価値	1,008,444					1,286,280
⑩ 金融資産（j）	39,290					
⑪ 純有利子負債（h-i）	14,710					
⑫ 株式価値 　（⑧＋⑨＋⑩−⑪）	1,371,004					
⑬ 期中平均発行済 　株式数（百万株）（k）	91					
⑭ 1株当たり 　株式価値（円）（⑫／⑬）	15,066					

注：英小文字は練習問題で示しているもの。非支配株主持分は存在しない。△はマイナスを示す。
　　継続価値の現在価値＝（64,314／0.05）×0.784。計算過程において，数値の少数点第1位
　　を四捨五入。割引係数については，小数点以下第4位を四捨五入。

5.

	2015年3月期	2016年3月期	2017年3月期	2018年3月期
NOPAT（a×(1−b)）		3,951	2,930	3,399
NFO（FO−FA）	△24,119	△20,614	△22,739	△24,656
SE	78,665	75,862	76,485	78,313
NOA（NFO＋SE）	54,546	55,248	53,746	53,657
ΔNOA		702	△1,502	△89
期待FCF（NOPAT−ΔNOA）		3,249	4,432	3,488
加重平均資本コスト	5.0%			
割引係数：1/(1+0.05)^t		0.952	0.907	0.864
割引FCF		3,093	4,020	3,014
① 現在価値の合計	10,127			
② 継続価値の現在価値	102,463			118,592
③ 事業価値（①＋②）	112,590			
④ NFO	△24,119			
⑤ 非支配持分	26			
⑥ 株式価値（③−④−⑤）	136,683			
⑦ 期中平均発行済株式数（百万株）	141.04			
1株当たり株式価値（円）（⑥/⑦）	969			

注：英記号は練習問題で示しているもの。△はマイナスを示す。継続価値の現在価値＝{(3,488 ×1.02)/(0.05−0.02)}×0.864。計算過程において，数値は小数点以下第1位を四捨五入。割引係数については，小数点以下第4位四捨五入。

第12章

1. 毎期の償却費が変化したとしても，純利益合計に変化がなく，株式価値は図表 12-1 と同じである。

(単位：千円)

		予測期間					
	t＝0	第1期	第2期	第3期	第4期	第5期	
ステップ1：期待純利益と自己資本簿価の変動							
Ⅰ 償却前利益		3,550	3,700	5,000	5,400	5,350	
償却費		1,600	1,600	2,000	2,000	2,000	
売却損						△ 2,300	純利益合計
純利益		1,950	2,100	3,000	3,400	1,050	11,500
Ⅱ 期首自己資本簿価		16,000	13,950	16,050	14,050	12,450	
純利益		1,950	2,100	3,000	3,400	1,050	
配当金		△ 4,000	0	△ 5,000	△ 5,000	△ 13,500	
期末株主資本簿価		13,950	16,050	14,050	12,450	0	
ステップ2：期待残余利益の予測							
将来の期待純利益		1,950	2,100	3,000	3,400	1,050	
正常（要求）利益の計算							
期首株主資本簿価		16,000	13,950	16,050	14,050	12,450	
資本コスト		10%	10%	10%	10%	10%	
正常（要求）利益		1,600	1,395	1,605	1,405	1,245	
期待残余利益		350	705	1,395	1,995	△ 195	
ステップ3：期待残余利益の現在価値							
期待残余利益		350	705	1,395	1,995	△195	
割引係数：$1/(1+0.10)^t$		0.909	0.826	0.751	0.683	0.621	
期待残余利益の 現在価値		318	582	1,048	1,363	△ 121	
現在価値合計	3,190						
期首自己資本簿価	16,000						
ビジネスの価値	19,190						
1株当たり株式価値 (10,000株)	¥1,919						

注：計算過程において，割引係数は小数点以下第4位を，期待残余利益の現在価値は小数点以下第1位を四捨五入。数値の丸めは行っていない。減価償却費は定額法（残存価額ゼロ，償却年数10年）による。△はマイナスを示す。

2. 10,744千円

〈計算過程〉

(単位：千円)

	1期	2期	3期	4期	5期
純利益と自己資本簿価					
期首自己資本簿価	10,000	10,000	10,000	10,000	10,000
各期の純利益	1,000	2,000	1,600	1,200	1,200
配当金	(1,000)	(2,000)	(1,600)	(1,200)	(1,200)
期末自己資本簿価	10,000	10,000	10,000	10,000	10,000
第1ステップ：期待超過利益の予測					
将来の期待純利益	1,000	2,000	1,600	1,200	1,200
要求（正常）利益の計算					
期首自己資本簿価	10,000	10,000	10,000	10,000	10,000
株主資本コスト	12%	12%	12%	12%	12%
要求（正常）利益	1,200	1,200	1,200	1,200	1,200
将来の期待超過利益	△200	800	400	0	0
第2ステップ：期待超過利益の現在価値					
将来の期待純利益	△200	800	400	0	0
$1/(1+.10)^t$の割引係数	0.893	0.797	0.712	0.636	0.567
期待超過利益の現在価値	△179	638	285	0	0
現在価値の合計	744				
期首自己資本簿価	10,000				
株式価値	10,744				

注：計算過程において，割引係数は小数点以下第4位を四捨五入している。それ以外は小数点以下第1位を四捨五入。△はマイナスを示す。

3. F社の理論株価 = 30/6% = 500円

G社の理論株価 = 30/(6% − 3%) = 1,000円

4. 次ページの左図は，F社の資本コスト6%の場合が1（500円）となるように資本コストと理論株価の関係を指数化している。資本コストが3%に半減すれば，理論株価は1,000円となり，割引率が12%に上昇すれば，理論株価は半分の250円となる。このことは，リスクが低く（高く）なるほど，理論株価は上昇（低下）することを示唆する。

次ページの右図はG社の資本コスト6%，成長率3%の場合が1（1,000円）となるように成長率と理論株価の関係を指数化している。資本コストを一定として，成長率が1%に下がると，理論株価は0.6倍となる。4%の定率成長が見込まれる場合，理論株価は1.5倍となり，5%まで見込むと，理論株価は3倍に上昇する。資本コストを一定とした場合，成長率が高くなるほど理論株価は高まる。

F社の資本コストと理論株価の指数化 / G社の資本コストと理論株価の指数化

5.

（単位：百万円）

	2018年 3月期実績	2019年 3月期予想	2020年 3月期予想	2021年 3月期予想
超過利益		320,069	314,497	289,608
割引係数：$1/(1+0.08)^t$		0.926	0.857	0.794
超過利益の現在価値		296,384	269,524	229,949
現在価値合計	795,857			
継続価値				4,923,336
継続価値の現在価値	3,909,129			
自己資本簿価	3,765,520			
合 計	8,470,506			
発行済株式数（百万株）	2,604			
1株当たり株式価値	3,253			

注：計算過程において，割引係数は小数点以下第4位を，それ以外は小数点以下
第1位を四捨五入している。
継続価値の現在価値 = {289,608 × (1 + 0.02)/(0.08 − 0.02)} × 0.794。

6. 図表12-2で利用した小売業55社（ROEが ± 25% 超える2社を除く）について，
ROEとPBRをプロットしてみた。回帰分析の結果は次のようになった（回帰式の
下のカッコ内の数値は t 値）。

$$PBR_i = 0.94 + 4.68 \times ROE_i$$
$$(9.9) \quad (4.3)$$

自由度調整済決定係数：0.25

傾きは4.68でプラスに有意であった。ROEが10%の場合，PBRは1.4倍となる。
PBRとROEのプラスの関係については，第11章図表11-1も参照されたい。

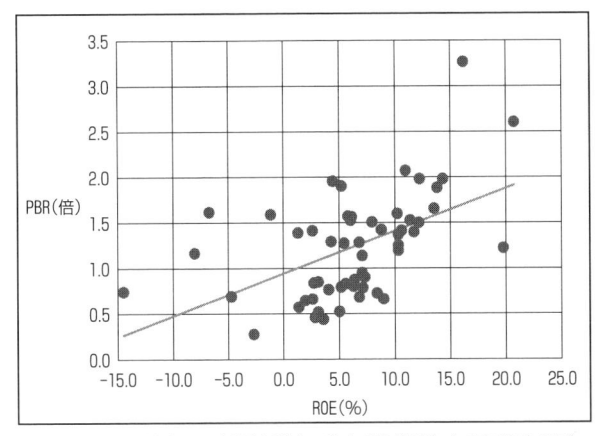

注：株価，1株当たり当期純利益，および1株当たり自己資本のデータはNikkei NEEDS-Financial QUESTから入手。

7. A社　420円　　B社　280円

	A社		B社	
予想EPS		100円		100円
予想EPSの分解				
持続的利益	80%	80円	50%	50円
一時的利益	20%	20円	30%	30円
価値無関連利益	0%	0円	20%	20円
各利益要素の利益倍率（資本コスト20%）				
持続的利益（$\beta_P = 5 = 1/0.2$）	5×80円	400円	5×50円	250円
一時的利益（$\beta_T = 1$）	1×20円	20円	1×30円	30円
価値無関連利益（$\beta_{VI} = 0$）	0×0円	0円	0×20円	0円
理論株価		420円		280円

第13章

1. 答え　（1）

2. 答え　（5）

3. 〈略〉

4. シンジケートローン契約，コミットライン契約，借入契約，ならびに社債契約に

おいて，資金の貸し手は発行企業（借り手）がしてはいけない事項，あるいは積極的に行わなければならない事項を列挙し，その遵守を条件に資金を貸し出すことがある。このような負債契約に含まれる取り決めは**財務制限条項**（debt covenants）とか**財務上の特約**と呼ばれている。具体的には，配当の制限，追加借入の制限，投資の制限，担保提供の制限，経常利益の維持，運転資本の維持，純資産の維持などの条項が明記される。

　日米の実証会計研究では，負債比率が大きくなるほど，財務制限条項への抵触度が高まり（須田，2000），借り手が期限の利益を喪失する可能性が高くなると判定される。**期限の利益の喪失**とは，返済期限まで借りている資金を返済しなくてもよいという権利を失うことである。財務制限条項がタイトな会社では，利益マネジメントによって財務制限条項の抵触を避けているケースもあろう。ところが，財務制限条項に抵触する会社は実在する。その例を次ページの図表にまとめてみた。

◎ 財務制限条項抵触の事例

会 社 名	財務制限条項の内容	対象項目	業績		契約と対応
			2017年3月期	2018年3月期	
サノヤスホールディングス（証券コード：7022）	純資産の維持	連結純資産	17,349	13,446	複数の金融機関との間で全額出資子会社を借入人，サノヤスホールディングスを保証人とするシンジケートローン契約。取引金融機関との継続的な取引関係を構築，期限の利益喪失の権利を行使しない合意を形成。
		（連結親会社株主に帰属する当期純利益）	△2,446	△4,260	
幸楽苑ホールディングス（7554）	純資産の維持	連結純資産	7,185	3,806	取引金融機関との間で締結しているシンジケートローン及びコミットライン契約。2018年度第1四半期連結会計期間より2四半期連続で営業利益及び純利益を計上。通期においても利益の拡大が見込まれる。2018年9月28日付で変更契約を締結し，財務制限条項に抵触していた状態は解消。
		（連結親会社株主に帰属する当期純利益）	154	△3,225	
田淵電機（6624）	連結純資産の維持 単体純資産の維持 連結利益の維持 単体利益の維持	連結純資産	9,905	1,277	金融機関と締結している借入契約。今後の事業再生に向けた強固な収益体質の確立と，財務体質の抜本的な改善を図るため，産業競争力強化法に基づく特定認証紛争解決手続（事業再生ADR手続）の下で事業再生に取り組む。
		単体純資産	4,822	△822	
		連結経常利益	△3,415	△4,432	
		単体経常利益	△4,068	△1,986	

注：各社の2018年3月期決算短信ならびに2018年4月以降の適時開示情報から作成。

　財務制限条項には純資産の維持のような貸借対照表データを基準とするものと，黒字維持のような損益計算書データを基準とするものがある。田淵電機では単体（個別）財務諸表のデータも利用されている。サノヤスホールディングス（以下，サノヤス）と幸楽苑ホールディングス（以下，幸楽苑）は純資産の維持基準に抵触しているが，金融機関との取引関係は維持されている。どちらも純資産の基準値は不明であるが，2018年3月期の純損失によって純資産の縮小が基準値を下回ったと考えられる。

田淵電機では，事業再生ADR手続きのもとで事業再生に取り組むことが報告されているが，4つの財務制限条項の基準があり，どの基準にも抵触している。田淵電機では基準値が明確であり，次の4つが設定されている。

①　2017年3月期決算期末日における連結貸借対照表上の純資産の部の金額の65%以上維持

②　2017年3月期決算期末日における単体貸借対照表上の純資産の部の金額の60%以上維持

③　2017年9月第2四半期以降，連続する2四半期における連結損益計算書に示される経常損益が2四半期ともに損失にならないようにすること

④　2017年9月第2四半期以降，連続する2四半期における単体損益計算書に示される経常損益が2四半期ともに損失にならないようにすること

　実証会計研究では，保守的な会計処理の選択によって財務制限条項の抵触確率が上がることが示されている（首藤・伊藤・二重作・本馬, 2018）。本事例がそれに当てはまるかどうかについてはさらに調査が必要であるが，情報の非対称性の大きい会社の経営者があえて保守的な会計処理方法を選択するインセンティブをもつ視点は興味深い。

5.　退職給付会計の導入（2000年3月期）において，旧基準から新基準への移行にともなって会計基準変更時差異が発生したが，会計基準設定者はその処理方法として最長15年とする按分費用処理を認めた。償却年数の決定は経営者に委ねられたので，経営者は自社の経営状況を把握しながら償却年数を選択することができた。

　また，会計基準の新設において，基準の公表から実施までに猶予期間が設けられる場合がある。たとえば，減損会計では強制適用期（2006年3月期）まで猶予期間を設定し，任意に適用可能な期間が設けられた。どのタイミングで早期に新会計基準を採択するかで期間利益が変わるとすれば，経営者は自らの都合に合う適用時期を選択するインセンティブをもつであろう。

　最後に，ストック・オプション等に関する会計基準（企業会計基準第8号）が2005年に公布され，インセンティブ目的でかつ無償で発行されたストック・オプションの場合に費用計上が義務づけられた。だが，費用計上の問題を解消する方法として出現したのが，一定の条件が満たされた場合に権利行使が可能となる，つまり，その条件が満たされない場合は権利行使が不可能となるように設計される有償型のストック・オプションである。これが「権利確定条件付き有償新株予約権」であり，いわゆる**有償ストック・オプション**と呼ばれているものである。

　有償ストック・オプションは，通常型のストック・オプションと異なり，新株予

約権を引き受ける者に対してストック・オプションを公正価格にて有償で発行するものであり，特に有利な条件ではないことから，株主総会の承認を得ることなく実施することができる。新株予約権の行使・消滅要件として業績を基礎とした条件が付されている。これまで，ストック・オプション会計基準が適用されるかどうかは必ずしも明確ではなく，有償ストック・オプションに関する経営者の会計的裁量の余地は大きかった。

だが，企業会計基準委員会（ASBJ）は，2018年1月12日に実務対応報告第36号「従業員等に対して権利確定条件付き有償新株予約権を付与する取引に関する取扱い」を公表した。これによると，有償ストック・オプションは，原則としてストック・オプション会計基準第2項(2)に定めるストック・オプションに該当するものとされている。権利確定日以前において，有償ストック・オプションの公正な評価額から払込金額を差し引いた金額のうち，対象勤務期間を基礎とする方法その他の合理的な方法に基づき当期に発生したと認められる額が算定され，各会計期間における費用計上額とされる。

オプションの強制的な費用化は新たな有償ストック・オプションの付与をストップさせ，別の株式の付与方式に置き換えられる可能性がある。

6. **経営者報酬**の種類としては，①基本報酬，②賞与，③株式報酬，および④役員退職慰労金などがある。基本報酬は，定額報酬の部分で，職務内容や年齢に基づいて支給される。賞与はボーナスのことで，当期の会計利益と連動して支給される現金報酬である。報酬の後払い的色彩の強い役員退職慰労金を廃止する事例は多くなっている。

株式報酬は多様になってきているが，代表的なものは新株予約権を交付するストック・オプションである。また，株式交付型としては，**譲渡制限付株式**（リストリクテッド・ストック），パフォーマンス・シェア（中長期の業績連動指標に基づき，年度毎に計算した株式を役員に交付），パフォーマンス・シェア・ユニット（以下，参照），株式交付信託（Appendix 4-1参照）などがある。

株式報酬の支給割合は増加傾向にあるが，報酬額の決定に会計利益が用いられるケースは多い。たとえば，ブリヂストン（5108）は，2018年3月23日開催の報酬委員会で業績連動型株式報酬として**パフォーマンス・シェア・ユニット**を導入することを決議している（「業績連動型株式報酬制度の導入に関するお知らせ」（2018年3月23日付）。中期的な業績目標を達成させることによって，執行役が長期的な企業価値向上に貢献することを目的としている。直接株式が報酬として交付されるので，株主にとっても株価連動のメリットがあると考えられる。

ブリヂストンの株式報酬では，交付対象者（執行役）に対して一定期間における業績の数値目標の達成率に応じて，株式交付と金銭の支給が行われる。交付株式数（＝職位別基準株式数×50％×支給率）と支給金額（＝職位別基準株式数×50％×支給率×ブリヂストンの株価）の割合は，計算式の50％でわかる通り，基準株式数の半分ずつとなっている。

　算定式にある支給率は，業績判定期間の連結ROEと連結営業利益の実績に応じて決定され，実績に応じて0％から200％の範囲で変動する。ブリヂストンの株価は，業績判定期間終了後に支給する株式の新株発行または自己株式の処分に係る取締役会の決議の日の前営業日における終値である。業績判定期間は，2018年1月1日から2020年12月31日までの事業年度開始日から3年間となっている。業績判定期間後に株式の交付および（普通株式の価値に相当する）金銭の支給が行われる。執行役が自己の報酬を引き上げるためには，中期的に会計利益と株価を引き上げる必要がある。

補章

1. $200{,}000 \times (1 + 0.03)^3 = 218{,}545$ 円

2. $100 \times 2.471 = 247.1$

$$
\begin{array}{ll}
\text{1〜5期までの年金現価係数} & 4.330 \\
-) \ \text{1〜2期までの年金現価係数} & 1.859 \\
\hline
\text{3〜5期までの年金現価係数} & 2.471
\end{array}
$$

3. 現在価値合計は5,478.3万円（$= 1{,}100 \times 0.943 + 1{,}700 \times 0.890 + 1{,}600 \times 0.840 + 2{,}000 \times 1{,}584$）である。

　なお，初期投資額4,000万円である。現在価値合計と初期投資額の差である正味現在価値（5,478.3 − 4,000）はプラスとなる。投資の意思決定を行う場合，この投資計画は採択したほうがよいと考えられる。

4. 2年目に元本償還（下図参照）

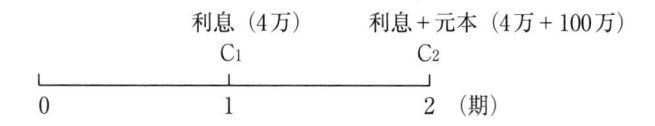

$$PV = C_1 \times \frac{1}{1+r} + C_2 \times \frac{1}{(1+r)^2}$$

$$PV = 4 \times \frac{1}{1+0.05} + (4+100) \times \frac{1}{(1+0.05)^2}$$

$$= 3.81\,万円 + 94.33\,万円$$

$$= 98.14\,万円$$

5. P = C/r

C = 100 × 6% = 6

P = 80円

したがって，r = 0.075   7.50%

6. 100,000 × 5.74664（年金現価係数）= 574,664円

年金現価係数 = $1/0.08 - 1/(0.08 \times (1+0.08)^8)$

7. (1) $\dfrac{100}{(1+0.08)} + \dfrac{150}{(1+0.08)^2} + \dfrac{200}{(1+0.08)^3} = 92.6 + 128.6 + 158.8 = 380.0$

(2) $380.0 + \dfrac{200}{0.08} \times \dfrac{1}{(1+0.08)^3} = 380.0 + 1,985.0 = 2,365.0$

(3) $380.0 + \dfrac{200(1+0.02)}{(0.08-0.02)} \times \dfrac{1}{(1+0.08)^3} = 380.0 + 2,699.6 = 3,079.6$

《参考文献》

〈著書〉

朝岡大輔（2006）『戦略的コーポレートファイナンス』NTT出版。

石井康彦・田代樹彦（2017）『財務比率の読み方（第3版）』税務経理協会。

太田康広（2018）『ビジネススクールで教える経営分析』日本経済新聞出版社。

岡部孝好（2009）『最新　会計学のコア（三訂版）』森山書店。

大日方隆（2013）『利益率の持続性と平均回帰』中央経済社。

桜井久勝（2017）『財務諸表分析（第7版）』中央経済社。

首藤昭信（2010）『日本企業の利益調整 ―理論と実証―』中央経済社。

鈴木一功（2018）『企業価値評価 入門編』ダイヤモンド社。

須田一幸（2000）『財務会計の機能 理論と実証』白桃書房。

ハーマン, ダン・井上達夫・ウェイン トーマス（2009）『会計制度の実証的検証』中央経済社。

Dechow, P. and C. M. Schrand（2004）*Earnings Quality*, The Research Foundation of CFA Institute.

Easton, P. D., M. L. McAnally, G. A. Sommers and X. J. Zhang（2018）*Financial Statement Analysis & Valuation*（5th）, Cambridge Business Publishers.

Lundholm, R. and R. Sloan. 2013. *Equity Valuation & Analysis with eVal*（3rd）, McGraw-Hill. 深井 忠・高橋美穂子・山田純平訳（2015）『企業価値評価 ―eValによる財務分析と評価』マグロウヒル・エデュケーション。

Penman, S. H.（2012）*Financial Statement Analysis and Security Valuation*（5th）, McGraw-Hill Education. 荒田映子・大雄 智・勝尾裕子・木村晃久訳（2018）『アナリストのための財務諸表分析とバリュエーション』有斐閣。

Revsine, L., D. W. Collins, W. B. Johnson, H. F. Mittelstaedt and L. C. Soffer（2018）*Financial Reporting and Analysis*（7th）, McGraw-Hill Education.

Scott, W. R.（2015）*Financial Accounting Theory*（7th）, PEARSON. 太田康広・椎葉 淳・西谷順平訳（2008）『財務会計の理論と実証』中央経済社。

Wahlen, J. M., S. P. Baginski and M. T. Bradshaw（2018）*Financial Reporting, Financial Statement Analysis, and Valuation : A Strategic Perspective*（9th）, CENGAGE.

〈論文〉

淺田一成・山本 零（2016）「企業の中期経営計画に関する特性及び株主価値との関連性について ―中期経営計画データを用いた実証分析―」『証券アナリストジャーナル』第54巻第5号, 67-78。

椎葉 淳（2016）「コスト構造と企業リスク ―近年の理論・実証研究からの示唆―」『管理会計学』第24巻第2号, 19-32。

首藤昭信・伊藤広大・二重作直毅・本馬朝子（2018）「債務契約における会計情報の役割（2）：会計情報の事後的役割」『金融研究』第37巻第2号, 61-90。

Allen, E. J., C. R. Larson and R. G. Sloan（2013）Accrual reversal earnings and stock returns, *Journal of Accounting and Economics* 56, 113-129.

Anderson, M. C., R. D. Banker and S. N. Janakirman（2003）Are selling, general, and administrative costs "sticky"?, *Journal of Accounting Research* 41, 47-63.

Banker, R. D. and L. Chen（2006）Predicting earnings using a model based on cost variability and cost stickiness, *The Accounting Review* 81, 285-307.

Callen, J. L. and D. Segal (2004) Do accruals drive stock returns? A variance decomposition analysis, *Journal of Accounting Research* 42, 527-560.

Chan, K., L. K. C. Chan, N. Jegadeesh and J. Lakonishok (2006) Earnings quality and stock returns, *Journal of Business* 79, 1041-1082.

Curtis, A. B., S. E. McVay and B. C. Whipple (2014) The disclosure of non-GAAP earnings information in the presence of transitory gains, *The Accounting Review* 89, 933-958.

Dechow, P. M. (1994) Accounting, earnings and cash flows as measures of firm performance: The role of accounting accruals, *Journal of Accounting and Economics* 18, 3-42.

Dechow, P. M., R. G. Sloan and A. P. Sweeney (1995) Detecting earnings management, *The Accounting Review* 70, 193-225.

Dechow, P. M., S. P. Kothari and R. L. Watts (1998) The relation between earnings and cash flows, *Journal of Accounting and Economics* 25, 133-168.

Dechow, P., W. Ge and C. M. Schrand (2010) Understanding earnings quality: A review of the proxies, their determinants and their consequences, *Journal of Accounting and Economics* 50, 344-401.

Dickinson, V. (2011) Cash flow patterns as a proxy for firm life cycle, *The Accounting Review* 86, 1969-1994.

Enomoto, M. and T. Yamaguchi (2017) Discontinuity of earnings and earnings changes distribution after J-SOX implementation: Empirical evidence from Japan, *Journal of Accounting and Public Policy* 36, 82-98.

Fairfield, P. M., R. J. Sweeney and T. L. Yohn (1996) Accounting classification and the predictive content of earnings, *The Accounting Review* 71, 337-355.

Fairfield, P. M. and T. Yohn (2001) Using assets turnover and profit margin to forecast changes in profitability, *Review of Accounting Studies* 6, 371-385.

Jones, J. (1991) Earnings management during import relief investigation, *Journal of Accounting Research* 29, 193-228.

Kasznik, R. (1999) On the association between voluntary disclosure and earnings management, *Journal of Accounting Research* 37, 57-81.

Kothari, S. P., A. J. Leone and C. E. Wasley (2005) Performance matched discretionary accrual measures, *Journal of Accounting and Economics* 39, 163-197.

Lee, E. and R. Powell (2011) Excess cash holdings and shareholder value, *Accounting & Finance* 51, 549-574.

Li, M., D. Nissim and S. H. Penman (2014) Profitability decomposition and operating risk, *Working Paper*.

Li , Z., P. K. Shroff, R. Venkataraman and I. X. Zhang (2011) Causes and consequences of goodwill impairment losses, *Review of Accounting Studies* 16, 745-778.

Murphy K. J. (2000) Performance standards in incentive contracts, *Journal of Accounting and Economics* 30, 245-278.

Roychowdhury, S. (2006) Earnings management through real activities manipulation, *Journal of Accounting and Economics* 42, 335-370.

Soliman, M. (2008) The use of DuPont analysis by market participants, *The Accounting Review* 83, 823-853.

和文索引

欧文索引

《著者紹介》

乙政　正太（おとまさ　しょうた）

関西大学商学部教授。博士（経済学，名古屋大学）。1993年関西大学大学院商学研究科博士課程後期課程単位取得。2009年度から2011年度，日本公認会計士試験委員。2012年度，メルボルン大学客員研究員。著書に『利害調整メカニズムと会計情報』（森山書店），『会計操作』（共著，ダイヤモンド社）などがある。

2009年 4 月20日	初版発行	
2012年 9 月25日	初版2刷発行	
2014年 3 月20日	第2版発行	
2017年 3 月10日	第2版4刷発行	
2019年 4 月15日	第3版発行	《検印省略》
2024年 4 月15日	第3版7刷発行	略称：財務分析(3)

財務諸表分析（第3版）

| 著　者 | ©乙　政　正　太 |
| 発行者 | 中　島　豊　彦 |

発行所　同文舘出版株式会社

東京都千代田区神田神保町1–41　〒101–0051
電話　営業 (03)3294–1801　編集 (03)3294–1803
振替 00100–8–42935　https://www.dobunkan.co.jp

Printed in Japan 2019　　　　　　　印刷：萩原印刷
　　　　　　　　　　　　　　　　　製本：萩原印刷

ISBN 978-4-495-19303-4